21 世纪高职高专规划教材 ◆ **物流管理系列**

物流信息管理

WULIU XINXI GUANLI

主 编 余建海 王苏芳

副主编 孙旭圆 张彩利 万 航

中国人民大学出版社

·北京·

前言

为进一步推动我国商贸物流业健康发展，降低物流成本，提高流通效率，根据《国民经济和社会发展第十三个五年规划纲要》和《物流业发展中长期规划（2014—2020年）》，商务部、国家发展改革委、国土资源部、交通运输部、国家邮政局制定了《商贸物流发展“十三五”规划》。规划指出将来商贸物流业的发展要以网络建设为基础，加强信息化建设，深入实施“互联网+”高效物流行动，构建多层次企业级物流数据交换系统、公共信息服务平台，有条件的地区建设政府物流信息共享平台，整合交通运输、海关、税务、市场监督等部门可公开的电子政务信息和社会资源，推广应用物联网、云技术、大数据、无线射频识别等先进信息化技术，促进从上游供应商到下游销售商的全流程信息共享，提高供应链精益化管理水平，探索发展与生产制造、商贸流通、信贷金融等产业协调联动的智慧物流生态体系，提升商贸物流园区、仓储配送中心、末端配送站点的信息化、智能化水平。

物流信息管理正是一门研究如何运用现代信息技术和管理思想，建设物流信息化体系，实现物流作业的自动化、规范化和标准化，提高物流企业效率，降低成本，通过信息化网络，扩展自身业务空间，开发更大的市场，使物流企业真正走向现代化的课程。

本教材以当前高等职业教育理实一体化教学的特点为主旨，以“目标导向、问题导向、项目导向”三导合一为原则，教材内容的选择注重普遍性、实用性，遵从教学规律和学生的差异，精心设计项目化实务训练和课后测试，能够帮助教师建设在线精品课程，以及丰富课程的教学资源。

本教材的编写思路是：首先，提出教学目标并以案例和问题导入教学内容；然后，对知识点与技能点进行介绍，由浅入深、循序渐进，并附上了与本章或本课程有关联的新技术、新知识等国内外前沿研究的“拓展知识”，为对物流信息管理课程感兴趣的学生提供今后的学习方向；最后，附以“实务案例与分析”、“项目化实务训练”和“课后测试”，考查学生对理论知识的理解与分析能力，以及运用这些知识解决基于典型工作任务的动手实践、协同合作、领导组织等能力。

本教材由余建海、王苏芳老师担任主编并负责统稿，在编写过程中得到了孙旭圆、张彩利和万航老师的大力帮助，其中，第一、三章由余建海老师编写，第二章由王苏芳老师编写，第四、五章由孙旭圆老师编写，第六章由张彩利、万航、余建海等老师编写，第七章由王苏芳、余建海等老师编写，第八章由张彩利、余建海等老师编写。

由于编者水平有限、时间仓促，教材中难免有不足之处，殷切希望广大读者批评指正，以便今后改进。

编者

目 录

第一章　物流信息管理概述

教学目标

- **知识目标**

1. 了解物流、数据、信息、物流信息、信息管理、信息技术、物流信息技术以及物流信息管理的定义、分类和特点。

2. 熟悉信息管理的基本原理、物流信息管理的层次，以及物流信息技术的组成。

3. 掌握物流信息管理的发展现状以及趋势。

- **技能目标**

1. 能够分辨实际应用中的数据与信息。

2. 能够区分物流信息技术和物流信息管理。

案例导入

北京京东世纪贸易有限公司（以下简称“京东”）是中国自营式电商企业，其2018年第三季度净营收1 048亿元人民币，市场预估1 056.9亿元人民币。京东能有这样强大的销售与物流能力，原因在于基于智慧供应链和物流技术带动的自营业务增长，以及由服务能力的提升帮助品牌商实现精准营销。在消费变革和技术进步的双重作用下，消费市场和消费者从性价比等理性判断转向彰显个性的情感诉求，从被动接受服务走向主动参与。京东通过数据分析与共享，帮助品牌商实现精准投放，促进物流的信息化与智慧供应链的建设。提供更快、更好的物流服务体验，其核心在于物流的信息化建设。京东物流信息系统名为青龙系统，主要要素包括：仓库、分拣中心、配送站等。青龙系统由整体系统架构和核心子系统组成，整个青龙系统成为京东物流的内核，前端接口开放给所有平台，下面直接开放到内部的物流运营机构和第三方物流企业；核心子系统有6个，涉及对外拓展、终端服务、运输管理、分拣中心、运营支撑、基础服务。在青龙系统中，各个子系统都有相应的物流技术进行配合，如手持掌上电脑（PDA）终端、可穿戴式数据采集器、分拣设备、射频识别（RFID）、地理信息系统（GIS）和北斗导航等。因此，信息化建设能极大地帮助物流企业和企业的发展，为其提供有效的支持与保障。

第一节 物流信息

什么是物流、数据、信息以及物流信息？它们有什么特点？它们之间有着什么内在联系？

❖ 一、物流

物流的概念起源于 20 世纪 30 年代，最早是在美国形成的，原意为“实物分配”或“货物配送”；1963 年被引入日本，其日文意思是“物的流通”；20 世纪 70 年代后，日本的“物流”一词逐渐取代了“物的流通”。

中国的“物流”一词是从日文资料引进的外来词，源于日文资料中对“logistics”一词的翻译。

中华人民共和国国家标准《物流术语》（GB/T 18354－2006）将物流定义为：“物品从供应地向接收地的实体流动过程。根据实际需要，将运输、储存、装卸、搬运、包装、流通加工、配送、信息处理等基本功能实施有机结合。”

物流有七大构成部分：物体的运输、仓储、包装、搬运装卸、流通加工、配送以及相关的物流信息。

物流是供应链活动的一部分，是为了满足客户需要而对商品、服务以及相关信息从产地到消费地的高效、低成本流动和储存进行的规划、实施与控制的过程。

❖ 二、数据与信息

（一）定义

在日常生活与工作中，人们常常将数据和信息混淆使用。严格来说，两者是有区别的。

数据是反映客观实体的属性值，它可以用数字、文字、声音、图形、图像或动态视频等形式表示。数据本身无特定含义，只是记录事物的性质、形态、数量特征的抽象符号，是中性概念。例如，一个配送中心有员工 45 人，其中，男员工有 25 人，女员工有 20 人，这里的人数就是一种数字数据。常见数据的表现形式见表 1－1。

表 1－1 常见数据的表现形式

数据	表现形式
数值数据	数字，如 100、1.23
文字数据	文字符号，如黑色、大、小
图形数据	照片、流程图
音频数据	声音、噪声、音乐
视频数据	动画、电影

信息的经典定义是 20 世纪 40 年代信息论创始人克劳德·艾尔伍德·香农（Claude Elwood Shannon）给出的，其认为："信息是用来消除随机不确定性的东西。"其后，许多研究者从各自不同的研究领域，提出了信息的不同定义。

在物流信息管理中，研究者普遍认为，信息是被赋予一定含义的、经过加工处理的数据（数字、符号、声音、图像等），信息与数据的关系如图 1－1 所示。信息是帮助决策的有效数据。例如，物动量统计报表、资金账本、配送线路图纸等都是对数据加工处理后产生的信息。但是，数据与信息的概念并不是确定不变的。例如，入库单对仓库操作员来说就是信息，但是对仓库库管员来说，就是原始数据。

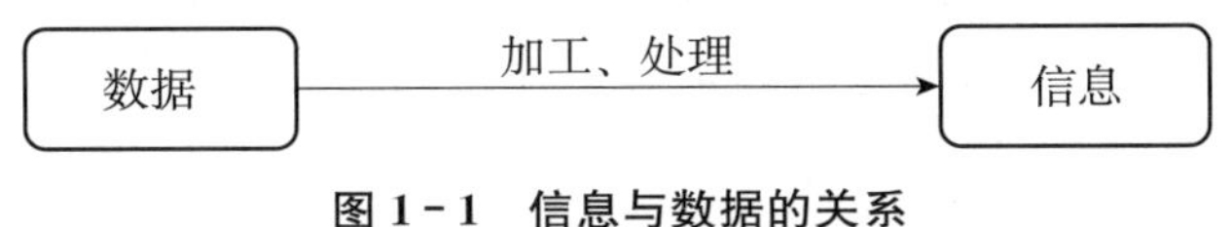

图 1－1　信息与数据的关系

（二）信息的特性

信息在传递和使用过程中可以重复使用，并可以通过加工处理而产生信息增值。信息作为一种资源，主要具有以下特征。

1. 客观性

信息的存在是客观的，它源于客观存在的物质及其运动的特征，即使是主观信息，如决策、判断、指令、计划等，也有它的客观实际背景，并以客观信息为"原料"，受客观实践的检验。

2. 依附性

信息总是依附于一定的物质载体而存在，需要某种物质承担者。不依附适当的载体，信息的含义和价值就不能传递和发挥。声音、语言、文字、图像以及纸张、胶片、磁带、光盘等，无一不是信息的载体。

3. 时效性

信息的时效性与其生命周期有关，在其生命周期内，信息是有效的，超出其生命周期，信息就会失效。信息的价值取决于及时把握和运用信息。

4. 共享性

信息能够在同一时间被多个使用者使用，而信息提供者并不会因此而失去任何信息内容和信息量。

5. 不完全性

信息是人们对客观世界的反映，是经过加工处理得到的数据，由于人们对客观世界认识的局限性，信息是不可能完全反映客观世界的。

6. 滞后性

数据经过加工转变成信息，使用信息才能影响决策，有决策才会有结果。每种转换均需要时间，因而会不可避免地产生时间的延迟，即信息的滞后性。

7. 增值性

信息在人们使用的过程中，会随着时间、空间的变化而出现新的价值。

8. **转换性**

信息需要通过一定的载体才能被人们使用，而载体是可以转化和变换的；此外，信息通过人们的使用，能转换成能源、物质。

（三）信息的分类

信息的合理分类，有利于人们对信息的使用和对问题的分析与决策。从不同的角度分类，信息就有不同的类型。

1. **按照信息来源分类**

信息按照来源可分为内部信息和外部信息两类。就物流而言，内部信息是指直接由物流全过程产生，直接参与物流活动的信息；外部信息是指不是由物流活动直接产生，但是对物流活动产生影响的信息。

2. **按照企业职能部门分类**

企业内部分为若干职能部门，各个职能部门所处理和应用的信息与其所负责的工作有关，例如，采购信息、财务信息、客户信息、库存信息、人员信息、设备信息等，这种分类比较明确，在管理信息系统中大都采用此方法对企业信息进行分类和管理。

3. **按照企业管理层次分类**

企业管理通常分为战略层、战术层和作业层等层次，不同管理层次有不同的管理任务，并使用和处理不同的信息，由此可以将信息分为战略信息、战术信息和作业信息等。

4. **按照信息源的不同分类**

信息按照信息源的不同可分为初始信息和再生信息。初始信息主要存在于企业经营的各个环节中，是直接通过企业活动产生的信息，如生产、研发、营销、仓储、运输、配送等；再生信息是对原始信息加工处理后出现在各种载体上的信息。

5. **按照作用的不同分类**

信息按照作用的不同可分为有用信息和不良信息等。在注重发掘有用信息的同时，应该特别注意防止各种不良信息混入正常的信息活动，造成错误的判断与决策。不良信息主要有虚构信息、偏颇信息、残缺信息、模糊信息和拼凑信息等。

※ 三、物流信息

（一）物流信息的定义

《物流术语》把物流信息定义为：反映物流各种活动内容的知识、资料、图像、数据、文件的总称。

物流信息的概念有狭义和广义之分，狭义的物流信息是指与物流活动（如仓储、运输、包装、装卸、流通加工等）有关的信息；广义的物流信息不仅指与物流活动有关的信息，还包括与其他流通活动（如采购、生产和销售）有关的信息。

（二）物流信息的分类

物流信息存在于物流活动的全过程，对物流活动起着支持、保障、辅助等作用，合理的物流信息分类，有助于管理层对物流活动的决策。物流信息一般按以下三种方法分类。

1. 按信息来源分类

物流信息按照来源可以分为内部物流信息和外部物流信息。内部物流信息有物流信息、流程信息、操作信息、控制信息、管理信息等；外部物流信息有市场信息、同行信息、政策信息等。

2. 按信息流向分类

物流信息按照流向可以分为正向物流信息和逆向物流信息。正向物流信息指货物从货源地向消费地流动过程中产生的相关信息；逆向物流信息是指货物从消费地向货源地流动过程中产生的相关信息。

3. 按信息产生时间分类

物流信息按照产生时间可以分为计划信息和作业信息。计划信息的产生先于物流，它控制物流产生的时间、流量的大小和流动方向，对物流起着引发、控制和调整的作用，例如，各种计划、用户的订单等；作业信息与物流同步产生，反映物流的状态，例如运输信息、库存信息、加工信息等。

（三）物流信息的特点

物流信息除具备信息的基本特点外，还具有物流活动的特点。

1. 信息量大，分布广

供应链管理下的物流活动范围广阔，不仅包括物品流动的全过程，还涉及上下游的供应商和客户，信息量大，分布广。

2. 动态性、实时性强

现代物流中，柔性化、个性化生产和服务的需要不断提升，导致了信息在物流过程中时常在变化，呈现出动态化特性，与此同时，信息在时效性上也更加注重实时性，其有效性与实时性的匹配要求也更高。

3. 种类多，来源广

现代物流信息所涉及的范围不单局限于管理企业的内部信息，而且包括与物流运营相关的法律法规、必要的基础设施、市场行情以及顾客需求情况等一系列的信息。物流产业的快速发展，将使物流信息的种类越来越多、来源越来越广。

第二节　信息管理与物流信息管理

问题导读

什么是信息管理和物流信息管理？请简单说说物流信息管理的发展现状与趋势。

※ 一、信息管理

（一）信息管理概述

信息管理（Information Management，IM）是人类为了有效地开发和利用信息资源，以现代信息技术为手段，对信息资源和信息活动进行计划、组织、领导和控制的社会活动。

信息管理涉及信息技术、信息资源、参与活动的人员等要素，是多要素、多手段的管理活动。信息管理的目的是实现信息集约和控制，以提高社会资源活动的效率。信息管理的主要任务是识别信息需求，对数据进行收集、加工、存储和检索，将数据转换为信息，并将这些信息及时、准确、适当和经济地传递给组织决策人员、管理人员及其他相关人员。

（二）信息管理的基本原理

信息管理原理是信息管理活动本身所具有的具有普遍意义的规律。从信息资源状态变化和信息管理活动目标指向的角度分析，信息管理具有以下四大基本原理。

1. 信息增值原理

信息增值是指信息内容的增加或信息活动效率的提高，可以通过对信息的收集、组织、存储、查找、加工、传输、共享和利用来实现。

2. 信息增资原理

信息增资是指信息管理可以通过提供信息和开发信息，充分发挥信息资源对包括信息和知识在内的各种社会活动要素的渗透、激活与增值作用，从而节约资源，提高效率，创造价值，这是实现社会可持续发展的有效途径。

3. 服务原理

信息管理与一般的管理过程相比，具有更强的服务性。信息管理的所有过程、手段和目的都必须围绕用户信息满足程度这个中心。信息管理方法和手段的采用、活动的安排、技术的运用、信息系统的设计与开发等都必须以方便、易用为原则，并以提高服务能力与水平为宗旨。

4. 市场调节原理

信息管理受到市场规律的调节，主要是因为信息也是一种商品和资源，具有一定的价值，受到市场价值规律的约束，同时，信息也影响市场活动，达到信息在市场活动上的某个均衡点。

※ 二、物流信息管理

（一）物流信息管理的含义

物流信息管理是将信息管理、信息技术的思想、方法和手段等，应用于物流活动中的信息和信息流管理的过程，通过信息的采集、识别，对其进行有计划的存储、加工、处理、传输，为整个物流过程提供信息与决策支持，提高整个物流过程的效率。

物流信息管理要根据企业当前物流过程和预计的发展情况，以及对物流信息采集、处理、存储和流通的要求，构建由信息设备、通信网络、数据库和应用软件等组成的数字化环境，充分利用现代物流内、外部的数据资源，促进物流的标准化、信息化、智能化，以供应链管理思想改进现代物流管理，选择、分析和发现新的机会，做出更好的物流决策。

（二）物流信息管理的层次

1. 基础应用信息管理

基础应用信息管理是指利用信息技术解决企业内部信息采集、识别、传输、共享、标准化和成本控制等问题，使信息成为控制、决策的依据，通过应用软件完成物流的各个业务过程。基础应用信息管理的第一步是解决业务流程的信息问题；第二步是用管理信息系统完成业务流程的操作和控制。

2. 供应链物流信息管理

供应链物流信息管理主要通过上下游企业的信息反馈，来优化整个供应链的物流协调性和整体效益。供应链物流信息管理的关键任务是建立并完善全供应链信息化协同机制和体制，区块链技术已经在金融、商贸行业显现出了强大的信息共享、安全、传输、存储等能力，它将为供应链各企业打破信息壁垒起到积极的作用。

3. 物流决策信息管理

物流决策信息管理的主要手段是建立辅助决策支持系统，通过以优化、决策为目的的信息加工和数据挖掘，把信息变为知识，提供决策依据。

这一层次的信息系统的主要作用是：诊断、优化和固化新的流程或新的管理制度；在规定的流程中提供优化的操作方案。

4. 智能物流信息管理

智能物流信息管理综合运用大数据、人工智能技术、决策理论、知识管理及其他相关技术和方法，对物流系统的数据进行分析处理，为物流系统日常操作、运行控制和战略决策提供有效支持，使物流系统具有自我学习、推理判断、自动解决物流经营问题的智能化特征，能高效、安全地处理复杂问题，为客户提供方便、快捷的服务。物流智能化是知识经济和信息技术发展的必然结果。

（三）物流信息管理的发展历程

物流信息管理的发展经历了六个阶段，见表1-2。

表1-2　物流信息管理的发展历程

发展阶段	信息技术应用情况	应用范围	过程
后勤工作	企业物流信息的采集、传输主要依靠手工记录、普通信函、电话	运输、存储过程中	记录物流信息
量化管理	通过邮件交换信息；产品跟踪采用贴标签的方式；信息处理的软硬件平台是指带穿孔式打印机的计算机及相应的软件	工厂内	辅助物料搬运方式的变革和物流规划，寻求物流合理化的途径

续前表

发展阶段	信息技术应用情况	应用范围	过程
部门内信息共享	信息技术在物流管理中的应用为数据实时处理、数据局部共享、系统采用主从式体系结构，信息共享局限于部门之内	部门内	制订生产过程中各环节的物品供应计划
企业内部信息共享	物流信息在全企业内部自动共享，信息系统以局域网结构和客户机/服务器结构为主	企业内	实现企业内部物流一体化及物流活动与企业生产、销售活动的协调
企业间信息交换	因特网、卫星通信提高了物流的实时跟踪能力，GPS、GIS 开始在物流中应用	企业间	促进物流系统化，物流活动与生产过程和商品销售过程分离
供应链信息共享	在企业内部构建内网，在企业间构建外网，注重提供物流决策所需的信息及辅助决策过程	供应链	利用信息网络寻找互补的外部优势，构建供应链组织

（四）我国物流信息化的发展现状与趋势

我国物流信息管理的发展，也就是物流信息化的发展。物流信息化是物流企业运用现代信息技术对物流过程中产生的全部或部分信息进行采集、分类、传递、汇总、识别、跟踪、查询等一系列处理活动，以实现对物流过程的控制，从而降低成本、提高效益的管理活动。物流企业的管理技术和信息化水平直接决定了物流系统的效率和成本，因此，政府、企业和研究者都对物流信息化给予了高度重视。

1. 我国物流信息化的发展现状

2013 年 1 月，国家工业和信息化部办公厅发布了《关于推进物流信息化工作的指导意见》；为了进一步提高我国物流业信息化建设的水平，交通运输部先后发布了《交通运输物流信息互联网共享标准》2014 版和 2015 版，对物流信息化内容进行了标准规范，为现代供应链物流各企业之间信息的互联共享奠定了必要的技术与管理理念基础。

尽管我国物流信息化建设近年来取得了很大的进步，但物流成本占比过高、经济结构中工业产业比重相对较高、第三方物流占物流市场比例过低、没有形成社会化大物流的生态环境等因素，导致物流供应链各个环节衔接不畅、效率低下。突出的问题主要表现在以下四个方面：

（1）信息化水平低，无法满足现代物流生产、运作和管理的需要。

物流企业自身的信息化建设水平和物流基础设施的信息化程度低，无法实现现代物流对商流、物流、信息流和金融流四位一体同步运行的要求。根据中国仓储与配送协会的调查数据，虽然高达 94.3%的物流企业内部使用了管理软件，但绝大部分主要是在现有的传统物流框架和流程基础上采用计算机管理手段解决企业内仓储、运输等各业务流程的信息管理问题，信息化水平还处于比较原始低级的阶段，全面实施信息化的企业只有 10%，多数企业上下游之间的信息流没有打通，各个企业缺乏信息的互联共享，直接影响了物流作业流程各个环节的运作效率。

（2）缺乏社会化大物流的思维模式和市场协调机制，企业各自为战，市场高度分散。

我国物流业社会化程度低，企业决策者还没有形成社会化大物流的思维模式。绝大多数物流企业各自为战，没有形成专业化的服务能力和规模化的竞争优势，在物流信息共享和物流设施的共建共享方面缺乏动力。大量的物流企业聚集在中低端市场，产品和服务同质化严重，市场秩序混乱。

(3) 物流基础设施网络化布局有待进一步建立，物流资源亟待整合。

物流基础设施的网络化和社会化，是构建现代物流体系的重要基础。物流基础设施的布局不合理，造成了运力资源的巨大浪费，制约了供应链流程再造和优化的能力，这是我国物流成本明显高于发达国家的重要原因之一。近年来，尽管很多物流企业都意识到了这一问题，但是由于物流基础设施及土地资源的投资很大，因此要根据市场需要完善物流基础设施网络节点的建设，对大部分物流企业来说是一个非常艰巨的任务。

(4) 物流信息化的管理水平较低，政府相关部门的综合服务能力还有待进一步提高。

2013 年交通运输部明确提出建设国家交通运输物流公共信息平台（LOGINK），该平台在推进物流信息化标准体系建设上发挥了重要的作用，为平台接入企业实现信息交换提供了必要的基础。但是，中国物流业要有效降低社会综合物流成本，必须从我国物流行业的实际情况出发，解决占中国物流业 95%的中小物流企业在生存和发展方面的共性问题。

2. 我国物流信息化的发展趋势

为了适应日益激烈的国际竞争形势，我国物流信息化的发展需要重点加强以下三个方面：

(1) 加强顶层设计，统筹规划，建立物流基础设施网络化体系。

在保证国家产业结构调整战略目标的前提下，加强对大型物流枢纽和重点区域物流节点的信息化和网络化建设，构建社会化大物流的一级主干网络体系；进一步完善物流信息标准化体系的建设；在加强物流信息网络安全建设的同时，通过完善物流法规，加强监管，加强诚信体系建设，为物流业的规范发展创造环境。

(2) 加强研究与应用推广、政策引导，大力推进物流基础设施的信息化建设。

加强对二维码技术、射频识别（RFID）技术和移动互联网等核心技术的研究和推广应用，实现物流信息采集和处理过程的动态非接触式批量作业；加强对物流自动化仓储设施建设的政策引导；以建立现代化物流网络节点为目标，强化对国有传统物流企业基础设施的现代化改造，从而进一步提高物流企业的作业效率和管理水平。

(3) 以国家物流产业大数据服务平台为纽带，创新服务和管理模式，实现与大数据时代相适应的合作式监管模式。

建立国家物流产业大数据服务平台，通过平台为物流企业提供标准化或个性化的服务，不仅可以使它们直接分享信息化产生的经济效益，而且通过合作，可以实现互联网电子商务时代新型的行业管理模式；大数据平台可以根据各个地区产业结构的变化，通过与各省（自治区、直辖市）物流大数据系统的合作，引导中小物流企业通过资源整合，打造区域内或行业细分市场的核心竞争力，从根本上解决我国物流业长期存在的同质化严重、恶性竞争和超载超运导致安全事故频发等问题，引导整个产业向布局合理、竞争有序的方向上发展。

总之，发达国家物流业的发展历程和我国成功物流企业的经验告诉我们，信息技术是现代物流的核心，信息化是物流企业提高效率、降低成本的核心要素，信息化水平决定了一个国家物流业的发展水平。随着物联网、云计算、大数据和移动互联网等信息技术的发展，今后我国物流信息化将向作业过程自动化、决策管理智能化、服务功能集约化、物流管控透明化和系统资源生态化的方向不断发展，大数据、云计算等技术的广泛应用将使物流信息化达到一个新的高度。

第三节 信息技术与物流信息技术

什么是信息技术、物流信息技术？物流信息技术包括哪些技术？如何理解物流信息管理与物流信息技术两者之间的关系？

一、信息技术

（一）信息技术的概念

信息技术（Information Technology，IT）是管理和处理信息所采用的各种技术的总称，它主要应用传感技术、计算机技术、通信技术、网络技术和控制技术来设计、开发、安装和实施信息系统及应用软件。

（二）信息技术的组成

信息技术主要包括传感技术、计算机技术、通信技术、网络技术和控制技术。

将信息技术映射到人类的信息处理上，可以把传感器看成感知外部信息的“感觉器官”，把计算机看成处理和识别信息的“大脑”，把通信系统看成传递信息的“神经元”，把网络技术看成使信息在多个系统间协同工作的“神经系统”，把控制技术看成是使用信息的“效应器官”。

传感技术是关于从自然信息源获取信息，并对之进行处理（变换）和识别的多学科交叉的现代科学与工程技术，它涉及传感器、信息处理和识别的规划、设计、开发、构建、测试、应用及评价改进等活动。

通信技术是信息技术的重要组成部分，是指将信息从一个地点传送到另一个地点所采取的方法和措施。

计算机技术是信息的处理和存储技术，能自动处理大量信息，并具有很高的精确度。

网络技术是采用一定的通信协议，将分布在不同地点上的多个独立计算机系统，通过互联通道连接在一起，从而实现数据和服务共享的现代技术，是现代计算机技术和通信技术相结合的产物。

控制技术是信息过程的最后环节，是用来实现对信息的使用的技术。

※ 二、物流信息技术

《物流术语》对物流信息技术（Logistics Information Technology）的定义为：物流各环节中应用的信息技术，包括计算机、网络、信息分类编码、自动识别、电子数据交换、全球定位系统、地理信息系统等技术。在这些信息技术的支撑下，形成了仓储管理、运输管理、配送管理、人才资源管理、客户服务管理等多业务集成，具有供应链理念的一体化现代物流信息系统。物流信息技术的组成见表1-3。

表1-3　物流信息技术的组成

名称	项目
基础技术	计算机技术
	网络技术
	数据库技术
信息采集与识别技术	条码技术
	RFID技术
信息交换技术	电子数据交换（EDI）技术
地理分析与动态跟踪技术	地理信息系统
	全球定位系统

（一）基础技术

基础技术主要包括计算机技术、网络技术和数据库技术。计算机技术在物流信息技术中主要是指计算机的操作技术；网络技术通过整合互联网分散的资源，实现资源的全面共享和有机协作；数据库技术主要用于物流信息的存储、查询，提供信息支持和辅助决策。

（二）信息采集与识别技术

信息采集与识别技术主要包括条码技术和RFID技术。条码技术是20世纪产生和发展起来的一种自动识别技术，是集条码理论、光电技术、计算机技术、通信技术、印刷技术于一体的综合性技术。条码技术研究如何将计算机所需的数据用一组条码表示，以及如何将条码所表示的信息转变为计算机可读的数据，主要用于计算机的数据输入，其具有采集与输入数据快、可靠性高、成本低等优点，在国内外早已得到普遍的推广与应用。

RFID技术的基本原理是电磁理论，它通过射频信号自动识别目标对象来获取相关数据，是一种非接触的自动识别技术，射频识别标签具有可读写、携带数据量大、难以伪造、智能化等优点，适用于非接触数据采集和交换的场合，例如，物料和车辆跟踪、设备与工具的识别等。

(三) 信息交换技术

信息交换技术主要是指 EDI 技术。EDI 技术是指通过电子方式，采用标准化的格式，利用计算机和网络，来完成结构化商业信息的传递与交换，例如，采购计划、到货通知、财务报告等，还用于行政、保险、教育、司法和银行等领域。EDI 技术因其标准化的格式报文，可用于国际上的数据交换，目前，EDI 技术在供应链管理下的物流应用中具有明显的战略优势，可以加强供应链上下游的商业关系，使客户的满意度达到最高。

(四) 地理分析与动态跟踪技术

地理分析与动态跟踪技术主要包括地理信息系统技术和全球定位系统技术。地理信息系统（Geographic Information System，GIS）是以地理空间数据为基础，采用地理模型分析方法，适时提供多种空间的、动态的地理信息，为地理研究和地理决策服务的计算机技术系统。其基本功能是将表格型数据（可来自数据库、电子表格文件或直接在程序中输入）转换为地理图形显示，然后对显示结果进行浏览、操作和分析。通过结合其他软件，GIS 技术可以建立车辆路线模型、网络物流模型、设施定位模型等，辅助进行物流决策。

全球定位系统（Global Positioning System，GPS）是利用空中卫星对地面目标进行精确导航与定位，以达到全天候、高准确度地跟踪地面目标移动轨迹的目的的计算机技术系统。其在物流方面主要应用于汽车定位及跟踪调度、铁路车辆运输管理、船舶跟踪及最佳航线的确定、空中运输管理和军事物流配送等领域。

❖ 三、物流信息管理与物流信息技术的关系

物流信息技术是现代信息技术在物流各作业环节的应用，是实现物流信息管理的基础，例如，信息的采集、识别、加工、处理、存储和传输；而物流信息管理是物流信息技术发展与应用的“指挥棒”，例如，GPS 技术、GIS 跟踪技术、条码技术、RFID 自动识别技术。两者的关系是相辅相成，互相促进，共同进步。

 **拓展知识**

区块链与快递企业

随着居民消费水平的提升，电子商务产业和移动支付方式得到快速发展，为快递物流业的发展注入了新的强劲动力。2017 年，全国快递业务总量达到了 400 亿件。但是，快递业体量不断增长，越来越多的痛点也逐渐暴露出来，比如常见的快件延误、包裹丢失或损坏、消费者个人信息泄露、快递保价理赔纠纷，以及大范围的快递运输车辆调度等始终困扰着快递企业。当移动互联带来的信息传播便利时代到来，全球快递企业正处在一个历史拐点上，需要先进的技术和完善的管理来帮助快递物流走向正确的道路，此时，区块链技术进入了行业、研究者的视野。

区块即信息块，区块链是指通过给各个信息块加上相应的时间戳，再通过一套公共

算法保证每个区块依顺序相连，最终形成信息块的系统链条。简单来说，区块链就是一种按时间顺序将数据区块组合起来的链式数据结构；这种结构采用密码学方法可以保证已有数据不可窜改、不可伪造。区块链的去中心化、机器自治、公开透明、参与者均可记录并无法删改的天然属性，决定了它在共享账本、智能合约、隐私保护和共识机制等企业级应用场景中具有明显的优势。

区块链的应用直接解决了快递行业的信息保密、自动分拣、自动理赔、信用管理等技术问题，并带来诸多其他好处：

（1）提高快递货物分拣效率和准确性；

（2）推动快递行业数据化运作；

（3）保障客户信息安全；

（4）实现快递货物随时可追溯；

（5）提升快递企业信用管理与应用；

（6）推动快递保险及时规范运作。

依托于时间戳、数据加密、公共算法等技术，区块链在智能合约、身份验证、信息追溯等应用场景具有天然的工具属性，通过技术手段与应用场景的匹配，区块链几乎可以成为为快递业量身定制的工具。快递行业巨头联邦快递（FedEx）、联合包裹（UPS）、敦豪航空货运公司（DHL）、京东、菜鸟纷纷不惜重金推动快递业的“区块”升级。

2017 年 5 月，全球航运巨头马士基完成首次“实时区块链交易”试验；2017 年 9 月，马士基表示将使用区块链部署海上保险产品的计划。

2017 年 11 月，UPS 宣布加入全球区块链货运联盟，UPS 将在用于追踪或监控包裹的系统中使用区块链的标准，促进发货和其他行业应用之间的支付。

2017 年 12 月，沃尔玛、京东、国际商业机器公司（IBM）、清华大学国际电子商务技术工程实验室一起创建了区块链食品安全联盟（Blockchain Food Safety Alliance），致力于为中国寻求并开展食品供应链业务。

2018 年 2 月，京东物流加入全球区块链货运联盟，京东将利用区块链优化供应链流程、加强跨境物流和通信以及促进快递物流业内技术合作。

2018 年 2 月，菜鸟与天猫国际共同宣布启用区块链技术跟踪、上传、查证跨境进口商品的物流全链路信息，涵盖了生产、运输、通关、报检、第三方检验等商品进口全流程。

2018 年 5 月，中通快递发布区块链技术研究报告：《实体化区块链：内生于中通快递的共创生态系统》。

2018 年 5 月，京东发起国内首个“物流＋区块链”技术应用联盟，推动区块链技术在快递物流领域的应用。

同时，中小快递企业通过区块链技术，有望结成同盟，实现企业间相互连接、彼此独立、共担风险，通过业务数据化来规范运营管理，改善融资贷款情况，聚集起优质品牌效应，增强整体竞争力。

资料来源：甘凯龙．快递巨头纷纷布局区块链战略，中小快递企业将何去何从？．(2018 - 06 - 28)［2019 - 02 - 20］．https：//mp. weixin. qq. com/s/T9k7CooL3tO4Xjyv9nIcyw.

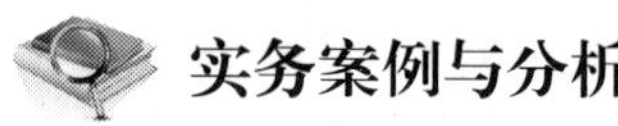

实务案例与分析

海尔集团现代化物流信息化的运用

海尔集团是世界著名的白色家电品牌。海尔集团的飞速发展，与其不断推进信息化是分不开的。信息化是海尔集团最重要、最成功的经验；信息化帮助海尔集团在行业竞争日趋激烈的今天赢得机会，赢得发展，并成功实现了从传统企业向现代企业的转变。

作为中国企业信息化的典型，海尔集团拥有现代化的仓库，整个仓库由计算机管理，货物自动存取。进出货采用激光自动引导小车，装卸货用的是自动堆垛机器人，该物流信息管理系统使得海尔集团的物流效率是其他同规模仓库的5倍。

海尔集团通过计算机网络实现国内外公开采购与招标活动，这样能得到最优配置的材料，同时使采购、招标过程更加公开、公正、公平和透明。

海尔集团信息化过程的重要环节是现代化物流的实现。海尔集团的产品每天要通过全球6万多个营销网点，销往世界上160多个国家和地区；集团每月采购26万多种物料、制造1万多种产品，如此巨大的交易量和物流配送规模，促使海尔集团打造现代化的物流信息管理系统。

现代化的物流信息管理系统是海尔集团信息化的典型案例，其特点可以用“一流三网”来概括。“一流”是指订单信息流；“三网”分别是指全球供应链资源网络、全球用户资源网络和计算机信息网络。围绕订单信息流这一中心，将海尔集团遍布全球的分支机构进行整合，形成一个多业务、多功能的物流信息管理系统的信息化综合平台，使得全供应链的供应商、客户、企业内部的信息在三网同时开始处理，同步运行，为订单信息流的增值提供支持。海尔集团物流的“一流三网”的同步模式实现了四个目标：

(1) 为订单而采购，消灭库存；

(2) 通过整合内部资源、优化外部资源，建立更加强大的全球供应链资源网络，有力保障海尔集团产品的质量和交货期；

(3) 即时采购、即时配送、即时分拨的同步物流流程；

(4) 与客户的零距离交流，提高客户体验满意度和忠诚度。

物流管理系统的成功实施和完善，构建和理顺了企业内部的供应链，为海尔集团带来了显著的经济效益，使海尔集团具备了强大的核心竞争力。

分析与讨论：

(1) 什么是海尔集团最重要、最成功的经验之一？

(2) 海尔集团建立了什么信息管理系统，解决了什么问题，取得了什么成效？

项目化实务训练

企业物流信息化建设应用实例解析

一、项目目的

了解物流信息化建设的目的与意义，能运用物流信息管理、物流信息技术的定义、特点、分类等知识，结合实例描述和分析问题，并解决这些问题。

二、项目要求

1. 根据本章学习内容，查找纸质和电子资料，选择一个实例，要求真实可靠，有来源或出处；

2. 描述实例中在没有进行物流信息化建设之前出现的问题 3～5 个，以及实施物流信息化建设的方法或措施 3～5 个，要求问题与实施点分析正确，完成率在 85%以上。

三、考核标准（见表 1-4）

表 1-4　项目化实务训练考核标准

项目化实务训练	考核项目	内容	分值
企业物流信息化建设应用实例解析	实例可靠性及完整性	实例有来源或出处；叙述企业物流情况完整、全面；内容、数据可靠，无窜改、编造等	20
	问题描述	问题描述和归纳正确、由浅入深，不生搬硬套、不直接拷贝等	30
	实例解析与正确性	观点合理、正确，无生搬硬套、无直接拷贝现象；符合信息化建设与发展规律；论据有来源或有出处	35
	实例表述	文字说明有条理、思路清晰、结构合理等	15

课后测试

一、选择题（第 1～4 题为单选，第 5～9 题为多选）

1. 信息按企业管理层次可以分为：________、战术信息和作业信息。

A. 正向信息　　B. 计划信息　　C. 逆向信息　　D. 战略信息

2. 下列属于物流信息技术的基础技术的是：计算机技术、网络技术和________。

A. 人工智能　　B. GPS 技术　　C. 感知技术　　D. 数据库技术

3. 全球定位系统（GPS）是利用空中卫星对地面目标进行精确导航与________，以达到全天候、高准确度地跟踪地面目标移动轨迹的目的的计算机技术系统。

A. 监控　　B. 辅助　　C. 跟踪　　D. 定位

4. 物流信息管理可以分为四个层次：基础应用信息管理、供应链物流信息管理、物流决策信息管理和________。

A. 人工智能信息管理　　B. 感知物流信息管理

C. 网络物流信息管理　　D. 智能物流信息管理

5. 信息按照来源可分为：________和________。

A. 内部信息　　B. 外部信息　　C. 运输信息　　D. 仓储信息

6. 物流信息除了具有信息的基本特点外，还具有物流活动的哪些特点？（　　）

A. 信息量大，分布广　　B. 动态性、实时性强

C. 种类多，来源广　　D. 速度快，生命周期长

7. 物流有七大构成部分：物体的________、________、________、搬运装卸、________、________以及相关的物流信息等环节。

A. 运输　　B. 仓储　　C. 包装
D. 流通加工　　E. 配送

8. 信息采集与识别技术主要包括________和________。

A. 条码技术　　B. EDI 技术　　C. RFID 技术　　D. WMS

9. 地理分析与动态跟踪技术主要包括________和________。

A. GIS 技术　　B. GPS 技术　　C. 条码技术　　D. EDI 技术

二、判断题（对的打“√”，错的打“×”）

1. 物流的定义是：物品从供应地向接收地的实体流动过程。(　　)

2. 数据本身有特定含义，只是记录事物的性质、形态、数量特征的抽象符号，是中性概念。(　　)

3. 在物流信息管理中，研究者普遍认为：信息是被赋予一定含义的、经过加工处理的数据（如符号、声音、图像等）。(　　)

4. 物流信息管理是将信息管理、信息技术的思想、方法和手段等，应用于物流活动中的信息和信息流管理的过程，通过信息的采集、识别，对其进行有计划的存储、加工、处理、传输，为整个物流过程提供信息与决策支持，提高整个物流过程的效率。(　　)

5. 信息技术主要包括：传感技术、计算机技术、通信技术、网络技术和控制技术。(　　)

6. 物流信息技术的定义是：物流各环节中应用的信息技术，包括计算机、网络、信息分类编码、自动识别、电子数据交换、全球定位系统、地理信息系统等技术。(　　)

三、简答题

1. 简述数据、信息之间的关系。

2. 简述物流信息管理的发展历程，以及各阶段的应用情况。

3. 简述我国物流信息化的发展现状与趋势。

第二章　物流信息采集与识别

教学目标

● **知识目标**

1. 了解条码技术及RFID技术的定义、工作原理和分类。

2. 熟悉常见一维、二维条形码以及定量贸易项目与变量贸易项目的码制与应用状况。

3. 掌握RFID技术的应用场合、优缺点、应用流程以及发展趋势。

● **技能目标**

1. 能够正确选择条码和RFID标签的识别设备。

2. 能够熟练安装条码打印机，并制作一维、二维条形码。

3. 能够在物流中合理运用条码与RFID技术。

案例导入

条码技术和RFID技术都属于自动识别技术，正是由于自动识别技术，物流企业才进入了智能物流时代。目前，“智能物流”已经从最初的概念逐步走向实际应用，自动识别技术在仓储、运输、包装及配送等物流环节上都能大显身手，帮助物流相关企业实现信息化和自动化。随着移动办公人员数量的增加，尤其是在仓储工作环境下，产品的便携性也很重要，手持产品需求会增多，对产品的功能要求也更高。比如读写器，现在普通读写器处理标签信息单一，无法满足企业尤其是大的制造型企业的需求。这些企业需要更加智能的读写器，实现多功能识别，读取高速传送带上的托盘和货箱，且能够过滤数据和控制外围设备，从而高效精确地管理RFID供应链。除了便携性和可扩展性，物流企业还要求未来自动产品能耗更低、作用距离更远以及读写速度更快、更可靠。语音识别功能也将是自动识别设备的一大亮点。

第一节　条码技术

什么是条码技术？我们如何对条码进行编码？条码在物流领域是如何发挥其作用的呢？

※ 一、条码技术概述

（一）条码的定义

条码（Bar Code）是由一组规则排列的条、空及其对应字符组成的标记，用以表示一定的信息。其中，条（Bar）是条码中反射率较低的部分，一般表现为黑色；空（Space）是条码中反射率较高的部分，一般表现为白色。条码通常用来标识物品，这个物品可以是具体的商品，如一袋饼干、一箱牛奶，也可以是物流单元，如托盘、集装箱。

一个完整的条码一般由左侧空白区、起始符、数据符、中间分隔符（可选）、校验符、终止符、右侧空白区及供人识别字符等组成。传统一维条码的结构如图 2－1 所示。

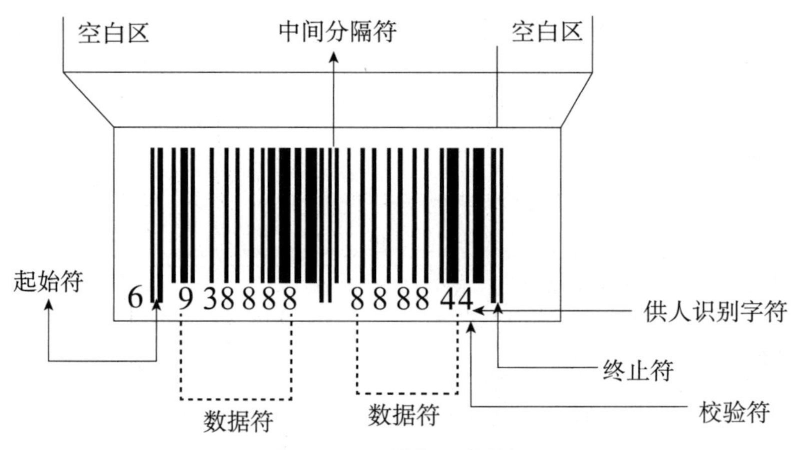

图 2－1　一维条码结构图

（1）空白区（Clear Area）：也称静区（Quiet Area），位于条码起始符、终止符两端外侧与空的反射率相同的限定区域。空白区是无任何符号及信息的白色区域，左右空白区分别提示识读设备开始识读和结束识读，其宽度对于条码能否正确识读有着重要意义，是衡量条码符号质量的重要参数之一，空白区宽度不够会导致条码符号误读或拒读。条码的类型不同，其宽度也不同。

（2）起始符（Start Character，Start Code）：位于条码起始位置的若干条与空，标志着一个条形码的开始，是判断条码种类的重要参数。

（3）数据符（Data Character）：位于起始符后面的字符，包含条码所要表达的信息内容，其结构异于起始符，可允许进行双向扫描。

（4）中间分隔符（Central Separating Character）：位于条码中间位置用来分隔数据段的若干条与空，是个可选内容，主要用于左、右侧编码不同的条码。

（5）校验符（Check Character，Check Code）：表示校验码的条码字符，校验码的作用是检验条码识读的准确性。阅读器在对条码进行解码时，对读入的各字符进行规定的运算，如运算结果与校验字符相同，则判定此阅读有效，否则提示重新读入。

（6）终止符（Stop Character，Stop Code）：位于条码终止位置的若干条与空。

其他与编码、识读等密切相关的条码常见术语还有连续型与非连续型、定长与非定长、双向条码、自校验条码等，如表 2－1 所示。

表 2－1　条码常见术语描述

术语	注释
连续型与非连续型（Continuous & Discrete）	非连续型条码指有条码字符间隔的条码，即相邻条码字符间存在不表示特定信息且与空反射率相同的区域，连续型条码则相反。连续型条码单位长度上表示的字符个数比非连续型条码多
定长与非定长（Fixed Length & Unfixed Length）	定长条码指条码字符的个数是固定的，非定长条码的条码字符个数可变。定长条码读码的正确率较高，非定长条码由于条码字符数变化大，读码错误率较高，但是灵活、方便
双向条码（Bi-directional Bar Code）	双向条码指条码符号两端均可作为扫描起点的条码，大多数条码都具备双向可读性
自校验条码（Self-checking Bar Code）	自校验条码指条码字符本身具有校验功能的条码，条码若出现一些印刷缺陷（例如污点），不会引起阅读器误读。如 39 码、库德巴码、128 码等
模块（Module）	模块指模块组配编码法中组成条码字符的基本单位，在模块组配编码法中条码符号的字符由规定的若干个模块组成，在条码编码方法中将详细讲解
单元（Element）	单元指构成条码字符的条和空

（二）条码的编码方法

条码的编码方法指条码中条和空的编排规则及符号表示方法，一般有模块组配编码法和宽度调节编码法两种方法。

1. 模块组配编码法

模块组配编码法（Module Combination Encode）指条码符号的字符由规定的若干个模块组成的条码编码方法。条和空由标准宽度的模块组成，一个标准宽度的条模块表示二进制的“1”，一个标准宽度的空模块表示二进制的“0”，商品条码 EAN 码和 UPC 码均采用模块组配编码方法。图 2－2 表示用模块组配法编码的两个商品条码 EAN 码字符，每个条码字符由 2 个条和 2 个空构成，每个条或空由 1～4 个模块构成，一个条码字符总共 7 个模块，每个模块宽度为 0.33mm。

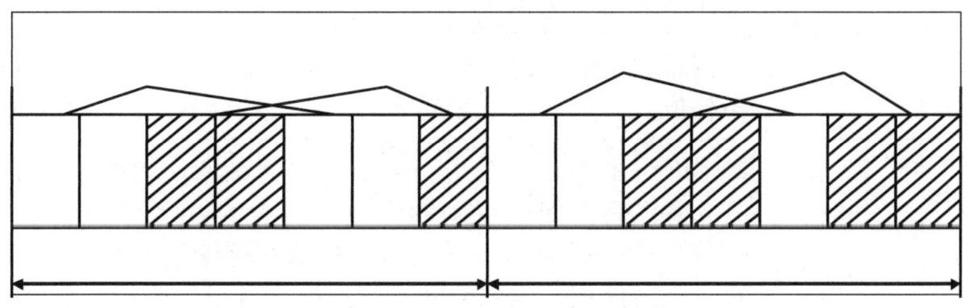

图 2－2　EAN 码字符构成实例

2. 宽度调节编码法

宽度调节编码法（Width Encode）是指条码符号中的条和空由宽、窄两种单元组成的条码编码方法。条码中条（空）的宽窄设置不同，宽单元表示二进制的“1”，窄单元表示二进制的“0”，宽单元的宽度通常是窄单元宽度的2～3倍。交叉25码、39码、库德巴码等均采用宽度调节编码法。图2-3表示交叉25码的两对条码字符，3和8为条表示的条码字符，1和5为空表示的条码字符，每个条码字符由5个单元构成，包括2个宽单元、3个窄单元。

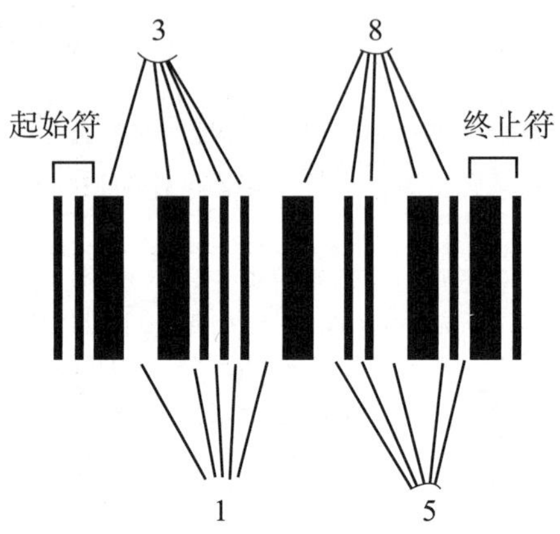

图2-3 交叉25码字符构成实例

（三）条码的分类

1. 按码制分类

常见的条码类型有UPC码、EAN码、交叉25码、128码等，具体类型及注释如表2-2所示。

表2-2 常见条码类型

条码类型	注释
UPC码 （UPC Code）	美国统一代码委员会制定的一种条码。它是定长的连续型数字式一维条码，包括UPC-A码和UPC-E码两种类型。其字符集为数字0～9，采用四种单元宽度，每个条或空是1、2、3或4倍模块宽度。在北美商业系统中应用广泛
EAN码 （EAN Code）	国际物品编码协会制定的一种条码。它是定长的连续型数字式一维条码，包括EAN-13码和EAN-8码两种类型。其字符集为数字0～9，采用四种单元宽度。与UPC码兼容
25条码 （2 of 5 Bar Code）	只有条表示信息的非连续型的一维条码。条码字符由规则排列的五个条构成，其中有两个是宽单元，其余是窄单元。其字符集为数字0～9
交叉25码 （Interleaved 2 of 5 Bar Code）	25码的一种变形，是条、空均表示信息的连续型一维条码。从左至右其相邻的奇、偶数位上的条码字符分别由五个条与五个空交叉表示（奇数位置字符用条表示，偶数位置字符用空表示）。组成条码符号的字符个数为偶数，如果是奇数，应在左侧补0变为偶数。其字符集为数字0～9

续前表

条码类型	注释
39 条码 (3 of 9 Bar Code; Code 39)	条、空均表示信息的非连续型一维条码。条码字符由规则排列的五个条、四个空共九个单元构成，其中三个是宽单元，其余是窄单元，故称之为“39”码。其字符集为：数字 0～9；字母 A～Z；特殊字符 [+]、[-]、[$]、[.]、[/]、[*]、[%]、空格符 (Space)
93 条码 (Code 93)	与 39 条码兼容的高密度的一维条码。每一个条码字符由九个模块、三个条和三个空组成。其字符集为：数字 0～9；字母 A～Z；特殊字符 [-]、[.]、[$]、[%]、空格、[/]、[+]；4 个控制字符
库德巴条码 (Codabar Bar Code)	条、空均表示信息的非连续型一维条码。条码字符由规则排列的四个条、三个空共七个单元构成。其中两个或三个是宽单元，其余是窄单元。其字符集为：数字 0～9；特殊字符 [+]、[-]、[$]、[:]、[.]、[/] 和只能用作起始符和终止符的 A、B、C、D 四个字符
128 码 (128 Bar Code; Code 128)	非定长的、连续型的一维条码。采用四种单元宽度，每个条码字符由三个条、三个空、十一个模块组成，又称 (11，3) 码。128 码有 A、B、C 三套字符集，可用字符 128 个。贸易单元 128 码是 128 码的子集

2. 按维度分类

一维条码（Linear Bar Code，One-dimensional Bar Code）是指只在一维方向上表示信息的条码符号。

二维条码（Two-dimensional Bar Code）是指在二维方向上都表示信息的条码符号。

一维条码与二维条码的区别如表 2-3 所示。

表 2-3　一维条码与二维条码的区别

种类	优点	缺点
一维条码	条码标签制作容易，扫描操作简单易行； 信息采集速度快、可靠性高； 灵活实用，可与其他设备组成自动识别系统； 设备结构简单，成本低	信息容量较小，只能存储字母和数字信息，容量在 30 个字符左右，一般需依赖数据库的支持； 条码遭到损坏后不能阅读
二维条码	具有一维条码的优点； 信息容量大，可存储汉字、数字和图片等信息，可作为“便携式数据文件”独立使用； 具有抗损毁能力，保密、防伪性高	对阅读器的要求较高； 设计较为复杂

（四）条码的工作原理

不同颜色的物体对光的反射率不同，当条码扫描器光源发出的光经过光学系统照射到条码符号上面后，被反射回来的光经过光学系统成像在光电转换器上，光电转换器接收到与白条和黑条相应的强弱不同的反射光信号，并将其转换成相应的电信号，电信号通过电路放大后产生模拟电压，再经过滤波、整形，形成与模拟信号对应的方波信号，再经译码器译成计算机可接收的数字、字符信息。其工作原理如图 2－4 所示。

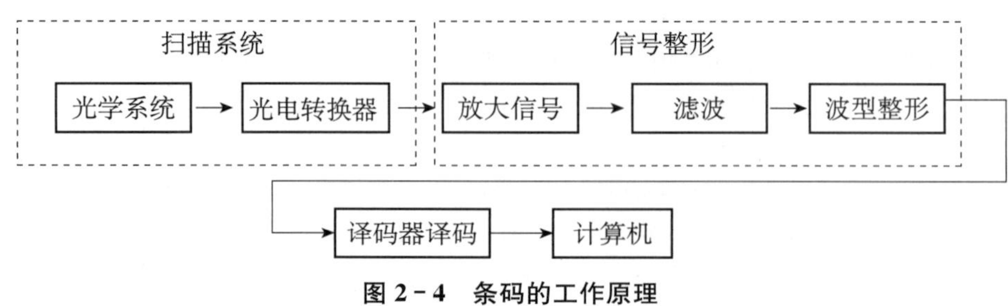

图 2－4 条码的工作原理

译码器处理整形电路的脉冲数字信号时，首先通过识别起始、终止字符判别条码符号的码制及扫描方向，通过测量脉冲数字电信号 0、1 的数目来判别出条和空的数目，通过测量 0、1 信号持续的时间来判别条和空的宽度，由此便得到了被辨读的条码符号的条和空的数目及相应的宽度和所用码制，根据码制所对应的编码规则，便可将条码符号换成相应的数字、字符信息，通过接口电路传送给计算机系统进行数据处理与管理，这样便完成了条码辨读的全过程。

（五）条码的识别设备

1. 条码扫描器

条码扫描器，又称为条码阅读器，俗称巴枪，其作用是读取条码所表示的内容，利用光学原理，把条码的内容解码后通过有线或者无线的方式传输到电脑或者其他终端的设备。条码扫描器通常由光源、接收器、光电转换部件、译码电路、计算机接口组成。

对于一般的条码应用系统，条码符号在制作时，其条空反差均针对 630nm 附件的红光而言，所以条码扫描器的扫描光源应该含有较大的红光部分。扫描器所选用的光源种类很多，主要有半导体发光二极管（LED）和激光二极管（LD，又称半导体激光器或二极管激光器）。

目前市场上扫描器所使用的感光器件主要有光电倍增管、硅氧化物隔离 CCD、半导体隔离 CCD、接触式感光器件（CIS 或 LIDE）四种。两种 CCD 是主流，半导体隔离 CCD 因漏电现象会影响扫描精度，而硅氧化物隔离 CCD 可大大减少漏电现象，但因为成本较高，市场上还是半导体隔离 CCD 占多数。另外，按照图像读出方式分类，CCD 可以分为线型 CCD 和面型 CCD 两种。线型 CCD 的图像读出采用一维的方式，其图像传感器最大的特点是分辨率很高，像素最高可达 1.3 亿。

条码扫描器的分类方式较多，通常有以下五种：

（1）按照扫描方式不同可分为激光（分单线和全向多线）条码扫描器和影像条码扫描器。

（2）按照操作方式不同可分为手持式条码扫描器（Hand-held Scanner）和免持式条码扫描器（Hand-free Scanner）。

（3）按照条码类型不同可分为一维条码扫描器（1D Scanner）和二维条码扫描器（2D Scanner）。

（4）按照扫描方向不同可分为单向条码扫描器和多向条码扫描器。

（5）按照数据传输方式不同可分为有线条码扫描器和无线条码扫描器（WIFI/蓝牙）。

虽然条码扫描器的分类错综复杂，但是其核心扫描方式只有激光和影像两种。激光条码扫描器发出的光束数量并不是固定的，有单线也有多线，通常多线激光条码扫描器的性能要优于单线激光条码扫描器。而影像条码扫描器扫描条码的全部，影像条码扫描器使用的是影像处理技术，当影像条码扫描器工作时，一个或多个 LED 同时发光，发出的光线覆盖整个条码，随后条码的图像被光电二极管采样，通过模拟数字转换电路解码传送回主机。

2. 常见条码扫描器

（1）影像条码扫描器及其主要参数。

影像条码扫描器的优势在于扫描器内无转动部分，因此抗摔性好、寿命长，且价格比较便宜。其缺点是扫描距离较激光条码扫描器近，且穿透性和抗干扰性不如激光条码扫描器。

影像条码扫描器的主要参数有：

1）扫描景深。即在确保可靠阅读的前提下，扫描头允许离开条码表面的最远距离与扫描器可以接近条码表面的最近点距离之差，也就是条码扫描器的有效工作范围。有的条码扫描器在技术指标中以扫描距离（扫描头允许离开条码表面的最短距离）代替扫描景深。

2）分辨率。对条码扫描系统而言，分辨率为正确检测读入的最窄条/空的宽度（可扫描的最小条码宽度）。低价影像扫描器的分辨率较低，一般为 512 像素，可以用来识读 EAN 码、UPC 码等商业码；中档影像条码扫描器的分辨率为 1 024 像素，有些能达到 2 048 像素，能分辨最窄条/空为 0.1mm 的条码。选择设备时，分辨率并不是越高越好，应根据具体应用中使用的条码密度来选取相应分辨率的扫描器，因为随着分辨率的提高，条码上的污点等对扫描器的影响会增强。

（2）激光条码扫描器及其主要参数。

由于激光的特性，激光条码扫描器识读距离长，能透过一般保护膜如玻璃、透明胶纸等进行识读，户外强光下表现好；另外激光扫描条码识读精度高、速度快、误码率（错误识别次数与识别总次数的比值）低，能实现全角度扫描，景深大。其缺点是价格相对较高，抗摔性差，容易损坏。

在选择激光扫描器时，主要参数是扫描速度和分辨率，而扫描景深并不关键。因为当景深加大时，分辨率会明显降低。优秀的手持激光扫描器应当扫描速度高，并在固定景深范围内有很高的分辨率。全角度激光扫描器通过光学系统使激光二极管发出的激光折射成多条扫描线，以达到全角度扫描的目的，主要是为了提高采集效率，减轻操作人员的劳动。选择激光扫描器时需注意：在一个方向上有多条平行线，在某一点上有多条扫描线通过，在一定的空间范围内各点的解读概率趋于一致，能同时满足这三点的就是优秀扫描器。

常见条码扫描器及其特点如表 2－4 所示。

表 2-4 常见条码扫描器及其特点

类型	描述	特征	图示
手持式条码扫描器	采用激光或 LED 光作为光源，从高密度一维条码到手机上显示的二维条码均可扫描，包括质量较差和损坏的条码	小型、方便使用；扫描时无须与条码接触（霍尼韦尔 HH350-0-1USB 影像扫描器可实现 600mm 长距离扫描）；符号缺损对扫描器识读影响小；弯曲面（30°以内）商品的条码也能读取；扫描速度快（霍尼韦尔 HH350-0-1USB 扫描速率 300 次/s）	霍尼韦尔 HH350-0-1USB 一维影像有线扫描器
固定式条码扫描器	一般都固定安装在一个地方，常见于超市、生产线、仓库等场合，能迅速识别条码，适于采集大量数据	稳定，扫描速度快，可全方位扫描，节省人力，但灵活性差（霍尼韦尔 MS7820 采用全向多线激光扫描器，对 0.33mm 的条码扫描景深为 0～255 mm，扫描速度达 1 800 次/s）	霍尼韦尔 MK/MS7120 激光条码扫描平台 霍尼韦尔 MS7820 全向多线激光扫描平台
便携式数据采集器	集扫描、显示、数据采集与处理、通信等功能为一体，相当于一台小型计算机，可用于订货、出入库、盘点等物流作业环节	具有一体性、机动性，体积小、重量轻、性能强，将条码扫描装置与数据终端一体化，并可与计算机无线连接用于接收或上传数据，设备价格较高	优博讯 i6100S 手持数据终端（PDA 数据采集器）

❖ 二、一维条码

（一）一维条码系统的概述

EAN・UCC 系统是由全球第一贸易标准化组织（GS1）研究制定，并在全球广泛应用的一套物品、位置及服务关系标识系统及相应电子商务标准。GS1 由国际物品编码协会（EAN International，简称 EAN）和美国统一代码委员会（Uniform Code Council，UCC）合并而成。它将自身定位为全球第一商务标准化组织，其宗旨是推广“全球商务语言”——EAN・UCC 系统。

EAN・UCC 系统包含三部分内容：编码体系、可自动识别的数据载体和电子数据交换标准协议。这三部分之间互相支持，紧密联系。编码体系是整个系统的核心，它实现了对不同物品、位置及服务关系的全球唯一编码；数据载体的作用是将供肉眼识读的编码转化为可供机器自动识读的符号，如条码符号等；电子数据交换标准协议是通过自动数据采集技术（ADC）及电子数据交换（EDI & XML），以最少的人工介入，实现数据的自动采集、处理和传输。

EAN・UCC 系统的编码体系在全世界范围内通用。该编码体系以条码符号和射频标签等为数据载体，用于对物品、位置及服务关系数据的自动采集与电子数据处理。其编码体系的构成如图 2－5 所示。

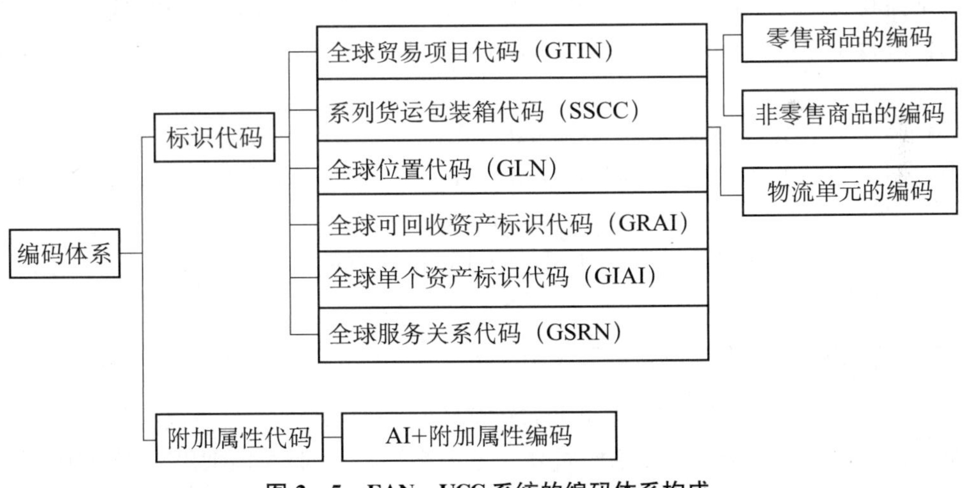

图 2－5　EAN・UCC 系统的编码体系构成

（1）全球贸易项目代码（Global Trade Item Number，GTIN）：指对于一项产品或服务，需要获取预先定义的信息，并且可订购或开具发票，以便所有贸易伙伴进行交易。有 4 种不同的编码数据结构：GTIN-14（EAN/UCC-14）、GTIN-13（EAN/UCC-13）、GTIN-12（UCC-12）、GTIN-8（EAN/UCC-8）。零售商品使用 GTIN-13、GTIN-8 和 GTIN-12，非零售商品使用 GTIN-14、GTIN-13 和 GTIN-12。

（2）系列货运包装箱代码（Serial Shipping Container Code，SSCC）：是为物流单元提供唯一标识的代码，属于单品编码。物流单元指为了便于运输和/或储存而建立的任何包装单元，不进行交易。同一个 SSCC 代码，自分配给某一物流单元后至少一年内，不得再分配给其他的物流单元。

如表 2－5 所示，SSCC 有四种结构类型，扩展位 N1，即包装类型，用于增加 SSCC 系列代码的容量，取值范围为 0～9，由编制 SSCC 的厂商自行分配。例如：0 表示纸盒，1 表示托盘，2 表示包装箱等。校验位计算方法与 EAN-13 码类似。

表 2－5 SSCC 结构

AI（应用标识）	SSCC				校验字符
	结构种类	扩展位	厂商识别代码	系列代码	
00	1	N1	N2N3N4N5N6N7N8	N9N10N11N12N13N14N15N16N17	N18
	2	N1	N2N3N4N5N6N7N8N9	N10X11N12N13N14N15N16N17	N18
	3	N1	N2N3N4N5N6N7N8N9N10	N11N12N13N14N15N16N17	N18
	4	N1	N2N3N4N5N6N7N8N9N10N11	N12N13N14N15N16N17	N18

（3）全球位置代码（Global Location Number，GLN）：用于物理实体、功能实体或法律实体的唯一标识。GLN 用 GTIN-13（EAN/UCC-13）数据结构来实现，但必须作为独立的代码系统对待，不能与 GTIN 混淆。GLN 用条码表示时，应与应用标识符 AI 一起使用，表示不同的位置。GLN 用 UCC/EAN-128 条码表示。

（4）全球可回收资产标识代码（ Global Returnable Asset Identifier，GRAI）：可回收资产是指具有一定价值，可再次使用的包装或运输设备。例如：啤酒桶、高压气瓶、塑料托盘或板条箱。在 GS1 系统中用全球可回收资产标识代码（GRAI）对该类物品进行编码。

（5）全球单个资产标识代码（Global Individual Asset Identifier，GIAI）：在 GS1 系统中，用全球单个资产标识代码（GIAI）对一个特定厂商的财产部分的单个实体进行唯一标识。

（6）全球服务关系代码（Global Service Relation Number，GSRN）：用于标识服务关系中所要标识的对象。

（二）常见的一维条码符号

EAN·UCC 系统主要包括三种不同的条码符号：（1）EAN/UPC 条码符号；（2）ITF-14 条码符号；（3）UCC/EAN-128 条码符号。零售终端扫描时只能使用 EAN/UPC 条码符号，而仓储、运输等应用环节中主要采用 UCC/EAN-128 条码符号或 ITF-14 条码符号，有些情况下也可采用 EAN/UPC 条码符号。图 2－6 所示为条码在供应链中的应用，显示每个环节可以用哪些代码编码，编好的物品代码又能用哪些条码符号表示。

1. EAN 码

EAN（European Article Number）码是 GS1 制定的一种商品用条码，通用于全世界。EAN 码符号有标准版（EAN-13）和缩短版（EAN-8）两种，标准版表示 13 位数字，又称为 EAN-13 码，缩短版表示 8 位数字，又称 EAN-8 码。

EAN-13 码在零售业非常常见，拿起身边从超市买来的商品都可以从包装上看到。

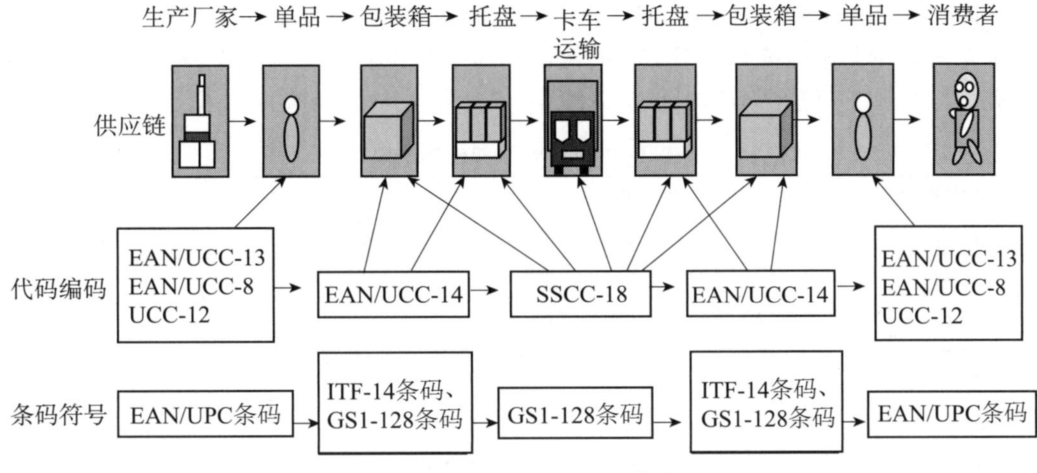

图 2-6　条码在供应链中的应用

另外，图书和期刊作为特殊的商品也采用了 EAN-13 码表示 ISBN 和 ISSN。期刊号 ISSN 以 977 为前缀，图书号 ISBN 以 978 为前缀，我国被分配使用 7 开头的 ISBN，因此我国出版社出版的图书上的条码全部为 9787 开头。

EAN-13 码从右向左编号 1～13，分为四种结构，每种结构均由厂商识别代码、商品项目代码及校验码构成。厂商识别代码表示全球范围内唯一标识厂商，由 7～10 位数字组成，中国物品编码中心负责分配和管理；厂商识别代码的前三位代码为前缀码，由 GS1 统一分配给各个成员，代表有关厂商识别代码的国家（或地区）编码组织，例如分配给中国物品编码中心的是 690～695。商品项目代码由 2～5 位数字组成，一般由厂商编制。最后一位是自动生成的校验码，用于检验整个编码的正误。校验码的计算步骤如下所示：

（1）从代码位置序号 2 开始，所有偶数位的数字代码求和；

（2）将步骤（1）的和乘以 3；

（3）从代码位置序号 3 开始，所有奇数位的数字代码求和；

（4）将步骤（2）与步骤（3）的结果相加；

（5）用大于或等于步骤（4）所得结果且为 10 最小整数倍的数减去步骤（4）所得结果，其差即为所求校验码的值。

示例：条码 690123456789 的校验码可按如下步骤（见表 2-6）计算而得。

表 2-6　条码校验码示例

步骤	举例说明													
按自右向左的顺序编号	位置序号	13	12	11	10	9	8	7	6	5	4	3	2	1
	代码	6	9	0	1	2	3	4	5	6	7	8	9	X1
从序号 2 开始求出偶数位上数字之和（1）	9+7+5+3+1+9=34（1）													
（1）×3=（2）	34×3=102（2）													
从序号 3 开始求出奇数位上数字之和（3）	8+6+4+2+0+6=26（3）													
（2）+（3）=（4）	102+26=128（4）													
用大于或等于结果（4）且为 10 最小整数倍的数减去（4），其差即为所求校验码的值	130−128=2 校验码 X1=2													

EAN-13 码所标识的 13 位数字代码中，最左侧的一位数字代码为前置码，EAN-13 码的前置码不参与条码符号条空结构的构成，其作用是用来确定条码符号中左侧数据符的编码规则。其 13 位代码结构见表 2－7。

表 2－7　EAN-13 码代码结构

结构种类	厂商识别代码	商品项目代码	校验码
结构一	X13X12X11X10X9X8X7	X6X5X4X3X2	X1
结构二	X13X12X11X10X9X8X7X6	X5X4X3X2	X1
结构三	X13X12X11X10X9X8X7X6X5	X4X3X2	X1
结构四	X13X12X11X10X9X8X7X6X5X4	X3X2	X1

EAN-13 码采用模块组配法编制而成，符号结构中的各部分所占模块分别为：左侧空白区（11 个模块）、起始符（3 个模块）、左侧数据符（42 个模块）、中间分隔符（5 个模块）、右侧数据符［42 个模块，包括校验符（7 个模块）］、终止符（3 个模块）和右侧空白区（7 个模块），共 113 个模块。EAN/UPC 条码的放大系数为0.80～2.00，条码符号随放大系数的变化而放大或缩小，当放大系数为 1.00 时，EAN-13 码每个模块的宽度为 0.33mm，条码符号总长度为 113×0.33＝37.29mm，条码符号高度为 25.93mm，如图 2－7 所示。

图 2－7　EAN-13 码符号尺寸示意图

2. ITF-14 码

ITF-14 码由 14 位数字组成，条码字符集为数字 0～9，与交叉 25 码编码规则一致。ITF-14 码的条码符号由左右侧空白区、起始符、数据字符、终止符及矩形保护框构成，保护框的目的是使印版对整个条码符号表面的压力均匀，帮助减少误读，提高识读可靠性。ITF-14 码用于标识非零售的商品，对印刷精度要求不高，比较适合直接印制于表面不够光滑、受力后易变形的包装材料，如瓦楞纸或纤维板上。

从图 2－8 和图 2－9 可以看出 ITF-14 码在表示 14 位数字的交叉 25 码的基础上加上了一个矩形保护框。

图 2-8　交叉 25 码

图 2-9　ITF-14 码

ITF-6 码（6 位数字）一般作为主条码（一般为 ITF-14 码）的辅助条码补充与主条码相关的信息。ITF-14 码和 ITF-6 码校验码的计算方法与 EAN 码的计算方法一致。

ITF-14 码符号的放大系数范围为 0.625～1.200，条码符号的大小随放大系数的变化而变化。当放大系数为 1.000 时，ITF-14 码符号各个部分的尺寸如图 2-10 所示。条码符号四周设置的保护框线宽 4.8mm，线宽不受放大系数的影响。

图 2-10　ITF-14 条码符号尺寸示意图

3. GS1-128 码

GS1-128 码为长度可变、连续性、高密度的字母、数字条形码。GS1-128 码的条码符号由左侧空白区、双字符起始图形［包括一个起始符（Start A、Start B、Start C）和 FNC1 字符］、表示数据和特殊字符的一个或多个条码字符（包括应用标识符）、校验符、终止符和右侧空白区构成。GS1-128 码的基本格式如图 2-11 所示。

图 2-11　GS1-128 码的基本格式

GS1-128 码每个条码字符（除终止符外）由 3 个条和 3 个空共 6 个单元、11 个模块组成，每个条或空的宽度为 1～4 个模块，终止符由 4 个条 3 个空共 7 个单元、13 个模块组成。在条码字符中，条的模块数为偶数，空的模块数为奇数，这一奇偶特性使每个字符都具有自校验功能。

GS1-128 码有 A、B、C 三套字符集，可用字符 128 个。字符集 A 包括所有标准的大写英文字母、数字字符 0～9、标点字符、控制字符（ASCII① 值为 00～95 的字符）和 7 个特殊字符；字符集 B 包括所有标准的大写英文字母、数字字符 0～9、标点字符、小写英文字母字符（ASCII 值为 32～127 的字符）和 7 个特殊字符；字符集 C 包括 100 个两位数字 00～99 和 3 个特殊字符。字符集 A、字符集 B 的最后 7 个字符和字符集 C 的最后 3 个字符共 17 个字符是特殊的非数字字符，没有对应的 ASCII 字符，它们对识读设备有特殊的意义。

3 个起始符 Start A、Start B 和 Start C 定义了符号开始时使用的字符集。所有字符集的终止符 Stop 都是相同的。3 个切换符 CODE A、CODE B 和 CODE C 将先前确定的字符集转换到切换字符所指定的新的字符集 A、字符集 B 或字符集 C，这种转换适用于切换字符后面的所有字符，直至符号结束或遇到另一个切换字符或转换字符。1 个转换字符 SHIFT 将转换字符之后的一个字符从字符集 A 转换到字符集 B 或从字符集 B 转换到字符集 A，被转换字符后面的字符将自动恢复到转换字符前定义的字符集 A 或字符集 B。功能符（FNC1、FNC2、FNC3、FNC4）、起始符（Start A、Start B、Start C）与 FNC1 组成 EAN-128 条码的起始符号［EAN-128 条码采用双字符起始符，其结构为：Start A（Start B 或 Start C）＋FNC1］，当一个条码符号中有多个应用标识符及其数据域时，FNC1 作为分隔符使用。其他功能符用得较少，不再详述。

GS1-128 码的数据字符一般由一到多个应用标识符（AI）及其数据域构成，数据域由定长或者变长的字符串构成。应用标识符 AI（Application Identifier）是一个 2～4 位的代码，用于定义其后续属性数据的含义和格式。当用户出于产品管理与跟踪的要求，需要对具体商品的附加信息，如生产批号、重量、数量、生产日期、保质期、箱号等特征进行描述时，应采用应用标识符。常用的应用标识符如表 2－8 所示。

表 2－8　常用的 EAN・UCC 应用标识符

应用标识符（AI）	数据含义	格式
00	系列货运包装箱代码（SSCC）	n2＋n18
01	全球贸易项目代码（GTIN）	n2＋n14
02	物流单元中贸易项目的 GTIN	n2＋n14
10	批号或组号	n2＋an…20
11	生产日期	年月日 n2＋n6
13	包装日期	
15	保质期	
17	有效期	
21	系列号	n2＋an…20

① ASCII：American Standard Code for Information Interchange，美国信息交换标准代码。

续前表

应用标识符（AI）	数据含义	格式
30	可变数量	n2＋n…8
310n～369n	贸易与物流量度	n4＋n6
410	交货地全球位置码	n3＋n13
420	同一邮政行政区域内交货地的邮政编码	n3＋an…20

注：a 表示字母字符；n 表示数字字符；an 表示字母、数字字符；i 表示字符个数；ai 表示定长，表示 i 个字母字符；ni 表示定长，表示 i 个数字字符；ani 表示定长，表示 i 个字母、数字字符；a…i 表示最多 i 个字母字符；n…i 表示最多 i 个数字字符；an…i 表示最多 i 个字母、数字字符。

以图 2－12 为例，系列货运包装箱代码为 541234567891234516，包装日期为 2003 年 2 月 10 日，总重量为 480kg，具有 3 位 ISO 国家（或地区）代码的加工者核准号码为 05654321。

(13)030210(3102)048000(7031)05654321

(00)541234567891234516

图 2－12　应用标识符使用示例

（三）定量贸易项目与变量贸易项目

定量贸易项目指按商品件数计价销售的商品或组合单元，如成箱的瓶装啤酒、服装等。包装定量贸易项目的编码形式有以下 4 种类型：

（1）包装单元内只有一个商品。这种情况下按消费单元编码，如独立包装的冰箱，它的商品条码是 6938888800228，那么包装单元代码也是 6938888800228。

（2）包装单元内的消费品是同种商品，包装单元同时又是消费单元。这种情况下则重新编制一个不同于箱内商品的 13 位编码，如单盒牛奶的编码为 6938888800013，24 盒一箱的编码为 6938888800228。

（3）包装单元内的消费品是同种商品，但包装单元只用于物流不用于消费。这种情况下有两种编码方法：一是重新编制一个新代码，前加 0 构成 14 位新代码；二是取包装单元内商品代码的前 12 位，在前面加 1～8 中任意一位，最后产生校验码，构成 14 位新代码。如前面第二种情况的例子，可以用 06938888800013 或者 16938888800010。校验码计算步骤同 EAN-13 码。

（4）包装单元内的消费品是不同种商品。这种情况下需重新编制一个新代码，前加 0 构成 14 位新代码。如包装单元内有两种盒装牛奶，一种为 6938888800044，另一种为 6938888800037，则包装单元的代码可为 06938888800310。

变量贸易项目是指出售、订购或生产的产品的量是可连续改变的，例如：塑料管、绳索、地毯等。变量非零售商品是指其内所含物品是以基本计量单位计价，数量随机的包装形式。如对于长度可大可小的木材，零售商或承运商需要知道木材的确切长度，以便安排运输或库存。这时，供应商应当用 GTIN 和应用标识符 AI 来标识木材。

变量非零售商品的标识代码采用 EAN/UCC-14 结构，见表 2－9，以 UCC/EAN-128 码表示，如图 2－13 所示。

表 2－9　变量非零售商品的 EAN/UCC-14 代码结构

指示符	厂商识别代码与商品项目代码	校验码
9	N2N3N4N5N6N7N8N9N10N11N12N13	N14

指示符 9 表示此代码是对变量贸易项目的标识。当指示符为 0～8 时，表示贸易项目为定量贸易项目。

图 2－13　变量贸易项目条码示例

图 2－13 所示条码为变量贸易项目木材，全球贸易项目代码为 96912345678900，木材长度为 2.5 米。

应用标识符“31nn，32nn，35nn，36nn”对应的编码数据的含义为变量贸易项目的量度和量度单位。变量贸易项目量度用于变量贸易项目的标识，包括贸易单元的重量、尺寸、体积、直径等信息。其编码数据格式见表 2－10。

表 2－10　变量贸易项目量度的编码数据格式

AI	量度值
A1 A2 A3 A4	N1 N2 N3 N4 N5 N6

应用标识符数字 A1 到 A3 指示变量贸易项目量度的单位。

应用标识符数字 A4 指示量度值中小数点右起的位置。例如数字 0 表示没有小数点，数字 1 表示小数点在 N5 和 N6 之间。国际单位制贸易计量单位如表 2－11 所示。

表 2－11　国际单位制贸易计量单位

AI	含义（格式 n6）	单位名称	单位符号	数据名称
310n	净重	千克（公斤）	kg	NET WEIGHT
311n	长度或第一尺寸	米	m	LENGTH
312n	宽度、直径或第二尺寸	米	m	WIDTH
313n	深度、厚度、高度或第三尺寸	米	m	HEIGHT
314n	面积	平方米	m^2	AREA
315n	净体积、净容积	升	L	NET VOLUME
316n	净体积、净容积	立方米	m^3	NET VOLUME

※ 三、二维条码

（一）二维条码的定义

二维条码（Two-dimensional Bar Code）是用按一定规律在平面（二维方向上）上分布的黑白相间的图形，记录数据、符号、信息的一种条码技术。常见的二维条码有：PDF417、Code 49、Code 16K、QR Code、Data Matrix、Maxi Code等，如图2-14所示。

图2-14 常见的二维条码

二维条码是一种比一维条码更高级的条码格式。一维条码只能在一个方向（一般是水平方向）上表达信息，而二维条码在水平和垂直方向都可以存储信息。一维条码只能由数字和字母组成，而二维条码能存储文字、图片等信息，因此二维条码的应用领域要广得多。二维条码作为一种信息容量大，可标识文字、声音、图片、网址等多种信息，成本低廉的自动识别技术，目前已经在我国众多行业取得规模化应用。

（二）二维条码的分类

二维条码可以分为堆叠式（行排式）和矩阵式两种。

1. 堆叠式（行排式）

堆叠式（行排式）二维条码又称堆积式二维条码或层排式二维条码，形态上是由多行短截的一维条码堆叠而成，其编码原理建立在一维条码基础之上，按需要将一维条码堆积成两行或多行。行排式二维条码在编码设计、校验原理、识读方式等方面继承了一维条码的一些特点，识读设备、条码印刷与一维条码技术兼容。但由于行数的增加，需要对行进行判定，其译码算法与软件也不完全与一维条码相同。具有代表性的行排式二维条码有：PDF417、Code 16K、Code 49、MicroPDF417等。

2. 矩阵式

矩阵式二维条码又称棋盘式二维条码，以矩阵的形式组成，在一个矩形空间通过黑、白像素在矩阵中的不同分布进行编码。在矩阵相应元素的位置上，用点（方点、圆点或其他形状）的出现表示二进制的“1”，点的不出现表示二进制的“0”，点的排列组合确定了矩阵式二维条码所代表的意义。矩阵式二维条码是建立在计算机图像处理技术、组合编码原理等基础上的一种新型图形符号自动识读处理码制。具有代表性的矩阵式二维条码有：QR Code、Data Matrix、Maxi Code、Code One 等。

（三）二维条码的码制

1. PDF417 码

PDF417 码是由美籍华人王寅敬博士发明的，PDF 取自英文 Portable Data File 的首字母，意为“便携数据文件”。因为组成条码的每一个符号字符都是由 4 个条和 4 个空共 17 个模块构成的，所以称为 PDF417 码。PDF417 码可表示数字、字母或二进制数据，也可以表示汉字。每一个 PDF417 符号可以表示 1 108 个字节，或 1 850 个 ASCII 字符或 2 710 个数字的信息。PDF417 码应用于医院、驾驶证、物料管理、货物运输等。

PDF417 码的特点是：(1) 信息量大；(2) 容易印刷；(3) 纠错能力强；(4) 安全性高。

2. QR Code

QR Code 是由日本 Denso 公司于 1994 年 9 月研制的一种矩阵式二维码符号，可用来表示数字、字母、八位字节型数据、汉字等内容。它除具有一维、二维条码的信息容量大、可靠性高、可表示汉字及图像等多种信息、保密防伪性强等特点外，还有以下优点：(1) 超高速识读；(2) 全方位识读；(3) 能够有效地表示中文和日文。QR Code 应用于电子商务、B2B、商品支付、社交等。

PDF417 和 QR Code 的区别如表 2－12 所示。

表 2－12　PDF417 和 QR Code 的区别

码制	PDF417	QR Code
研制公司	Symbol Technologies Inc.	Denso Corp.
码制分类	行排式	矩阵式
识读速度	3 个/s	30 个/s
识读方向	正负 10°	全方位 360°
识读方法	深色/浅色模块判别	条空宽度尺寸判别
汉字表示	13bit	16bit

3. 汉信码

由中国物品编码中心承担的国家“十五”重大科技专项——“二维条码新码制开发与关键技术标准研究”取得突破性成果，我国拥有完全自主知识产权的新型二维条码——汉信码（如图 2－15 所示），于 2005 年岁末诞生在中国大地。汉信码填补了我国在二维条码码制标准应用中自主知识产权技术的空白。

汉信码具有抗畸变、抗污损能力强、信息容量高等特点，达到了国际先进水平。其中，在汉字表示方面，支持 GB18030 字符集，汉字表示信息效率高，达到了国际领先水平。汉信码应用于政府办公、军队、市场监督管理、金融、税务、物流等。

图 2－15　汉信码

第二节　RFID 技术

RFID 的工作原理是什么？RFID 系统由哪几部分组成？RFID 有哪些特点？其发展历程与趋势是怎样的？RFID 是如何在物流中应用的？其优缺点与具体的应用流程又是什么？

❖ 一、RFID 的定义

为什么我们快递的物品可以准确无误地送到目的地？为什么图书馆里的海量图书可以管理得有条不紊？为什么有些不小心失窃的物品可以迅速追踪回来？这其中，RFID 技术的快速发展和应用是一大原因。在这个万物互联的时代，RFID 是数据连接、数据交流的关键技术之一。物联网离不开 RFID，它具有可以进行高速移动物体识别、多目标识别、非接触识别，以及不易受环境污染、穿透力强等优点，因而被广泛用于物联网系统中。物联网利用 RFID 技术借助广泛分布的传感器及信息收集器进行信息收集，通过大数据处理系统对物品特性进行归纳、归类及整合，然后将相关信息传输给所需的用户，以实现万物互联的目的。

RFID（Radio Frequency Identification），即无线射频识别，也常被称为感应式电子晶片或近接卡、感应卡、非接触卡、电子标签、电子条码等。它是一种非接触式的自动识别技术，通过射频信号自动识别目标对象并获取相关数据。

❖ 二、RFID 系统的组成

RFID 系统由电子标签（Tag）、天线（Antenna）、读写器（Reader）和应用软件系统等部分组成。

（1）电子标签（Tag）：又称为射频标签、应答器、数据载体等，相当于条码技术中的条码，用来储存需要识别的传输信息。它由耦合元件及芯片组成，每个标签具有唯一的电子编码——UID，附着在物体上标识目标对象，UID 是在制作芯片时放在 ROM 中的，无法修改。用户数据区是供用户存放数据的，可以进行读写、覆盖、增加的操作。读写器对标签的操作有三类：识别（Identify）——读取 UID；读取（Read）——读取用户数据；写入（Write）——写入用户数据。

电子标签根据不同的分类标准，可分为不同的类型，如表 2－13 所示。其应用图例，如图 2－16 所示。

表 2-13 电子标签分类

分类标准	类型	说明
根据标签供电方式不同	有源电子标签	内部自带电池，工作可靠性高，信号传送的距离远；电池的寿命决定标签的使用时间和使用次数
	无源电子标签	内部不带电池，需靠天线与线圈产生感应电流工作；可支持长时间的数据传输和永久性的数据存储；价格便宜、体积小，可读写多次，但是数据传输的距离较短
	半无源电子标签	部分依靠电池工作，利用低频近距离精确定位，微波远距离识别和上传数据，具有单纯的有源 RFID 和无源 RFID 无法实现的功能
根据标签的工作频率不同	低频	工作频率为 30KHz～300KHz，典型工作频率为 125KHz～134KHz。一般采用电磁耦合原理，读取的距离近，存储数据量相对较少。低频标签比超高频标签便宜，节省能量，穿透力强，工作频率不受无线电频率管制约束，最适合用于含水量较高的物体，如水果等
	高频	工作频率一般为 3MHz～30MHz，典型工作频率为 13.56MHz。基本特点与低频标准相似，但具有更高的传输速率，阅读距离一般情况下也小于 1m。典型应用包括电子车票、电子身份证等电子票证
	超高频与微波	超高频与微波频段的射频标签简称为微波射频标签，典型工作频率为：433MHz、860MHz～960MHz、2.45GHz、5.8GHz。 工作时，射频标签位于阅读器天线辐射场的远区场内，标签与阅读器之间的耦合方式为电磁耦合方式。阅读距离一般为 4～6m，最大可达 10m 以上，可多标签识读，数据存储容量一般限定在 2KB 以内。缺点是比较耗能，穿透力较弱，作业区域不能有太多干扰。典型应用包括：移动车辆识别、仓储物流应用、电子闭锁防盗（电子遥控门锁控制器）等

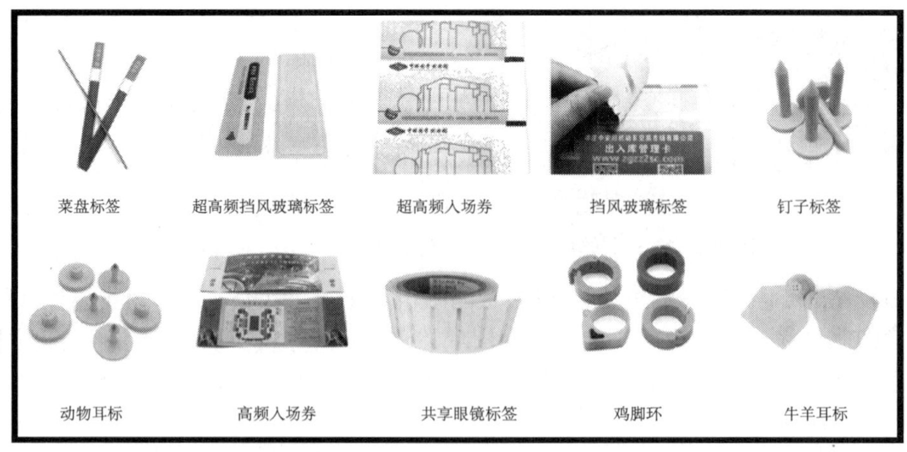

图 2-16 电子标签的应用图例

资料来源：深圳市艾德沃克物联科技有限公司.

（2）天线（Antenna）：在 RFID 标签和读写器间传递射频信号。

（3）读写器（Reader）：读取（有时还可以写入）标签信息的设备，可设计为手持式或固定式。

（4）应用软件系统：是为满足用户不同领域、不同应用需求而设计的软件集合。

电子标签中一般保存有约定格式的电子数据，在实际应用中，电子标签附着在待识别物体的表面。读写器可无接触地读取并识别电子标签中所保存的电子数据，从而达到自动识别物体的目的。通常读写器与电脑相连，所读取的标签信息被传送到电脑上进行下一步处理。

❖ 三、RFID 的工作原理

RFID 系统的工作原理如下：

（1）读写器将要发送的信息经编码后加载在某一频率的载波信号上经天线向外发送；

（2）进入读写器工作区域的电子标签接收此脉冲信号，卡内芯片中的有关电路对此信号进行调制、解码、解密，然后对命令请求、密码、权限等进行判断；

（3）若为读命令，控制逻辑电路则从存储器中读取有关信息，经加密、编码、调制后通过卡内天线再发送给读写器；

（4）读写器将接收到的信号进行解调、解码、解密后送至中央信息系统进行有关数据处理；

（5）若为修改信息的写命令，有关控制逻辑引起电子标签内部电荷泵提升工作电压，提供擦写 EEP-ROM 时所需的高压，以对 EEP-ROM 中的内容进行改写，若经判断其对应的密码和权限不符，则返回出错信息。

❖ 四、RFID 的特点

RFID 和传统条形码识别技术相比，具有以下优势。

（一）远距离快速批量扫描

条形码扫描距离近，一次只能有一个条形码受到扫描；RFID 读写器最大的优势是非接触识别，可实现批量读取和远距离读取，能一次同时辨识读取多个 RFID 标签，能可靠识别 100km/h 的高速移动目标，扫描距离可达 10m 以上。

（二）体积小型化、形状多样化

RFID 在读取上并不受尺寸大小与形状的限制，不需为了读取精确度而配合纸张的固定尺寸和印刷品质。此外，RFID 标签还可往小型化与多样形态发展，以应用于不同产品。

（三）数据的记忆容量大

一维条形码的容量可达 50 Bytes，二维条形码最大的容量可达 2K～3K Bytes，RFID 标签最大的容量则有数 M Bytes。随着记忆载体的发展，RFID 标签的数据容量也有不断扩大的趋势。未来物品所需携带的信息量会越来越大，对标签扩充容量的需求也相应增加。

（四）耐久性和重复性

传统条形码的载体是纸张，因此容易受到污染或折损而无法识别，RFID标签具有防水、防油、防腐蚀和耐高温等优势，可以免受污损，持久耐用。另外，条形码印刷上去之后就无法更改，RFID标签则可以重复地新增、修改、删除储存的数据，方便信息的更新。

（五）穿透性和无屏障阅读

在被覆盖的情况下，RFID能够穿透纸张、木材和塑料等非金属或非透明的材质，并能够进行穿透性通信。而条形码扫描机必须在近距离而且没有物体阻挡的情况下，才可以辨读条码。

（六）安全性和唯一性

由于RFID承载的是电子式信息，因此其数据内容可经由密码保护，不易被伪造及变更。而且RFID每个标签都具有全世界唯一的标识号。

虽然RFID有诸多优点，但与条形码相比其成本较高。

近年来，RFID因其所具备的远距离读取、高储存量等特性而备受瞩目。它不仅可以帮助企业大幅提高货物、信息管理的效率，还可以让销售企业和制造企业互联，从而更加准确地接收反馈信息，控制需求信息，优化整个供应链。

❖ 五、RFID的发展历程与趋势

通常认为，RFID技术起源于英国。1935年，英国科学家罗伯特·沃森·瓦特（Robert Watson-Watt）发明了世界上第一部雷达。很快，第二次世界大战爆发了，雷达虽然能侦察到飞机并预警，却无法区分哪些是敌机，哪些是本国飞机。于是，在罗伯特·沃森·瓦特的领导下，英国开发了第一个敌我主动识别（IFF-identify Friend or Foe）系统。他们在每架英国飞机上都装了一个发射器，当它从地面上的雷达站接收到信号时，飞机就会回拨一个信号，以表明是自己人。RFID的基本工作概念与此相同，信号被发送到应答器，唤醒并且反射回信号（无源系统）或广播信号（有源系统），它是无线电技术与雷达技术的结合。

1948年，哈里·斯托克曼（Harry Stockman）发表的《利用反射功率的通信》奠定了RFID的理论基础。

RFID技术于20世纪60年代就开始商用，然而，直到20世纪80年代中期，随着大规模集成电路技术的成熟，射频识别系统的体积大大缩小，RFID技术及产品才进入实用化的阶段，各种规模应用才开始出现。到了21世纪，RFID产品得到广泛采用，逐渐成为人们生活中的一部分。如美国国防部规定，2005年1月1日以后，所有军需物资都要使用RFID标签；美国食品与药品管理局（FDA）建议制药商从2006年起利用RFID跟踪经常造假的药品。沃尔玛（Walmart）、麦德龙（Metro）等零售巨头应用RFID技术的一系列行动更是推动了RFID在全世界的应用热潮。RFID产品种类更加丰富，有源电子标签、无源电子标签及半无源电子标签均得到发展，电子标签成本不断降低，规模应用行业范围不断扩大。

近年来，物联网概念深入人心，这是继计算机、互联网和移动通信之后的又一次信息产业革命。而 RFID 技术在物联网革命的契机点上，焕发出新的技术价值，未来 RFID 技术将在物联网领域发展中具有举足轻重的地位。

❖ 六、RFID 的应用

(一) RFID 的应用场合

RFID 应用十分广泛，已经在金融支付、身份识别、交通管理、军事与安全、资产管理、防盗与防伪、金融、物流、工业控制等领域的应用中取得了突破性的进展，并在部分领域开始进入规模应用阶段。目前 RFID 典型的应用领域包括以下几个：

1. 交通

高速公路自动收费系统是射频识别技术最成功的应用之一。通过建立采用射频识别技术的自动车号识别系统，能够随时了解车辆的运行情况，可以对道路交通流量进行实时监控、统计、调度，还可以用于车辆闯红灯记录报警、被盗（可疑）车辆报警与跟踪、特殊车辆跟踪、肇事逃逸车辆排查等。

2. 制造

RFID 技术因其具有抗恶劣环境能力强、非接触识别等特点，在生产过程控制中有很多应用。比如，在大型工厂的自动化流水作业线上使用 RFID 技术，可实现物料跟踪和生产过程自动控制、监视。

3. 物流

将射频识别系统用于智能仓库货物管理，可以有效地解决仓库里与货物流动相关的信息的管理，监控货物信息，实时了解出入库情况、库存情况，自动识别追踪货物，确定货物的位置。

以射频识别技术为核心的集装箱自动识别，成为全球范围内最典型的货物跟踪管理应用。将记录有集装箱位置、物品类别和数量等数据的电子标签安装在集装箱上，借助射频识别技术，就可以确定集装箱在货场内的确切位置。系统还可以识别未被允许的集装箱移动，有利于管理和安全。

射频识别技术还应用于邮件、包裹的自动分拣系统及铁路、航空旅客的行李管理中，大大提高了分拣效率，降低了出错率。

4. 零售

在零售领域，射频识别技术主要用于商品销售数据实时统计、补货、防盗、结账等环节。

5. 电子票证

使用电子标签来代替各种“卡”，实现非现金结算，解决了现金交易不方便也不安全以及以往的各种磁卡、IC 卡容易损坏等问题。同时电子标签用起来方便、快捷，还可以同时识别几张电子标签，并行收费。

公共交通领域是电子标签应用潜力最大的领域之一，用电子标签作为电子车票，具有使用方便、缩短交易时间、降低运营成本等优势。

未来的门禁保安系统都可以应用电子标签，一卡可以多用，比如工作证、出入证、停车证、饭店住宿证甚至旅游护照等。使用电子标签可以有效地识别人员身份，进行安全管理以及高效收费，简化出入手续，提高工作效率，并且有效地进行安全保护。人员出入时该系统会自动识别身份，非法闯入时会有报警。安全级别要求高的地方，还可以结合其他的识别方式，将指纹、掌纹或面部特征存入电子标签。

6. 动物跟踪和管理

射频识别技术可以用于动物跟踪与管理。将用小玻璃封装的电子标签植于动物皮下，可以标识牲畜，监测动物健康状况等重要信息，为牧场的管理现代化提供了可靠的技术手段。在大型养殖场，通过采用射频识别技术可以建立饲养档案、预防接种档案等，达到高效、自动化管理牲畜的目的，同时为食品安全提供保障。

在动物的跟踪及管理方面，许多发达国家采用射频识别技术，通过对牲畜个体的识别，保证牲畜疾病大规模爆发期间对感染者的有效跟踪及对未感染者的隔离控制。

另外，射频识别技术在防伪（贵重物品防伪、票证防伪）、医疗（医疗器械管理、病人身份识别、婴儿防盗）、军事（枪支、弹药、物资、人员、卡车等的识别与追踪）、图书（书店、图书馆、出版社等应用）、服装（自动化生产、仓储管理、品牌管理、单品管理、渠道管理、串货管理）、资产管理、运动计时、电子门锁等方面均有广泛应用。

（二）RFID 在物流中的具体应用

以 RFID 为基础的软硬件技术构建的物流信息系统，将使产品、仓储、采购、运输、销售及消费的全过程发生根本性的变化。目前，RFID 技术已经在物流的诸多环节中发挥着重要的作用。

1. 生产环节

RFID 技术应用于生产环节中的生产线上，能够实现生产线的自动化和原料、产品的识别定位，这将大大减少人工识读成本，降低出错率，同时也大大提高了生产的效率和质量。RFID 技术还能够对产品进行信息的收集、处理，帮助生产人员轻松掌握整个生产线的运作情况和产品的生产进度。

2. 仓储环节

在仓库里，射频识别技术广泛应用于存取货物与库存盘点，当贴有 RFID 标签的货物进入仓库时，入口的 RFID 读写器将自动识别标签并完成库存盘点。在整个仓库管理中，将系统制定的收货、取货、装运等实际功能与 RFID 技术相结合，能够高效地完成各种业务操作，如指定堆放区域、上架、取货与补货等。

3. 运输环节

在运输环节，在运输的货物和车辆上贴上 RFID 标签，标签包含车辆信息（车牌号、车辆所属运输公司等）、运输信息（起讫点、运输线路等）及货物基本信息，在运输线的检查点安装上 RFID 读写器，当车辆经过线路上的检查点时，检查点的 RFID 读写器检测到 RFID 标签信息，将标签信息、地理位置等经由网络发送给运输调度中心，这样供应商和经销商就能够比较方便地查阅货物所处的位置和状态。

4. **配送环节**

在配送环节，采用射频识别技术能大大加快配送的速度和提高拣选与分发过程的效率与准确率，并能减少人工、降低配送成本。如果到达中央配送中心的所有商品都贴有 RFID 标签，托盘通过安装在中央配送中心入口处的固定式 RFID 读写器时，读写器读取托盘上所有货箱上的标签内容并将信息传到后台计算机系统，系统将这些信息与发货记录进行核对，以检测出可能的错误，然后将 RFID 标签信息更新为最新的商品存放地点和状态。

5. **销售环节**

在销售环节，RFID 可以改进零售商的库存管理。当货物被顾客取走时，装有 RFID 读写器的货架能够实时地报告货架上的货物情况，并通知系统在适当的时候补货。同时对装有 RFID 标签的货物能够监控其移动、位置等。这些应用都能大大节约人工成本、减少出错、提高效率。

（三）RFID 的应用流程

下面以 RFID 在仓储中的应用为例，讲述具体的应用流程。

基于 RFID 的仓库管理系统是指在现有仓库管理中引入 RFID 技术，对仓库入库、出库、移库移位、库存盘点等各个作业环节进行自动化的数据采集，保证仓库管理各个环节数据输入的速度和准确性，确保企业及时准确地掌握库存的真实数据，合理保持和控制企业库存。RFID 仓储系统框架如图 2－17 所示。

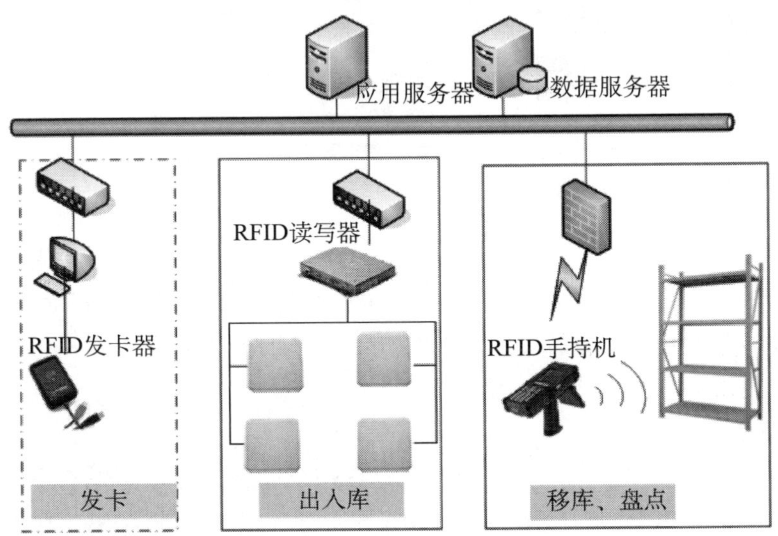

图 2－17　RFID 仓储系统框架

1. **场景硬件配备**

需要的设备有 RFID 标签打印机，安装在仓库出入口的固定式 RFID 读写器，用于出、入库操作的 RFID 标签远距离自动识别；工作人员配备手持 RFID 读写设备，识别条码与 RFID 标签，用于货品的拣货、盘点、移库等操作；后台管理系统需配备应用服务器、数据服务器、网络交换机等。

2. **固定式 RFID 读写器的安装**

读写器和电源板集成装配在一个防雨箱内，信号指示灯装配在防雨箱的上面，形成一个整体，安装在进出货平台旁的墙面上（距地面大于500mm处）或出入口大门上方；天线安装在进出货平台中部地槽内（或平台墙面上）。读写器与计算机通过网络接口连接，并通过网络交换机或集线器接入企业网络中（由计算机控制读写器的读、写作业，计算机上安装DEMO软件或集成商开发的应用软件，对读写器进行I/O接口控制、参数设置、参数查询、通信模式选择以及射频标签的读取、ID号扫描及显示等）。读写器和天线之间经管道通过射频电缆相连。固定式RFID读写器的安装与标签位置如图2-18、图2-19所示。

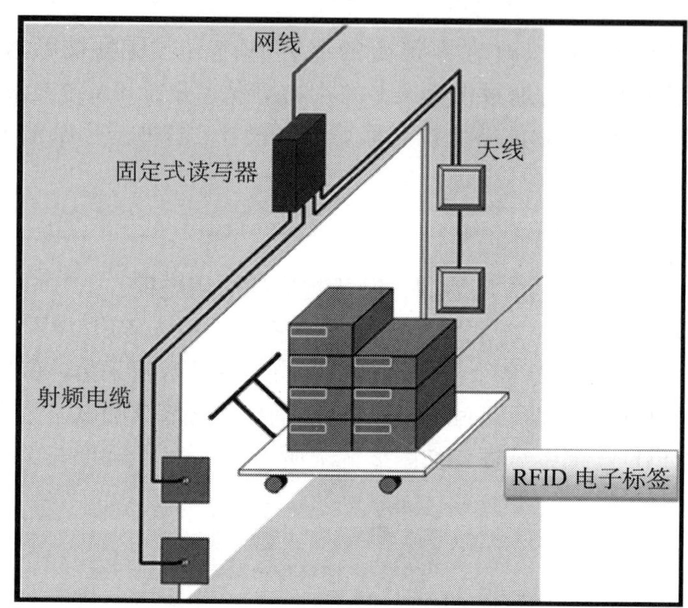

图2-18 固定式RFID读写器的安装与标签位置示意图

资料来源：深圳市铨顺宏科技有限公司.

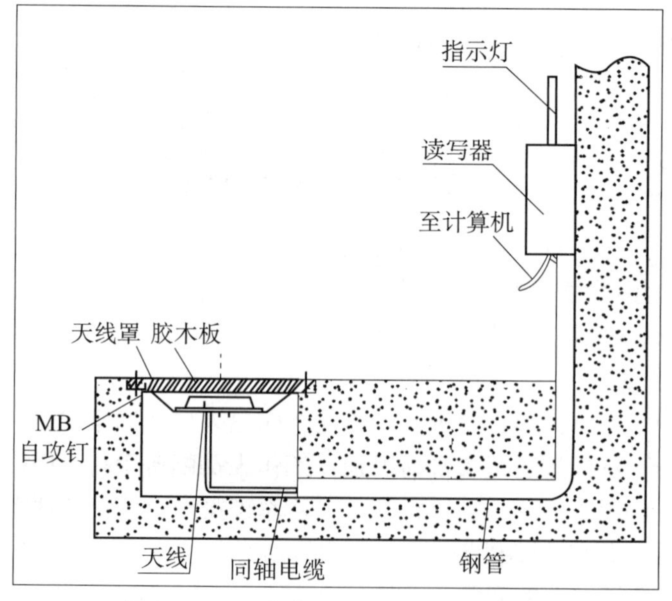

图2-19 固定式RFID读写器的安装图

资料来源：RFID世界网.

3. 出入库及在库作业流程

（1）标签初始化。

对货物标签和库位标签进行初始化发卡，根据企业物料编码规则，对货物标签和库位标签进行编码，利用 RFID 标签打印机，将编码信息写入电子标签中。

在入库前，按照物品本身的特性，对生产线下线的产品或其他货物安装匹配的 RFID 货物标签，货物标签记录货物的信息，将标签的信息和物品在后台数据库进行关联。安装好货物标签后，将货物按照规则摆放，等待入库。

为每个库位安装一个标识牌，给每一标识牌贴上电子标签，该标签将作为库位标签。库位标签中存储能够唯一标识此货位的 ID 号，工作人员通过 RFID 手持机，读取标签上的 ID 号码，可调用后台系统数据库，获取其中的存储信息，包括物品的种类、名称、型号、单位、单价、生产日期、保质期、性能等。

（2）出入库。

入库作业：安装好货物标签的货物经过入库口，安装在入库口处的 RFID 读写器读取货物标签。RFID 读写器将批量读取此次入库所有货物上的标签信息，并将标签信息上传到后台系统，后端的应用软件接收到标签信息后，跟后台的数据库进行关联查询，并标记该物品的入库记录。通过对每个 RFID 电子标签中货物的规格、型号、工艺等信息进行核对，以确定是否为同一类货物品种。当扫描正确时，系统通过入库扫描校对指示灯显示通行状态，同时系统自动分配库位信息并通过入库人机交互显示其位置；当扫描不正确时，系统通过入库扫描校对指示灯显示禁止通行状态，同时系统通过入库人机交互显示错误信息。

进入仓库后，仓管人员在将货物放到货位上后，使用 RFID 手持机读取货位标签和货物标签，完成货物信息与入库库位信息的绑定，同时将绑定信息上传到后台，整个入库流程完成，如图 2－20 所示。

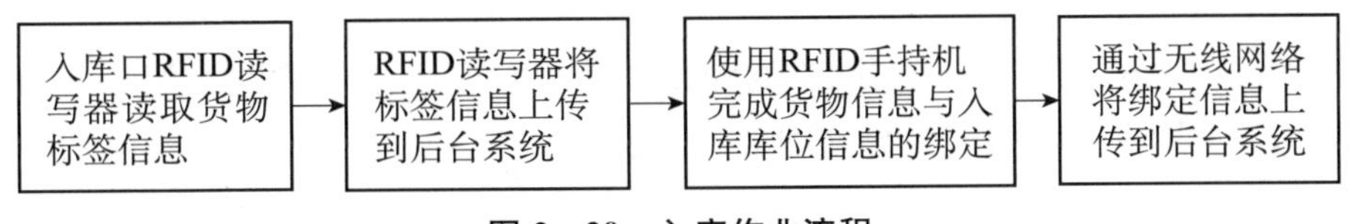

图 2－20　入库作业流程

出库作业：出库是反向操作流程，货物从货位上被拣选出来并执行出库，出库口 RFID 读写器将会读取所有货物的标签信息，这些信息被上传到后台管理系统，后台管理系统将这些信息与出库单信息进行核对，如提示正确可以正常出库，完成货物的出库流程。

（3）移库。

当一批货物出库配送工作接近尾声，库存不多时，又收到下一批大宗货物入库通知，此时需要进行移库，腾出库位以备新的货物用。执行移库操作需要使用 RFID 手持机。

首先用 RFID 手持机读取需要进行移库的货物所在库位的库位标签，然后将货物转移到目标库位，再使用 RFID 手持机读取新库位的库位标签，后台系统自动进行新库位信息的更新，完成移库操作，如图 2－21 所示。

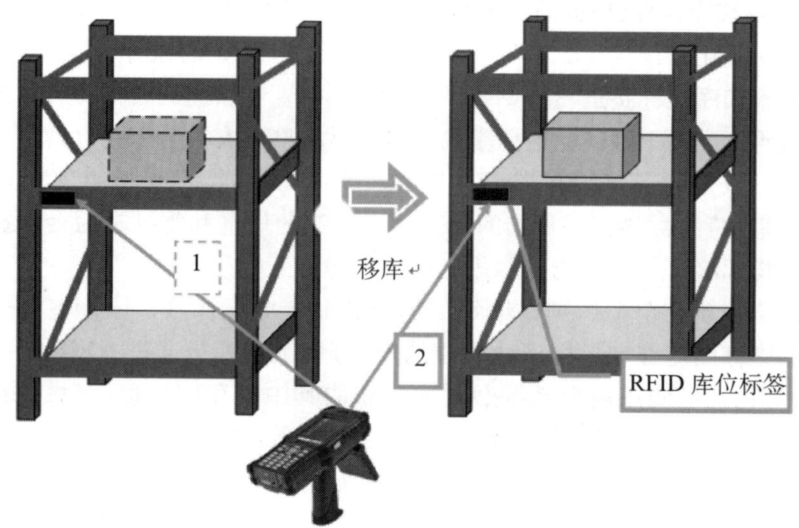

图 2-21 RFID 移库示意图

（4）盘点。

仓库盘点是指按照常规的要求进行周期性的仓库货物清点工作，以便及时掌握库存货物的现状。盘点时，系统将盘点任务下载到 RFID 手持机端，库管人员持手持机到任务给定仓库，读取仓库内所有库位标签，即可完成对在库货物信息的盘点。

（四）RFID 在物联网中的应用

物联网（the Internet of Things，IOT），是通过射频识别（RFID）、红外感应器、全球定位系统、激光扫描器、气体感应器等信息传感设备，按约定的协议，把物品与互联网连接起来，进行信息交换和通信，以实现智能化识别、定位、跟踪、监控和管理的一种网络。

在物联网中，RFID 系统如同网络的触角，使得自动识别物联网中的每一个物体成为可能。基于 RFID 的物联网系统如图 2-22 所示。

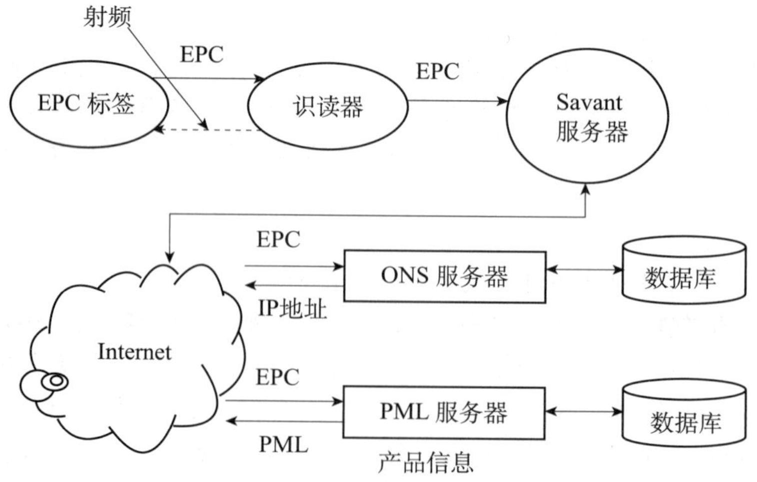

图 2-22 基于 RFID 的物联网系统

RFID电子标签的编码是遵循一定规则的。目前RFID电子标签遵循的是产品电子代码（Electronic Product Code，EPC）的编码规则。EPC的载体是RFID电子标签，并借助互联网来实现信息的传递。EPC旨在为每一件单品建立全球的、开放的标识标准，实现全球范围内对单件产品的跟踪与追溯，从而有效提高供应链管理水平、降低物流成本。

EPC是一个完整的、复杂的、综合的系统。一个完整的EPC工作系统由EPC标签、识读器、Savant服务器、Internet、ONS（对象名称解析服务）服务器、PML（实体标记语言）服务器以及众多的数据库组成。

在全球互联网的基础上，EPC通过管理软件系统、ONS和PML实现全球“实物互联”。Savant服务器的主要任务是数据校对、识读器协调、数据传输、数据存储和任务管理，它是EPC工作系统的中枢神经，起着管理系统平台的作用。ONS给Savant系统指明存储产品有关信息的服务器，发挥关键作用。PML则是描述产品信息的计算机语言。

在由EPC标签、识读器、Savant服务器、Internet、ONS服务器、PML服务器以及众多数据库组成的EPC物联网中，识读器读出的EPC只是一个信息参考（指针），该信息经过网络，传到ONS服务器，找到该EPC对应的IP地址并获取该地址中存储的相关的物品信息。而分布式Savant软件系统处理和管理由识读器读取的一连串EPC信息，并将EPC信息传给ONS，ONS指示Savant到一个保存着产品文件的PML服务器查找，该文件可由Savant复制，因而文件中的产品信息就能传到供应链上。

拓展知识

语音识别与机器视觉技术

随着互联网+的信息化发展，物联网、人工智能、大数据等技术的不断创新与发展，自动识别技术也迎来了一个又一个的发展高峰，除条码技术、RFID技术外，语音与机器视觉这两个传统的识别技术也进入了新的发展期。

一、语音识别技术

（一）语音识别技术的定义

语音识别技术，也称为自动语音识别（Automatic Speech Recognition，ASR），其目标是将人类语音中的词汇内容转换为计算机可读的形式，例如按键、二进制编码或者字符序列。与说话人识别及说话人确认不同，语音识别尝试识别或确认发出语音的说话人而非其中所包含的词汇内容。

（二）语音识别技术的发展历程

早期的声码器可被视作语音识别及合成设备的雏形，19世纪20年代生产的“Radio Rex”玩具狗可能是最早的语音识别器，当这只狗被呼唤名字的时候，它能够从底座上弹出来。最早的基于电子计算机的语音识别系统是由AT&T贝尔实验室开发的Audrey语音识别系统，它能够识别10个英文数字，其识别方法是跟踪语音中的共振峰，该系统具有98%的正确率。到19世纪50年代末，伦敦学院（College of London）的Denes将语法概率运用到语音识别中，19世纪60年代，人工神经网络被引入了语音识别。这一时代的两大突破是线性预测编码（Linear Predictive Coding，LPC）和动态时间规整（Dynamic Time Warp）技术。语音识别技术的最重大突破是隐马尔科夫模型（Hidden Markov Model）的应用。从Baum提出相关数学推理，经过Labiner等人的研究，卡内基梅隆大学的李开复最终建立了第一个基于隐马尔科夫模型的非特定人大词汇量连续语音识别系统Sphinx。20世纪90年代前期，许多著名的大公司如IBM、苹果、AT&T和NTT都对语音识别系统的实用化研究投以巨资，如IBM公司推出的Via Voice，Dragon System公司的Naturally Speaking，Nuance公司的Nuance Voice Platform语音平台，Microsoft的Whisper，Sun的Voice Tone等。中科院自动化所及其下属模识科技（Pattek）公司2002年发布了它们共同推出的面向不同计算平台和应用的“天语”中文语音系列产品——Pattek ASR。

（三）语音识别技术的识别方法

语音识别技术的识别方法主要有三种：(1) 基于声道模型和语音知识的方法。该方法起步较早，在语音识别技术提出的开始就有了这方面的研究，但由于其模型及语音知识过于复杂，目前还没有达到实用的阶段。(2) 模板匹配的方法。模板匹配的方法发展比较成熟，目前已达到了实用阶段。模板匹配方法要经过四个步骤：特征提取、模板训练、模板分类、判决。此方法常用的技术有三种，即动态时间规整（DTW）、隐马尔可夫（HMM）理论、矢量量化（VQ）技术。(3) 利用人工神经网络的方法。利用人工神经网络的方法是20世纪80年代末期提出的一种新的语音识别方法。人工神经网络（ANN）本质上是一个自适应非线性动力学系统，模拟了人类神经活动的原理，具有自适应性、并行性、鲁棒性、容错性和学习特性，其强大的分类能力和输入-输出映射能力在语音识别中都很有吸引力。但由于存在训练、识别时间太长的缺点，目前仍处于实验探索阶段。

（四）语音识别系统的分类

1. 根据说话者与识别系统的相关性分类

语音识别系统分为：(1) 特定人语音识别系统，仅对专人的语音进行识别；(2) 非特定人语音识别系统，识别的语音与人无关，通常要用大量不同人的语音数据库对识别系统进行训练；(3) 多人的识别系统，通常能识别一组人的语音，或者称为特定组语音识别系统，该系统仅要求对要识别的那组人的语音进行训练。

2. 根据说话的方式分类

语音识别系统分为：(1) 孤立词语音识别系统，它要求输入每个词后要停顿；(2) 连接词语音识别系统，它要求对每个词都清楚发音，一些连音现象开始出现；(3) 连续语音识别系统，它要求自然流利的连续语音输入，大量连音和变音会出现。

3. 根据识别系统的词汇量大小分类

语音识别系统分为：(1) 小词汇量语音识别系统，通常包括几十个词；(2) 中等词汇量语音识别系统，通常包括几百个词到上千个词；(3) 大词汇量语音识别系统，通常包括几千到几万个词。

（五）语音识别技术的应用

语音识别技术的应用包括语音拨号、语音导航、室内设备控制、语音文档检索、听写数据录入等。语音识别技术与其他自然语言处理技术（如机器翻译及语音合成技术）相结合，可以实现更加复杂的应用，例如语音到语音的翻译。

二、机器视觉技术

（一）机器视觉技术的定义

机器视觉技术是一种利用机器代替人眼来完成测量和判断的技术。机器视觉识别技术是指通过机器视觉产品（图像摄取装置，分 CMOS 和 CCD 两种）将被摄取目标转换成图像信号，传送给专用的图像处理系统，根据像素分布和亮度、颜色等信息，将图像信号转变成数字化信号的技术。图像处理系统对这些信号进行各种运算来抽取目标的特征，如面积、数量、位置、长度，再根据预设的允许度和其他条件输出结果，包括尺寸、角度、个数、合格、不合格、有、无等，进而根据判别的结果来控制现场的设备操作。

（二）机器视觉系统的基本构造

一个典型的工业机器视觉系统包括：光源、镜头、相机（包括 CCD 相机和 COMS 相机）、图像处理单元（或图像捕获卡）、图像处理软件、监视器、通信系统、输入输出单元等。

系统可再分为：主端电脑（Host Computer）、影像撷取卡（Frame Grabber）与影像处理器、影像摄影机、CCT 镜头、显微镜头、照明设备、Halogen 光源、LED 光源、高周波荧光灯源、闪光灯源、其他特殊光源、影像显示器、LC 机构及控制系统、PLC、PC-Base 控制器、精密桌台、伺服运动机台。

（三）机器视觉技术的特点与优势

机器视觉技术的特点是能提高生产的柔性和自动化程度。其优势是：在一些不适合于人工作业的危险工作环境或人工视觉难以满足要求的场合，可用机器视觉来替代人工视觉；在大批量工业生产过程中，用人工视觉检查产品质量效率低且精度不高，用机器视觉检测方法可以大大提高生产效率和生产的自动化程度；机器视觉易于实现信息集成，是实现计算机集成制造的基础技术。

（四）机器视觉技术的应用

正是由于机器视觉技术可以快速获取大量信息，而且易于自动处理，也易于同设计信息以及加工控制信息集成，因此，在现代自动化生产过程中，人们将机器视觉系统广泛地用于工况监视、成品检验和质量控制等场合，如自动化加工引导与定位、产品外观测量、零件高精度检测、医疗图像分析、智能交通管理等。机器视觉技术已在芜湖 TC 工厂机加工分厂拉床自动上下料设备、轴承上料自动化设备上取得成熟应用，通过机器视觉系统能够快速准确地找到被测零件并确认其位置，再引导机械手臂准确抓取；在美芝压缩机泵体制造过程中，加工精度要求在微米级，任何微小缺陷都会影响产品品质，为了进一步提高产品品质，在对现有每一个零部件进行全方位检查的基础要求上，美芝工程师也正在开发引入视觉检测技术，对精密加工工件进行外观及尺寸检查，实现零件的高精度检测；在车辆违规管理系统中，在交通要道安装摄像头，当有车辆违章（如闯红灯）时，摄像头将车辆的牌照及现场情况拍摄下来，传输给中央管理系统，系统利用图像处理技术，对拍摄的图片进行分析、判断，提取出车牌号，存储在数据库中，供管理人员进行检索。

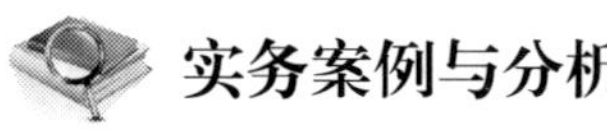

实务案例与分析

优衣库引入 RFID，提高效率，助力购物体验升级

日本快时尚巨头优衣库（Uniqlo）虽然在2017年才宣布要在全球3 000家门店引入RFID电子标签，但其实2015年它就已经在本土市场进行了RFID电子标签试点，将2×7.5 cm的电子标签附着在产品的价格标上，方便其推出的自助结账系统一次性扫描购物篮中的所有商品。

2017年9月15日，Uniqlo姐妹品牌在日本横滨开了一家由RFID技术驱动的数字化门店，包括以RFID技术为核心的产品和几个特色应用，例如RFID试衣镜、RFID购物车、RFID自助结账机等智能化设备。

在顾客挑中一件衣服后，衣服上的RFID标签信息就能被试衣镜内嵌的RFID读取设备所识别，镜子上镶嵌的触摸屏就显示出了这件衣服的各种信息，如尺码、款式、面料等。不仅如此，屏幕上还显示出适合与这件衣服搭配的裤子、帽子、墨镜等商品的图标，这是商家预存的信息，顾客点击即可查询这些商品。顾客在RFID购物车上的平板感应区刷一下衣服上的电子标签，该平板就可以显示出顾客所购买的东西的基本资料和价格，同时也可以显示出该产品的位置信息。

顾客在挑选完毕后，可以把购物车上的篮子取下放置于RFID自助结账机中，自助结账机就可以一次性扫描完并结出账单，完成全自助结账。

RFID助力消费体验升级只是Uniqlo引入RFID技术的一个方面，Uniqlo母公司集团的董事会主席兼CEO柳井正表示，电子标签既能节省支付的时间，也能提高库存管理的效率，以保证公司能迅速地提高热销产品的产量。

相较于需要人工操作的条形码，电子标签不仅能自动地无线阅读信息，进一步节省更多劳动力和库存成本，还能及时准确地收集成交量、型号和颜色等具体信息。在IOTE 2018国际物联网博览会上，一家RFID公司展示的系统证明了电子标签相较于条形码的这一优势。另外，电子标签检验产品所需的时间仅为无RFID系统的十分之一。

事实上，在快时尚的趋势下，时尚能不能真正“快”起来，物流仓储运作的效率是关键。一旦物流系统效率不高，便会给公司整体运营带来极大的不便，例如寒流即将来袭时，热销的保暖内衣已可在各门市中看到，而为了让产品可以顺利交付，保暖类系列产品往往需要提前5个月就进入仓库存放，这对公司来说，无疑是增加了额外运营成本。于是，Uniqlo在仓库导入一套自动化系统，由机器来负责服装品管、分货的工作。举例来说，当服装运到仓库后，会被装在箱子中放上输送带，系统会自动读取衣服上的RFID标签，来确认商品的库存、种类，接下来就能利用这些信息进行包装和分类。

据该公司负责人说，这座投入使用的“机器人仓库”目前已经减少了90%的人力，还可以24小时持续不间断地运作。基于这座仓库的自动化系统投入成功，柳井正透露未来计划陆续投资一千亿日元，在全球市场都引进自动仓储系统，降低库存成本。

在全球门店引入RFID电子标签后，Uniqlo能够借助RFID电子标签，通过无线电信号快速识别服饰并读取相关数据，轻松了解产品相关信息，如成交量、型号和颜色，消费者何时拿取商品和放回货架，以及产品于何时何地售出等，实现从生产端到销售端的快速响应。

资料来源：江苏探感物联科技有限公司.

分析与思考：

1. RFID在优衣库中是如何应用的？
2. RFID技术与条码技术在应用中有哪些不同？

项目化实务训练

条码设备安装、条码制作与识别

一、实训目的

了解条码技术在生产实际与物流活动中的应用，熟练操作条码设备与系统，并能完成具体实训项目，完成率与正确率均在75%以上。

二、实训要求

(一) 条码打印机的安装与连接

1. 软件安装

安装软件ArgoBar _ Pro _ V202（见图2-23），安装目录为C：\ Program Files，根据指示操作直到安装完成。

图2-23　安装软件ArgoBar _ Pro _ V202

软件设置：根据标签纸大小完成页面等的设置。

2. 硬件安装与连接

安装立象X-1000+打印机，完成打印标签纸、碳带、串口线等的安装（见图2-24）。

图2-24　硬件的安装

（二）条码设计与制作

（1）正确安装后，测试条码打印机。

（2）选择合适的码制，制作商品条码一张，要求条码信息齐全，并有文字说明。

（3）选择合适的码制，制作服装条码一张，要求条码信息齐全，并有文字说明。

（4）选择合适的码制，制作打印机包装箱码一张，要求条码信息齐全，并有文字说明。

（5）选择合适的码制，制作超市水果品名条码一张，要求条码信息齐全，并有文字说明。

（6）选择合适的码制，制作自己所在学校班级条码一张，要求条码信息齐全，并有文字说明。

（7）利用在线条码制作网站，制作一张 QR 码，内容为学校、班级、姓名，下载并打印。

（三）条码输出与识别

（1）条码输出设置：打印以上 6 张标签。

（2）条码识别：使用一维条码扫描枪或二维条码扫描枪扫描制作完成的条码标签，并能正确识别。

三、考核标准（见表 2-14）

表 2-14 项目化实务训练考核标准

项目化实务训练	考核项目	内容	分值
条码设备安装、条码制作与识别	条码设备安装	条码打印机软件安装正确；打印机数据线、电源线安插正确，打印机的碳带、标签纸安装正确	20
	条码的制作	能正确选择条码码制，条码大小、形状、位置合理，条码与文字内容显示完整	60
	条码的识别	能正确使用一维、二维条码扫描枪扫描制作出的一、二维条码，并能在显示器上完整输出	20

课后测试

一、选择题（第 1～5 题为单选，第 6～10 题为多选）

1. 条码是由一组规则排列的________、________及其对应字符组成的标记，用以表示一定的信息。

A. 条、空　　B. 白、黑　　C. 有、无　　D. 空、无

2. 条码根据信息间有无间隔，可分为________与________条码。

A. 定长、非定长　　B. 连续型、非连续型

C. 单向、双向　　D. 校验、非校验

3. 条码的编码方法指条码中条和空的编排规则及符号表示方法，一般有________和模块组配编码法两种方法。

A. 长度调节编码法　　B. 宽度调节编码法

C. 单元组配编码法　　D. 模块调节编码法

4. ________码是由美国统一代码委员会制定的一种条码。

A. EAN　　B. UPC　　C. Code 128　　D. 交叉 25

5. 我国出版社出版的图书上的条码全部为________开头。

A. 9786　　B. 9867　　C. 9687　　D. 9787

6. 条码扫描器按照操作方式不同可以分为________和________。

A. 免持式条码扫描器　　B. 手持式条码扫描器

C. 激光条码扫描器　　D. 影像条码扫描器

7. GS1（全球第一贸易标准化组织）由________和________合并而成。

A. 中国物品编码协会　　B. 欧洲物品编码协会

C. 国际物品编码协会　　D. 美国统一代码委员会

8. 二维条码可以分为________和________两种。

A. 堆叠式　　B. 平衡式　　C. 矩阵式　　D. 交叉式

9. 矩阵式二维条码有：________、________、________和 Code One 等。

A. QR Code　　B. Data Matrix　　C. PDF417　　D. Maxi Code

10. RFID 根据标签供电方式不同可分为________、________、________。

A. 有源电子标签　　B. 无源电子标签

C. 半无源电子标签　　D. 高频电子标签

二、判断题（对的打"√"，错的打"×"）

1. 一个完整的条码一般由左侧空白区（也称静区）、起始符、数据符、中间分隔符（可选）、校验符、终止符、右侧空白区及供人识别的字符等组成。（　　）

2. EAN 条码是国际物品编码协会制定的一种条码。（　　）

3. 条码扫描器，又称为条码阅读器，俗称巴枪，其作用是读取条码所表示的内容，利用光学原理，把条形码的内容解码后通过有线或者无线的方式传输到电脑或者其他终端设备。条码扫描器通常由光源、接收器、译码电路、计算机接口组成。（　　）

4. 条码扫描器按照扫描方式不同可分为：激光（分单线和全向多线）条码扫描器和影像条码扫描器。（　　）

5. EAN・UCC 系统是由全球第一贸易标准化组织（GS1）研究制定，并在全球广泛应用的一套全球通用的物品、位置及服务关系标识系统及相应电子商务标准。（　　）

6. RFID 系统由电子标签（Tag）、读写器（Reader）和应用软件系统等部分组成。（　　）

三、简答题

1. 简述 EAN-13 校验码的计算步骤。计算 690123456789 的校验码。

2. 简述 RFID 和传统条形码识别技术相比有哪些优势。

3. 简述 RFID 技术已经在物流的哪些环节中发挥着重要的作用。

第三章　物流信息跟踪

教学目标

● **知识目标**

1. 了解 GIS 和 GPS 的定义、分类。
2. 掌握 GIS 和 GPS 的功能、组成、工作原理以及定位方式。
3. 熟悉北斗系统、格洛纳斯系统和伽利略系统的发展历程、基本组成和功能。

● **技能目标**

1. 能够分析 GIS 和 GPS 技术在物流中的应用状况，具有一定的解决物流跟踪与定位问题的能力。
2. 能够区分全球四大卫星定位系统的应用。

案例导入

上海慧物智能科技有限公司致力于车辆运输过程中防盗防伪、物品识别与追溯领域的产品研发和系统集成。由于技术上的不可操作性，车辆运输途中的监控和管理长期以来属于空白状态。如何有效保证物品运输途中的安全，有效防止运输途中对商品的更换、掺杂、以次充好等作弊行为，是长期困扰物流运输的难题。为此，上海慧物智能科技有限公司研发了基于 GPS＼RFID＋物联网技术的货运车辆在途监控管理系统，系统由主控板、智能门控、GPS 模块、RFID 模块、通信模块和后台服务器组成。当工作人员刷卡开门时，主控板获取身份卡 ID 后记录该 ID，同时通过 GPS 获取地理位置信息，并将开锁控制信号发给智能门控，完成开门，然后将身份卡、地理位置、开门时间等信息通过 GPRS 或 3G 通信模块上传给后台服务器；关门时，智能门控将门闭合的信息发给主控板，主控板将关门时间、地理位置信息上传给后台服务器。该系统能自动记录时间、地点、人物和动作，各环节都能明确到个人，从而保证整个运输过程都在有效的监控与管理范围内，其中在系统中起到定位与跟踪作用的就是 GPS 和 GIS 技术。

第一节　GIS 技术

什么是 GIS？GIS 的发展历程、功能、分类、结构和工作流程是怎样的？

※ 一、GIS 的定义

GIS，即地理信息系统（Geographic Information System）。GIS 是一个集多种技术于一体的技术系统，是建立在地理学和地图学综合的学术领域基础上，涉及大地测量学、数据库理论、计算机科学并以数学作为辅助的学科，在我国又称为资源与环境信息系统。

随着人们对 GIS 的需求发生变化，GIS 的功能也不断被重新审视，因此，多年来 GIS 出现了多种不同的定义。

1979 年，GIS 发展初期，肯·迪克尔（Ken Dueker）将 GIS 定义为：一种特殊的信息系统，其数据库由空间分布的特征、活动及事件的观察值组成，它们可定义成空间的点、线、面。1990 年，加利福尼亚大学圣塔巴巴拉学院的地理学家杰克·埃斯蒂斯（Jack Esters）和杰弗里·斯达（Jeffrey Star）将 GIS 定义为：一个设计用来处理空间或地理坐标参考数据的信息系统。维基百科将 GIS 定义为：一个能集成、存储、编辑、分析、共享及显示地理参考信息的信息系统。

地理信息系统是一套空间数据分析工具。因此，GIS 是由计算机硬件、软件和不同的方法组成的系统，该系统设计用来支持空间数据的采集、管理、处理、分析、建模和显示，以便解决规划、管理、决策和研究问题。

※ 二、GIS 的发展历程

（一）GIS 在国外的发展历程

新兴的地理信息科学的很多原理其实已经出现相当一段时间了，如通用地图可追溯到几个世纪前，主要标示地形、土地层和交通要素等，如道路、河流图。

进入 20 世纪，GIS 的雏形——专题地图出现，1912 年，有人以专题地图绘制了不同时期的德国杜塞尔多夫的地理范围，以及美国马萨诸塞州的毕莱卡地图，用于交通和土地利用规划。到 1922 年，这种方法得到进一步发展，用于绘制英国康卡特区域地图集。1950 年，蒂里特发明了在 GIS 中普遍使用的地图叠加技术，计算机技术开始用于制图的辅助。

20 世纪 60 年代，开始涌现出许多使用新的标准比例尺的专题地图，可以通过选择正确的地图，追踪某一图层或在影像上为某一地图要素创建“分类”，然后机械合并图层。GIS 以其能进行地图叠加而闻名，并能提供一个 GIS 数据的模型图层，在这个模型中叠加各个专题图层就可以进行综合分析。1959 年，研究生沃尔多·托泊（Waldo Tobler）在《地理评论》上发表了一篇文章，文中列出了一个可将计算机应用于地图学的简单模型，叫作 MIMO（Map In-Map Out，地图输入输出）系统。模块化计算机程序语言出现后，集成软件的研发过程变得容易了，出现了早期的计算机绘图软件，如 SURFACEII、IMGRID、CALFORM、CAM、MOSS 和 SYMAP 等。

20 世纪 60 年代中后期，加拿大政府为确定国土资源的数量和存在形式，对土地潜力进行评价，进行了全国土地普查。由加拿大测量学家罗杰·汤姆林森（Roger Tomlinson）主持建成了世界上最早的地理信息系统——加拿大地理信息系统（Canada Geographic Information System）并投入使用，该系统实现了专题地图的叠加、面积量算、自然资源的管理和规划等，罗杰·汤姆林森也首次提出了“地理信息系统”这一术语，且沿用至今。

20 世纪 80 年代是 GIS 技术成熟时期，许多老的软件因为没有及时移植到新语言和平台上而被淘汰，取而代之的是功能更强的新系统。GIS 基础设施得到了普遍发展，相关的书籍、期刊、会议以及其他资源也越来越丰富，美国国家科学基金会创建了国家地理信息与分析中心（NCGIA），这个中心为 GIS 学术研究设计了专门的国家大学课程，并开发了广泛的 GIS 学术会议议程。

20 世纪 90 年代，GIS 行业突飞猛进，GIS 的应用已经突破地图学领域，进入其他领域，如地质学、考古学、流行病学和刑事司法。由于桌面 GIS 产品的出现，GIS 成本明显下降，已经渗透到个人电脑、笔记本电脑和掌上电脑，市场效益日益增加。GIS 允许程序在多个计算机平台间的移植，与全球定位系统完美集成，加上高分辨率影像数据接入以及万维网的引入，使得这一时期的 GIS 得到了高速的发展。

进入 21 世纪，GIS 受到互联网的深远影响，接入了网络服务器，通过大量“地理浏览器”的应用程序编程接口（API）连接了谷歌地球、谷歌地图、MapQuest 及 NASA 的 WorldWind 等支持交互式服务的软件。同时，互联网上出现了大量地理信息存储库，通过移动设备的接入，GIS 可以在移动终端上集成 GPS 定位和网络搜索功能，如手机、平板电脑等，提供空间位置和查询的定位服务。

虽然 GIS 从提出起时间还不长，然而，在计算机、互联网、移动设备等技术的推动下，GIS 已经进入人类社会的方方面面，如跟踪、定位、社交、娱乐、健康、医疗、教育等，成为一种生产、生活的必需品。

（二）GIS 在我国的发展历程

地理信息系统在我国的研究和应用起步较晚，可分为以下四个阶段。

1. 准备阶段

20 世纪 70 年代初期，我国开始尝试将计算机用于测量、地图制图和遥感领域。1972 年开始研制制图自动化系统；1974 年引进美国地球资源卫星图像并开展卫星图像处理和信息解译工作；1976 年召开了第一次遥感技术规划会议，形成了遥感技术试验和应用蓬勃发展的新局面；此外，还开展了一系列全国范围的航空摄影测量和地形测图，为我国地理信息系统数据库的建立打下了坚实基础，并于 1977 年制成了我国第一张由计算机输出的全要素地图；1978 年全国第一届数据库学术讨论会召开。所有这些都为我国地理信息系统的研发和应用奠定了物质和技术基础。

2. 试验阶段

20 世纪 80 年代，随着计算机技术的发展，GIS 在我国正式步入试验阶段。1980 年中国科学院遥感应用研究所成立了我国第一个地理信息系统研究室。这一阶段，我国在 GIS 理论探索、规范探讨、技术试验、软件开发、系统建立、人才培养、典型试验和专题试验等方面取得了实质性的进展。在典型试验方面，主要研究建立数据规范和标准、空间数据库建设、数据库处理和分析算法以及系统分析软件和应用软件的开发等。在专题试验和应用方面，主要探索 GIS 在各领域的设计与应用，包括人口、资源、环境、经济等。一些用于辅助城市规划的小型信息系统也获得了城市建设和规划部门的认可。此外，在人才培养和机构建设方面，1985 年我国资源与环境信息系统实验室成立，1987 年国际 GIS 学术研讨会在北京举行；与此同时，相关高校也开设了 GIS 课程。这些均为 GIS 在我国的进一步发展和应用打下了基础。

3. 发展阶段

20 世纪 80 年代末到 90 年代中期，随着技术进步和社会发展，我国 GIS 进入全面发展阶段。特别是 20 世纪 90 年代以来，沿海、沿江经济开发区的发展，土地的有偿使用和外资的引进，急需 GIS 为之服务，有力地推动了 GIS 的发展和应用。1994 年中国 GIS 协会在北京成立。GIS 研究作为政府行为，正式列入国家科技攻关项目，开始有计划、有组织、有目标地进行理论研究和应用建设。这一阶段的 GIS 研究逐步与国民经济建设和社会生活需求相结合，并取得了重要进展和实际应用效益，主要体现在 4 个方面：

（1）制定了国家地理信息系统规范，解决信息共享和系统兼容问题，为全国地理信息系统的建立做准备；

（2）应用型 GIS 迅速发展；

（3）研发了一批具有自主知识产权的 GIS 软件，如 MapGIS；

（4）开始出版有关 GIS 理论、方法和应用等方面的著作。

4. 推广应用阶段

20 世纪 90 年代中期至今，我国 GIS 在技术研究、成果应用、人才培养、软件开发等方面进展迅速，并力图将 GIS 从发展初期的研究实验、局部应用推向实用化、集成化、工程化，为国民经济发展提供辅助分析和决策依据。

目前，GIS 正走向产业化，成为国民经济建设普遍使用的工具，在各行各业中发挥着重大作用，如资源开发、环境保护、土地管理、城市规划、城市管理、交通、能源、通信、地图测绘、林业、房地产开发、军事、犯罪分析、运输与导航、车辆调度、自然灾害监测与评估等。尤其是近年来，GIS 通过互联网不断影响着人们的生活，互联网地图、手机地图等所提供的服务，给人们的日常生活带来了极大的方便。

同时，我国不少高校都开设了与 GIS 相关的专业和课程，培养出了一大批从事 GIS 研究、开发和应用的高层次人才。我国具有自主知识产权的 GIS 通用软件平台的研发逐步进入产业化轨道。这些都标志着我国 GIS 产业已进入了新的发展阶段。

❖ 三、GIS 的功能

地理信息系统要解决的问题决定了其应具有的六大基本功能。

（一）数据采集和输入

数据采集和输入是地理信息系统获取数据的过程，即在 GIS 中将系统外部的原始数据传输给系统内部，并将这些数据从外部格式转换为系统便于处理的内部格式。主要有图形数据输入、属性数据输入、栅格数据输入等。

（二）数据编辑和处理

数据编辑和处理分为图形数据的编辑与处理和属性数据的编辑与处理。图形数据的编辑与处理主要包括拓扑错误检查与处理、拓扑关系建立、数据拼接、数据提取、数据压缩、数据插值、误差校正、投影变换、格式转换等。属性数据的编辑与处理主要包括属性库的建立、编码和更新等。

（三）数据存储和管理

数据存储是将地理空间数据以某种格式记录在计算机内部或外部存储介质中。数据存储中最关键的问题是如何将图形数据和属性数据进行组织。目前，常采用的方法是利用空间数据库管理系统（Spatial Database Management System，SDBMS）软件进行图形数据和属性数据的一体存储和管理，如 Oracle Spatial、SQL Server Spatial 2008、PostGIS 以及 ArcGIS 的 Geodatabase。

（四）空间查询和分析

空间查询和分析是 GIS 的核心功能，是 GIS 区别于其他信息系统的根本特征。空间查询是指从空间数据文件、空间数据库中查找和提取所需要的数据。空间分析是指在地理空间数据和应用分析模型的支持下，对地理空间特征进行分析和运算，从而解决与空间有关的各种问题，以提供决策支持。空间分析主要包括缓冲区分析、叠加分析、泰森多边形分析、网络分析、统计分析等。如医院、学校、商场、交通场站等服务区位的选址问题可以利用网络分析中求解资源配置问题的方法来解决。

（五）产品显示和输出

GIS 产品是指经由系统处理和分析，产生新的概念和内容，可以直接输出供用户使用的各种图形、图像、图表或文字。地图是 GIS 产品的主要表现形式，包括各种类型的专题地图、统计图以及全要素图等。

通用 GIS 平台一般都具有定义制图环境、显示地图要素、符号化以及图幅整饰、制图输出等功能。

（六）二次开发和编程

为使 GIS 技术应用于不同的行业领域，满足不同行业的特定需求，目前，市面上通用的 GIS 商业软件平台都提供二次开发环境，如 ArcGIS、MapGIS、SuperMap 等。用户可以选择自己熟悉的程序语言（VB、VC、C 等）调用 GIS 的命令和函数，结合行业需要开发各种专题地理信息系统。

❖ 四、GIS 的分类

地理信息系统按其实际使用情况，可以分为工具型和应用型两大类。

（一）工具型 GIS

工具型 GIS 也称为 GIS 工具、GIS 开发平台、GIS 外壳、GIS 基础软件等。作为地理信息系统开发平台或外壳，工具型 GIS 具有地理信息系统的基本功能，但没有具体的应用目标，只是供其他系统调用或供用户进行二次开发的操作平台。

工具型 GIS 具有图形图像数字化、数据管理、查询检索、分析运算和制图输出等 GIS 的基本功能，通常能适应不同的软件条件，如国外的 ARC/Info、MapInfo 软件，国内的 MapGIS、Geostar 软件等。

（二）应用型 GIS

应用型 GIS 是根据用户需求和应用目的而设计的解决实际问题的 GIS，具有具体的应用目标、特定的数据、特定的规模和特定的服务对象。通常，应用型 GIS 是在工具型 GIS 的基础上开发建立起来的，可节省大量的软件开发费用、缩短系统的建立周期、提高系统的技术水平，使开发人员能把精力集中于应用模型的开发，且有利于标准化的实行。

应用型 GIS 根据应用目标的不同可进一步划分为以下两类：

（1）专题 GIS：是以某个专业领域为其研究和分析对象的系统，如土地利用信息系统、环境保护和检测系统、城市管网系统、供水管网系统等都属于应用型专题地理信息系统。

（2）区域 GIS：是以某个区域为其研究和分析对象的系统。按不同的规模，如国家级、地区或省级、市级和县级等可将其分为为不同级别行政区服务的区域信息系统，或以自然区域为单位的区域信息系统。

❖ 五、GIS 的组成

一个完整的 GIS 主要由计算机硬件系统、软件系统、空间数据、系统管理和应用人员四部分组成，其逻辑结构如图 3-1 所示。

（一）计算机硬件系统

计算机硬件系统用以存储、处理、传输和显示地理信息或空间数据，包括 GIS 主机、GIS 外部设备和 GIS 网络设备三部分。

（1）GIS 主机：包括大、中、小型机，工作站，服务器和微型计算机。

（2）GIS 外部设备：包括各种输入和输出设备。输入设备包括图形跟踪数字化仪、图形扫描仪、解析和数字摄影测量设备等；输出设备包括各种绘图仪、图形显示终端和打印机等。

（3）GIS 网络设备：包括布线系统、网桥、路由器和交换机等。

（二）软件系统

GIS 软件用于执行 GIS 功能的各种操作，包括数据采集、数据编辑与处理、数据库

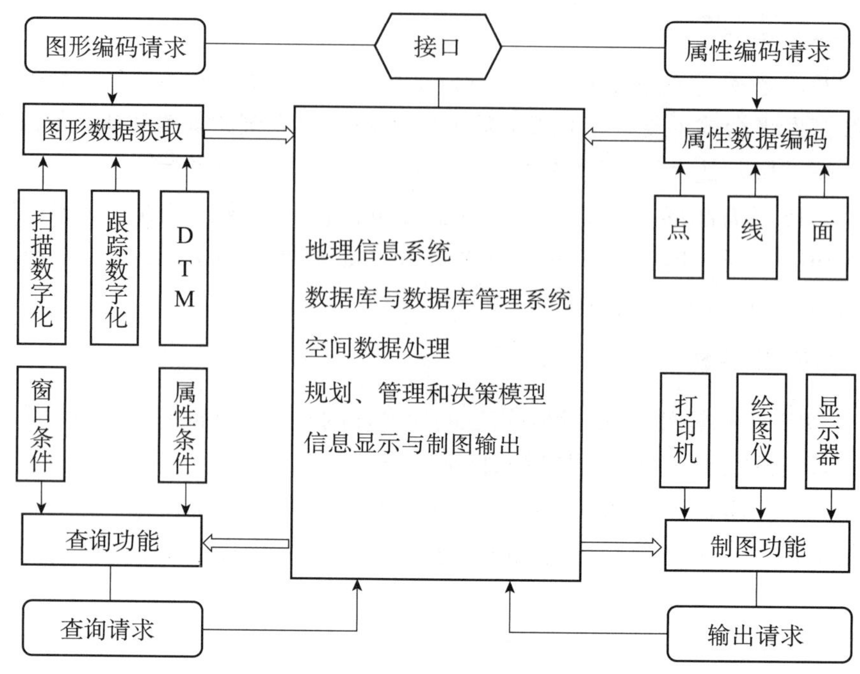

图 3-1 GIS 的逻辑结构图

管理、空间查询和空间分析、制图输出等，主要分为 GIS 专业软件、数据库软件、操作系统软件。

(1) GIS 专业软件是具有丰富功能的通用 GIS 软件，包含了处理地理信息的核心模块和功能，可作为专题地理信息系统建设的开发平台。

(2) 数据库软件包括用于支持复杂空间数据的管理软件和服务于非空间属性数据的数据库系统。

(3) 操作系统软件主要指计算机操作系统，如 Windows、UNIX 等。

(三) 空间数据

GIS 的操作对象是空间数据，它具体描述地理实体的空间特征、属性特征和时间特征。在 GIS 中，空间数据以结构化的形式存储在计算机中，称为地理空间数据库。目前，主要采用 ArcGIS 平台下的地理空间数据库管理模块 Geodatabase 进行图形数据和属性数据的一体化存储。

(四) 系统管理和应用人员

系统管理和应用人员是 GIS 应用的关键，不仅需要对 GIS 技术和功能有足够的了解，而且需要具备有效、全面和可行的组织管理能力，如技术培训、硬件设备的维护和更新、软件功能的扩充和升级、数据更新、数据库建设、灵活选用地理分析模型提取信息为研究和决策服务等。

一个规划周密的地理信息系统项目的应用人员包括负责系统设计和执行的项目经理、负责信息管理的技术人员、负责用户化的应用工程师以及应用该系统的用户。

※ 六、GIS 的工作流程

GIS 是利用计算机进行信息处理的特殊信息系统。它通过对多要素数据的操作和综合分析，方便快速地把所需要的信息以图形、图像、数字等多种形式输出，满足各应用领域或研究工作的需要。其工作流程如图 3-2 所示。

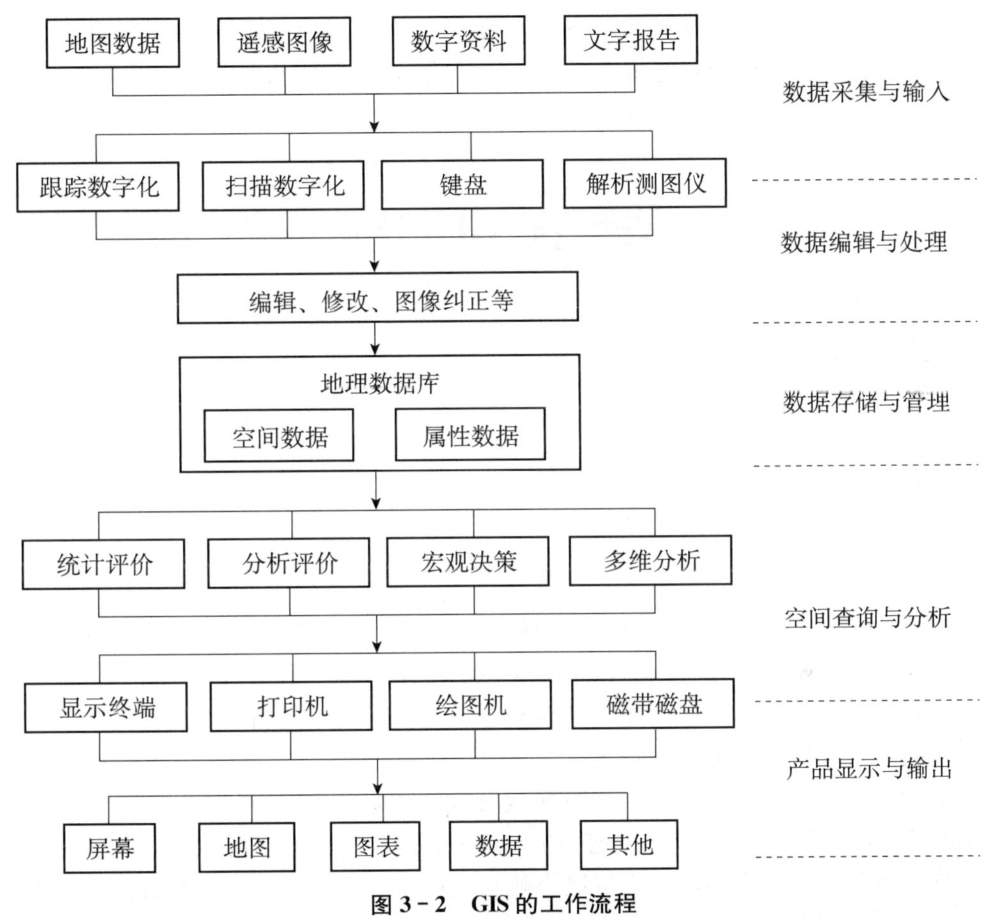

图 3-2　GIS 的工作流程

（1）数据采集与输入：通过图形扫描、数字化仪扫描、键盘输入等方式将系统外部的原始数据（图形、图像、文字等）传输给系统内部，并将这些数据从外部格式转换为便于系统处理的内部格式。

（2）数据编辑与处理：为保证采集到的原始数据在内容、逻辑、数值上的一致性和完整性，需要对数据进行编辑、格式转换、拼接等一系列的处理工作。

（3）数据存储与管理：为了对整理后的数据进行有效的组织和管理，要对数据进行一定的结构化、归类和分析，建立数据库，并通过数据库管理系统进行有效的管理。

（4）空间查询与分析：是 GIS 的核心功能，它以地理事物的空间和形态特征为基础，以空间数据与属性数据的综合运算（如数据格式转换、几何量算、缓冲区建立、叠置操作、地形分析等）为特征，产生与提取空间的信息。

（5）产品显示与输出：GIS 为了给系统用户提供直观有效的信息，一般需要通过图形、表格和统计图表显示空间数据及分析结果。作为可视化工具，不论是强调空间数据的位置还是分布模式，乃至分析结果的表达，图形都是传递空间数据信息最有效的工具。

GIS 利用强大的计算机制图功能，包括地图符号的设计、配置与符号化、地图注记、图幅修饰、统计图表制作、图例与布局等，完成有效信息的输出和展示。另外，对一些属性数据可以通过报表的形式在显示器、打印机、绘图仪和数据文件中输出。

第二节 GPS 技术

什么是 GPS？GPS 的组成、工作原理和特点是什么？GIS、GPS 技术是如何在物流中应用的？

❖ 一、GPS 概述

GPS 的全称是导航卫星授时与测距导航系统/全球定位系统（Navigation Satellite Timing and Ranging/Global Positioning System，NAVSTAR/GPS），简称全球定位系统，它是随着现代化技术发展而建立的精密卫星定位系统，是利用卫星测时和测距进行导航，从而实现全球卫星定位的系统。

GPS 最早由美国军方在 20 世纪 70 年代开发使用，在 1978 年发射了第一颗 GPS 卫星，历时 20 年，耗资 300 亿美元，于 1994 年全面建成了具有在海、陆、空进行全方位实时三维导航与定位能力的新一代卫星导航与定位系统。这是美国政府继阿波罗登月计划和航天飞机计划之后的第三项庞大的空间计划。

❖ 二、GPS 的组成

全球定位系统是美国第二代卫星导航系统，它是在子午仪卫星导航系统的基础上发展起来的，吸取了子午仪系统的成功经验。全球定位系统由空间部分（GPS 卫星星座）、地面监控部分（地面监控系统）、用户设备部分（GPS 信号接收机）三大部分组成，如图 3－3 所示。

（一）空间部分（GPS 卫星星座）

全球定位系统的空间部分使用 24 颗卫星，包括 21 颗工作卫星和 3 颗在轨备用卫星，如图 3－4 所示。它们均分在六个轨道平面，卫星高度约 2.02 万 km，轨道平面相

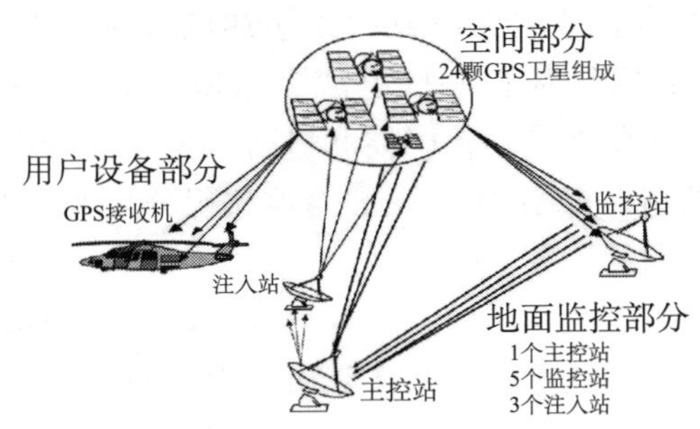

图 3-3　GPS 的组成

对地球赤道的倾角约为 55°，各个轨道平面之间相距 60°，同一轨道平面上的卫星之间的升交距角相差 90°，在相邻轨道上，卫星的升交距角相差 30°，卫星的运行周期为 11h58min，载波频率为 1 575.42MHz 和 1 227.60MHz。这样的分布，可以保证在全球的任何时间和地点，都能同时观测到 4 颗以上卫星，从而具有良好的定位与导航能力。GPS 卫星可产生两组电码，一组称为 P 码，一组称为 C 码。P 码为精准码，仅提供给美国军方、政府机关或得到美国政府授权的民用用户；C 码为粗略码，向全球所有用户开放。

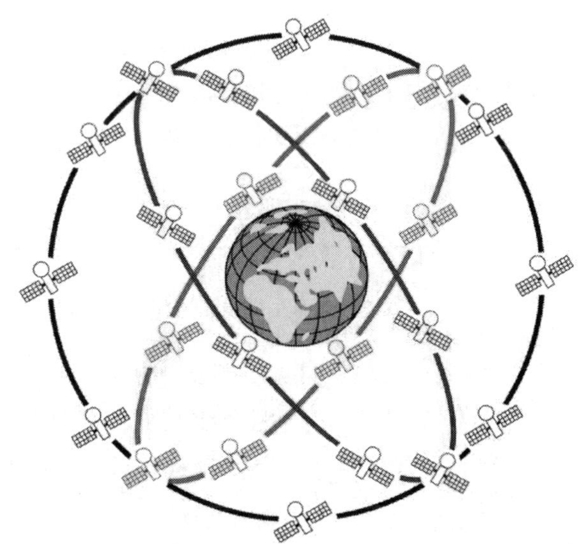

图 3-4　GPS 空间卫星星座图

（二）地面监控部分（地面监控系统）

GPS 工作卫星的地面监控部分包括一个主控站、五个监控站和三个注入站。

主控站位于美国科罗拉多州斯平士的联合空间执行中心（CSOC），是整个 GPS 的核心，其功能是为全球系统提供时间基准，监视和控制卫星的轨道，处理监控站送来的各种数据，编制各卫星的星历，计算和修正时钟误差及电离层对电波传播造成的偏差，当运行卫星失效时及时调用备用卫星等。另外，主控站还有监控站的功能。

监控站共有五个，其中一个位于主控站，另外四个分别位于太平洋的夏威夷、大西洋的阿松森群岛、印度洋的迭哥·伽西亚、太平洋的卡瓦加兰。其功能主要是接收信号，监测卫星的工作状态，并向主控站提供观测数据。每个监控站都设有GPS用户接收机、原子钟、收集当地气象数据的传感器和进行数据初步处理的计算机，对每颗卫星进行连续不断的跟踪和观测，每6s进行一次伪距和积分多普勒的观测，以及气象要素、卫星时钟和工作状态等数据的采集。

注入站有三个，分别位于大西洋的阿松森群岛、印度洋的迭哥·伽西亚、太平洋的卡瓦加兰。其功能是将主控站计算出的卫星年历、卫星轨道和卫星钟修正数等注入卫星中。注入站还能自动地向主控站发射信号，每分钟报告一次自己的工作状态。

（三）用户设备部分（GPS信号接收机）

用户设备部分即GPS信号接收机，主要由接收机硬件和软件组成，用于接收GPS卫星发射的信号，经信号处理而获得用户位置、速度等信息，再通过数据处理完成导航和定位。GPS接收机硬件一般由主机、天线和电源组成，接收机软件主要是机内监控程序和导航与定位数据的后处理软件包。

GPS信号接收机种类很多，但其结构基本一致，分为天线单元和接收单元两部分。

（1）天线单元：当GPS卫星从地平线上升起时，能捕获、跟踪卫星，接收GPS信号。

（2）接收单元：记录GPS信号并对信号进行解调和滤波处理，还原出GPS卫星发送的导航电文，求解信号在星站间的传播时间和载波相位差，实时获得导航定位数据或采用测后处理的方式，获得定位、测速、定时等数据。GPS接收机的分类如表3-1所示。

表3-1 GPS接收机的分类

分类标准	类型
用途	1. 导航型：主要用于运动载体的导航，它可以实时给出载体的位置和速度。可细分为车载型、航海型、航空型和星载型 2. 测地型：主要用于精密大地测量和精密工程测量 3. 授时型：主要利用GPS卫星提供的高精度时间标准进行授时，常用于天文台及无线电通信中的时间同步
载波频率	1. 单频接收机：只能接收L_1载波信号 2. 双频接收机：可以同时接收L_1、L_2载波信号
通道数	GPS接收机能同时接收多颗GPS卫星的信号，具有分离接收到的不同卫星信号，以实现对卫星信号的跟踪、处理和测量功能的器件称为天线信号通道。根据所具有的通道多少，接收机可分为多能通道接收机、序贯通道接收机、多路多用通道接收机
工作原理	1. 码相关型接收机：利用码相关技术得到伪距观测值 2. 平方型接收机：利用载波信号的平方技术去掉调制信号，恢复完整的载波信号，通过相位计测定接收机内产生的载波信号与接收到的载波信号之间的相位差，测定伪距观测值 3. 混合型接收机：综合上述两种接收机的优点，既可以得到码相位伪距，又可以得到载波相位观测值 4. 干涉型接收机：采用干涉测量方法，测定两个测站间的距离

※ 三、GPS 的工作原理

（一）GPS 卫星定位的基本原理

首先假定卫星的位置已知，而又能准确测定某地点 A 至卫星之间的距离，那么 A 点一定位于以卫星为中心、所测得距离为半径的圆球面上。继而，又测得 A 点至另一卫星的距离，则 A 点一定处在前后两个圆球面相交的圆环上。另外，还可测得 A 点与第 3 颗卫星的距离，就可以确定 A 点只能在三个圆球相交的两个点上。根据地理知识，很容易排除其中一个不合理的位置。如果要定位空中位置，可通过第 4 颗卫星实现。所以，只要知道卫星的准确位置和准确测定卫星至地球上被测地点的距离，就可以实现准确定位。

1. 确定卫星的准确位置

要确定卫星的准确位置，首先要优化设计卫星的运行轨道，并且要由监控站通过各种手段连续不断地监测卫星的运行状态，适时发送控制指令，使卫星在正确的轨道运行。将正确的运行轨迹编成星历，注入卫星，且经由卫星发送给 GPS 接收机，正确接收每个卫星的星历，就可确定卫星的准确位置。

2. 测量卫星至用户的距离

因为距离＝速度×时间，而电波传播速度为 300 000km/s，所以只要知道卫星信号传到用户的时间，就能求出距离。

（1）时间基准问题。

GPS 在每颗卫星上都装有十分精密的原子钟，并由监控站经常进行校准。卫星发送导航信息，同时也发送精确时间信息，GPS 接收此信息，使之与自身的时钟同步，就可获得准确的时间。

（2）时间差与伪距离问题。

在任何时刻，每颗 GPS 卫星上的原子钟都保持同一个时间，即 GPS 时间，在 GPS 接收机上也装有一个精确的计时系统，GPS 卫星不断向外发送含有时间信息的电波信号，地面上的 GPS 接收机接收并分析这些信号。虽然电波以光速传播，但从高空到地面仍然有时间差，这个时间差等于收到信号的 GPS 时间减去信号发射时的 GPS 时间（T_1-T_0）。所以这段距离就可以表示为：

距离（L）＝光速（c）×时间差（T_1-T_0）

由于存在接收机卫星原子钟的误差、大气传播误差及受到其他干扰因素的影响，算出来的距离称为伪距离。

（3）误差及修正技术。

在 GPS 定位过程中存在着三部分误差：每个用户接收机公有的误差，如卫星原子钟误差、星历误差、电离层误差、对流层误差等；不能由用户测量或校正模型来计算的传播延时误差；各用户接收机所固有的误差。利用差分技术可以完全消除第一部分误差和大部分第二部分误差，但第三部分误差只能靠提高 GPS 接收机本身的技术指标来改进。

（二）卫星定位方式的分类

1. 根据定位时接收机的运动状态，可分为静态定位方式和动态定位方式

（1）静态定位方式：接收机在定位过程中位置固定不变，接收机高精度地测量GPS信号的传播时间，利用GPS卫星在轨道上的已知位置，算出本机天线所在位置的三维坐标。

（2）动态定位方式：接收机在定位过程中位置是变化的，接收机所在运动物体叫作载体。载体上的GPS接收机天线在跟踪卫星的过程中相对地球而运动，并实时地测得运动载体的状态参数。

2. 根据定位的模式，可分为绝对定位方式和相对定位方式

（1）绝对定位（单点定位）方式：指直接确定观测站相对于坐标系原点绝对坐标的一种定位方式。绝对定位的特点是作业方式简单、可以单机作业，一般用于导航和精确度要求不高的应用中。

（2）相对定位（差分定位）方式：指在两个或若干个测量站上设置接收机，同步跟踪观测相同的GPS卫星，从而测算出它们之间的相对位置的定位方式。相对定位可以有效地消除或减小误差，如卫星原子钟的误差、卫星星历的误差、卫星信号在大气中的延时误差等，从而获得很高的定位精度。相对定位广泛用于高精度大地控制网、精密工程测量、地球动力学、地震监测网和导弹外弹道测量等方面。

❖ 四、GPS的特点

目前，GPS广泛应用于船舶和飞机导航、对地面目标的精确定时和精密定位、地面及空中交通管制、空间与地面灾害监测等，从根本上解决了人类在地球上的导航和定位问题，为跟踪、导航和定位领域带来了一场深刻的技术革命。其主要具有以下特点。

（一）定位精度高

实践证明，GPS相对定位精度在50km以内可达百万分之一，100～500km可达千万分之一，1 000km可达十亿万分之一。

（二）定位时间短

目前，20km以内静态相对定位，仅需15～20min；快速静态相对定位测量时，当每个流动站与基准站相距在15km以内时，流动站观测只需1～2min，然后可随时定位，每站观测只需几秒钟。

（三）操作简便

GPS接收机不断改进，自动化程度越来越高，有的已达“傻瓜化”的程度。接收机的体积越来越小，重量越来越轻，极大地减轻了测量工作者的工作紧张程度和劳动强度，使野外工作变得轻松愉快。

（四）测站间无须通视

GPS测量不要求测站之间互相通视，只需测站上空开阔即可，因此可节省大量的

造标费用。由于无须点间通视，点位位置根据需要可稀可密，这使选点工作甚为灵活，也可省去经典大地网中的传算点、过渡点的测量工作。

（五）可提供三维坐标

经典大地测量对平面与高程采用不同方法分别施测。GPS 可同时精确测定测站点的三维坐标。目前，GPS 水准可满足四等水准测量的精度。

（六）全天候作业

目前 GPS 观测可在一天 24 小时内的任何时间进行，不受阴天黑夜、起雾刮风、下雨下雪等气象、气候因素的影响。

（七）功能多、应用广

GPS 不仅可用于测量、导航，而且可用于测速、测时。测速的精度可达 0.1m/s，测时的精度可达几十毫秒。其应用领域不断扩大，覆盖了陆地、海洋和航空航天等。而且用 GPS 卫星发来的导航定位信号能够进行厘米级甚至毫米级精度的静态相对定位、米级至亚米级精度的动态定位、亚米级至厘米级精度的速度测量和毫微秒级精度的时间测量。

❖ 五、GIS/GPS 在物流中的应用

地理信息系统（GIS）和全球定位系统（GPS）为物流活动提供专题地图信息、导航与定位服务，GIS 和 GPS 既可以独立提供某些物流活动服务，也可以结合起来共同为物流活动服务。

（一）GIS 在物流中的应用

以地理信息系统（GIS）为基础，可以为物流活动提供各类图形化模型。

1. 设施位置模型

设施位置模型用于确定一个或多个设施的位置。在物流系统中，仓库和运输路线共同组成了物流网络，仓库处于网络的节点上，节点决定着线路，如何根据供求的实际需要并结合经济效益等原则，确定在既定区域内设立多少个仓库、每个仓库的位置、每个仓库的规模以及仓库之间的物流关系等问题，运用此模型均能很容易地得到解决。

2. 车辆路线模型

车辆路线模型用于解决在一个起始点、多个终点的货物运输中，如何降低物流作业费用，并保证服务质量的问题。

3. 物流网络模型

物流网络模型用于解决寻求最有效的分配货物路径问题，也就是物流网点布局问题。如将货物从 N 个仓库运往 M 个商店，每个商店都有固定的需求量，因此需要确定由哪个仓库提货送给哪个商店所耗的运输代价最小。物流网络模型还用于决定使用多少辆车、每辆车的路线等。

4. 配送区域划分模型

根据各个要素的相似点把同一层上的所有或部分要素分为几个组，用以解决确定服务范围和销售市场范围等问题。如某一公司要设立 X 个分销点，要求这些分销点要覆盖某一地区，而且要使每个分销点的顾客数目大致相等。

5. 空间查询模型

如可以在系统内查询以某一商业网点为圆心某半径范围内配送点的数目，以此判断哪一个配送中心距离最近，为安排配送做准备。

（二）GPS 在物流中的应用

全球定位系统（GPS）可与地理信息系统（GIS）的各类模型相结合，满足物流活动的要求，从而实现在物流中的应用。

1. 车辆定位、实时监督与跟踪

利用 GPS 和 GIS 电子地图可以实时显示车辆的实际位置，并可任意放大、缩小、还原、换图；可以随目标移动，使目标始终保持在屏幕上；还可以实现多窗口、多车辆、多屏幕同时跟踪，实现对重要车辆和货物的跟踪和监督。

2. 路线规划和导航

路线规划可分为自动路线规划和人工路线规划。自动路线规划是指在确定起止点后，由计算机软件按要求自动设计最佳路线；人工路线规划是指根据起止点、途经点等信息以人工的方式设计路线。路线规划完毕后，将路线在电子地图上显示出来，并同时显示车辆运行路径和地理信息。

3. 信息的存储、查询与回放

综合运用 GPS 和 GIS 技术的物流信息系统，能在系统内对车辆路线、位置、时间等信息进行存储与查询，并且能够对车辆行驶轨迹进行回放等。

4. 双向通信与调度

用户可以通过 GPS 终端设备和移动网络实现与 GPS 中心的通信，告知当前物流情况，GPS 中心也能对车辆进行实时的调度与指挥。

第三节 全球卫星导航系统

全球卫星导航系统有哪些？它们的现状如何？

目前，全球卫星导航系统（Global Navigation Satellite System，GNSS）主要有四个，除美国的 GPS 以外，还有中国的北斗卫星导航系统（Compass）、俄罗斯的格洛纳斯系统（GLONASS）、欧洲的伽利略定位系统（Galileo）。

❖ 一、北斗卫星导航系统（Compass）

（一）概述

北斗卫星导航系统（简称北斗系统）是中国着眼于国家安全和经济社会发展需要，自主建设、独立运行的卫星导航系统，是为全球用户提供全天候、全天时、高精度的定位、导航和授时服务的国家重要空间基础设施。

随着北斗系统建设和服务能力的发展，相关产品已广泛应用于交通运输、海洋渔业、水文监测、气象预报、测绘地理信息、森林防火、通信时统、电力调度、救灾减灾、应急搜救等领域，逐步渗透到人类社会生产和人们生活的方方面面，为全球经济和社会发展注入新的活力。

卫星导航系统是全球性公共资源，多系统兼容与互操作已成为发展趋势。中国始终秉持和践行“中国的北斗、世界的北斗”的发展理念，服务“一带一路”建设发展，积极推进北斗系统国际合作，与其他卫星导航系统携手，与各个国家、地区和国际组织一起，共同推动全球卫星导航事业的发展，让北斗系统更好地服务全球、造福人类。

（二）发展历程与现状

20 世纪后期，中国开始探索适合国情的卫星导航系统发展道路，逐步形成了三步走发展战略：2000 年年底，建成“北斗一号”系统，向中国提供服务；2012 年年底，建成“北斗二号”系统，向亚太地区提供服务；计划在 2020 年前后，建成北斗全球系统，向全球提供服务。

目前，我国正在实施“北斗三号”系统建设。2018 年 11 月 1 日 23 时 57 分，我国在西昌卫星发射中心用“长征三号乙”运载火箭，成功发射第四十一颗北斗导航卫星。这颗卫星属于地球静止轨道卫星，是我国“北斗三号”系统的第十七颗组网卫星，也是“北斗三号”系统首颗地球静止轨道卫星。根据系统建设总体规划，2018 年，北斗系统面向“一带一路”沿线及周边国家提供基本服务。2020 年前后，将完成 30 余颗卫星发射组网，为全球用户提供服务。

（三）基本组成

北斗系统由空间段、地面段和用户段三部分组成。

空间段：由若干地球静止轨道卫星、倾斜地球同步轨道卫星和中圆地球轨道卫星三种轨道卫星组成混合导航星座。

地面段：包括主控站、注入站和监测站等若干地面站。

用户段：包括北斗兼容其他卫星导航系统的芯片、模块、天线等基础产品，以及终端产品、应用系统与应用服务等。

（四）特点

北斗系统的建设实践，实现了在区域快速形成服务能力、逐步扩展为全球服务的发展路径，丰富了世界卫星导航事业的发展模式。

北斗系统具有以下特点：

（1）北斗系统空间段采用三种轨道卫星组成的混合星座，与其他卫星导航系统相比高轨卫星更多，抗遮挡能力强，尤其在低纬度地区性能特点更为明显。

（2）北斗系统提供多个频点的导航信号，能够通过多频信号组合使用等方式提高服务精度。

（3）北斗系统创新融合了导航与通信能力，具有实时导航、快速定位、精确授时、位置报告和短报文通信服务五大功能。

（五）服务

目前，正在运行的“北斗二号”系统播发 B1I 和 B2I 公开服务信号，免费向亚太地区提供公开服务。服务区为南北纬 55°之间、东经 55°到 180°的区域，定位精度优于 10m，测速精度优于 0.2m/s，授时精度优于 50ns。

卫星导航系统是人类发展的共同财富，是提供全天候精确时空信息的空间基础设施，推动了知识技术密集、成长潜力大、综合效益好的新兴产业集群发展，成为国家安全和经济社会发展的重要支撑，日益改变着人类的生产生活方式。

中国将坚定不移地实施北斗系统建设，不断提升系统性能，履行服务承诺，坚持开放合作，加强推广普及，着力促进卫星导航在全球的广泛应用，让卫星导航更好地惠及民生福祉、服务人类发展进步。

❈ 二、格洛纳斯系统（GLONASS）

GLONASS 是俄文 GLObalnaya NAvigatsionnaya Sputnikovaya Sistema 的简称。

该系统最早开发于苏联时期，后由俄罗斯继续该计划。该系统于 2007 年开始运营，当时只开放俄罗斯境内卫星定位及导航服务。到 2009 年，其服务范围已经拓展到全球，并于 2011 年 1 月 1 日在全球正式运行。该系统的主要服务内容包括确定陆地、海上及空中目标的坐标及运动速度信息等。

格洛纳斯系统的标准配置为 24 颗卫星，而 18 颗卫星就能保证该系统为俄罗斯境内用户提供全部服务。该系统卫星有“格洛纳斯”“格洛纳斯-M”“格洛纳斯-K”三种，最后者的在轨工作时间可长达 10 年至 12 年。每颗 GLONASS 卫星都在 L 波段上发射两个载波信号 L1 和 L2，民用码仅调制在 L1 上，而军用码在 L1 和 L2 双频上，GLONASS 采用频分多址（FDMA）区分卫星信号。

格洛纳斯系统的 24 颗卫星均匀地分布在 3 个近圆形的轨道平面上，这三个轨道平面两两相隔 120°，每个轨道面有 8 颗卫星，同平面内的卫星之间相隔 45°，轨道高度 2.36 万 km，运行周期 11h15min，轨道倾角 64.8°。

GLONASS 的研发开始于 20 世纪 70 年代中期，历经多年的曲折历程，虽然曾遭遇了苏联解体、俄罗斯经济不景气，但始终没有中断过系统的研发和卫星的发射，终于在1996年1月18日实现了空间满星座24颗工作卫星正常地播发导航信号，这是系统发展的一个里程碑。

GLONASS工作测试开始于1982年10月12日发射第一颗试验卫星，整个测试计划分两个阶段完成。

（一）格洛纳斯第一阶段（1982—1990年）

1984—1985年，由4颗卫星组成的试验系统达到验证系统的基本性能指标。空间星座从1986年开始逐步扩展，1990年系统第一阶段的测试计划完成，当时空间星座已有10颗卫星，分布在轨道面1（6颗）和轨道面3（4颗）上。该星座每天至少能提供15h的二维定位覆盖，而三维覆盖至少可达8h。

（二）格洛纳斯第二阶段（1990—1995年）

GLONASS测试计划的第二阶段主要完成对用户设备的测试，随着1996年1月18日空间星座最终布满24颗工作卫星而告结束。随后系统开始进入完全工作阶段。

GLONASS由空间卫星系统（空间部分）、地面监测与控制子系统（地面控制部分）、用户设备（用户接收设备）三个基本部分组成。

此外，由于GLONASS系统没有施加SA干扰，所以它的民用精度优于施加SA的GPS。但是，由于俄罗斯长期以来不够重视开发民用市场，GLONASS系统的应用普及不如GPS，不过目前已有包括苹果、索尼在内的数款智能手机中使用了GLONASS和GPS双系统。

❖ 三、伽利略定位系统（Galileo）

伽利略定位系统（Galileo Positioning System）是欧盟一个正在建设中的卫星定位系统，有“欧洲版GPS”之称，也是继美国的GPS及俄罗斯的GLONASS系统后第三个可供民用的定位系统。它不仅能使人们的生活更加方便，还为欧盟的工业和商业带来可观的经济效益。更为重要的是，欧盟将从此拥有自己的全球卫星导航系统，这有助于打破美国GPS系统在欧洲的垄断地位，从而在全球高科技竞争浪潮中获取有利地位，更可为将来建设欧洲独立防务创造条件。

伽利略系统于2005年12月28日发射第一颗试验卫星，2011年8月21日发射第一颗正式卫星。到2016年12月，已经发射了18颗工作卫星，具备了早期操作能力（EOC），并计划在2019年具备完全操作能力（FOC）。全部30颗卫星（24颗工作卫星，6颗备份卫星）计划于2020年发射完毕。由于卫星数量更多，且安装了最精确的原子钟，欧洲空间局2016年12月宣称，“伽利略”将成为世界上精度最高的导航系统，结束欧洲长期以来对美国GPS与俄罗斯格洛纳斯的依赖。

根据设计，一个全部成型的伽利略卫星定位系统包括24颗卫星，这些卫星分布在3个不同轨道层面。除此之外还需要备份卫星，从而保证一旦发生故障能够及时替补。

新增的导航卫星将提升伽利略卫星导航系统的服务能力和精度，这使得全球越来越多的“伽利略”卫星导航系统用户将很快从中受益。新加入星座的伽利略导航卫星现在已经开始传播导航信号，并随时准备将全球卫星搜救系统 COSPAS-/SARSAT 所有的遇险呼叫转播至急救服务区域。

智能手机方面支持伽利略定位系统的并不多，目前有华为、索尼和三星。

拓展知识

RS 技术

遥感（Remote Sensing）一词首先是由美国海军科学研究部的布鲁依特（Pruitt）提出来的，20 世纪 60 年代初在由美国密执安大学等组织发起的环境科学讨论会上正式被采用，此后，“遥感”这一术语得到科学技术界的普遍认同和接受。

一、RS 的定义

遥感技术，即“遥远的感知技术”，是应用探测仪器，不与探测目标相接触，从远处把目标的电磁波特性记录下来，从而分析判断出物体的特征性质及其变化的综合性探测技术。

二、RS 系统的组成

根据遥感技术的定义，遥感技术系统包括三部分：遥感过程、传感器和遥感平台。

遥感过程主要由传感器来完成。接收、记录目标物电磁波特征的仪器，称为传感器或遥感器，如扫描仪、雷达、摄影机、摄像机、辐射计等。

装载传感器的平台称为遥感平台，主要有地面平台（如遥感车、手提平台、地面观测台等）、空中平台（如飞机、气球、其他航空器等）、空间平台（如火箭、人造卫星、宇宙飞船、空间实验室等）。

三、RS 的工作过程

RS 的工作过程是传感器接收到目标物的电磁波信息，将其记录在数字磁介质或胶片上；胶片由人或回收舱送到地面回收，而数字磁介质上记录的信息可通过卫星上的微波天线传输给地面的卫星接收站；地面站接收遥感卫星发送来的数字信息，记录在高密度的磁介质（如高密度磁带 HDDT 或光盘等）上，并进行一系列的处理，如信息恢复、辐射校正、卫星姿态校正、投影变换等，再转换为用户可使用的通用数据格式，或转换成模拟信号（记录在胶片上），才能被用户使用。地面站或用户还可根据需要进行精校正处理和专题信息处理、分类等。

四、RS 的特点

遥感技术具有以下 5 个特点。

（一）大面积的同步观测

遥感可以提供大面积同步获取的信息，而不受地形的限制。遥感平台越高，视角越宽广，可以同步探测的地面范围就越大，容易发现地球上一些重要目标物空间分布的宏观规律，而有些宏观规律，依靠地面观测是难以发现或必须经长期大面积调查才能发现的。

（二）时效性

遥感探测，尤其是空间遥感探测，可以在短时间内对同一地区进行重复探测，发现地球上许多事物的动态变化。

（三）数据的综合性和可比性

遥感获得的地物电磁波特征数据综合地反映了地球上许多自然、人文等信息。红外遥感昼夜均可探测，微波遥感可全天候探测，通过各种卫星可以有比较地选择并提取所需的信息。

（四）经济性

与传统的方法相比，遥感可以大大地节约人力、物力、财力和时间，具有很高的经济效益和社会效益。有人估计，美国陆地卫星的经济投入与取得效益比为1∶80。

（五）局限性

随着高光谱卫星技术的发展，许多谱段的资源有待进一步开发。已经被利用的电磁波谱段对许多地物的某些特征还不能准确反映，还需要发展高光谱分辨率遥感以及与遥感以外的其他手段相配合，特别是地面调查和验证尚不可缺少。

五、RS的分类

遥感技术按其所选用的波谱性质可分为：电磁波遥感技术、声呐遥感技术、物理场遥感技术。

按照感测目标的能源作用可分为：主动式遥感技术和被动式遥感技术。

按照记录信息的表现形式可分为：图像方式和非图像方式。

按照遥感平台可分为：航天遥感技术、航空遥感技术和地面遥感技术。

按照遥感的应用领域可分为：地球资源遥感技术、环境遥感技术、气象遥感技术和海洋遥感技术。

六、RS与GPS、GIS的集成应用

遥感技术形成了一个从地面到空中，乃至空间，从信息数据收集、处理到判读分析和应用，对全球进行探测和监测的多层次、多视角、多领域的观测体系，成为获取地球资源与环境信息的重要手段。RS广泛应用于农业、林业、地质、海洋、气象、水文、军事、环保等领域。随着空间技术的发展，尤其是GIS技术和GPS技术的发展及相互渗透，其应用领域越来越广泛。

在RS与GPS、GIS的集成应用中，RS用于实时、快速地提供大面积地表物体及其环境的几何与地理信息和各种变化；GPS用于空间数据快速定位，为遥感数据提供空间坐标，并对遥感数据进行校正和检验；GIS则是多源时空数据的综合处理和应用分析的平台，用于对空间数据的储存、管理、查询、分析和可视化，将大量抽象的统计数据变成直观的专题图和统计报表等。应用过程中可根据实际需要实现两种技术的集成，也可以是三种技术的集成，构成高度自动化、实时化和智能化的地理信息系统，为各种应用提供科学的决策和咨询，解决用户可能提出的各种复杂问题。

实务案例与分析

基于GIS和GPS技术的车辆定位监控系统在安钢汽运物流中的应用

安阳钢铁集团有限责任公司（简称“安钢”）始建于1958年，经过多年的发展，现已成为集采矿选矿、炼焦烧结、钢铁冶炼、轧钢及机械加工、冶金建筑、科研开发、信息技术、物流运输、国际贸易、房地产等产业于一体，年产钢能力达1 000万吨的现代化钢铁集团，也是河南省最大的板材和优质建材生产基地。

随着公司的不断发展，安钢从事物流的汽运队伍也迅速扩大，现拥有内部运输车辆近千台，外部业务来往车辆三千多台，但同时也出现了诸多亟待解决的汽运物流管理问题：

1. 不能及时准确地设置内部和外来车辆在厂区内的行驶路线和区域，车辆随意行驶和停靠，堵塞严重；

2. 汽运物流经营成本高，对内部车辆不能实现实时的调度、油耗监控、厂区限速等；

3. 车辆在厂区的动态监控需要保卫人员巡逻，不能及时掌控车辆状态，发生事故需要当事人进行通知，才能到达现场处理事故，信息传输不及时，需要大量工作人员；

4. 公司汽运物流数字化、精细化管理不足，缺少先进的信息化管理平台。

安钢自动化软件公司研发了基于中国北斗卫星导航系统和全球定位系统（GPS）的双通道“车辆定位监控系统”。该系统除具有Compass和GPS双通信模块外，还有WebGIS、GIS、数据交换和数据管理等模块，提供车辆定位、警情监控、油耗监控、实时拍照、车载录像监控、轨迹回放、区域线路设置、车辆信息管理、车辆调度管理、电子地图等服务，取得了十分明显的应用效果：

1. 提升了车辆综合管理水平。在较大的区域范围内对拥有的车辆的位置、状态等动态信息进行即时监控，及时处理车辆运营遇到的问题，提高有限资源的有效利用率，防止作弊，同时保障司机的人身安全，使车辆管理走向轻松、科学的智能化道路。

2. 满足了厂区安全管理的需要。利用安保监控功能，实行厂区规定运输路线和作业范围、厂内道路限速、重点车辆实时跟踪及越界报警等措施，实现可控、在控的厂区道路交通安全和治安防范管理，有效遏制和预防厂内道路交通事故及利用工程机械车辆进行盗窃等违法活动的发生，达到了实现厂区安全管理的应用效果。

3. 保证了车辆审车需求。实现了与北京市平台、河南省平台的无缝对接，给用户提供防盗、审车等增量服务。

除此以外，该系统还可以提供多种服务，如车辆通信服务、终端设备安装等，由此可见该系统在安钢汽运物流应用中创造的社会效益与经济效益都非常可观。

资料来源：郜海明，郭太祥，李雪芹．车辆卫星定位监控系统在安钢汽运物流管理中的应用．河南冶金，2016，24（5）．

项目化实务训练

GIS、GPS导航与定位

一、实训目的

了解GPS/GIS技术在实际中的应用，熟悉并能使用一款常用智能GPS/GIS的App或者应用系统，完成项目化实训任务，完成率与正确率均在85%以上。

二、实训要求

（一）根据要求完成 GIS 绘制

绘制×××物流中心与周边配送点的 GIS 地图（如表 3-4 中，物流中心位于 GIS 地图中起点五角星位置），体现具体路线、街道、门牌号、配送点名称等信息；要求完成纸质版本与电子版本。

（二）运用 GPS 功能完成运输与配送

根据 GIS 地图的街道、药店门牌号码等信息，以物流中心为起点，用任意一款 GPS 导航与定位软件，为以“药店”为关键词搜索的 8 家药店完成药品常温配送任务，并提交路线规划、轨迹图以及配送任务甘特图等作业，导航与定位情况记录如表 3-2 所示。

表 3-2 导航与定位情况记录表 距离单位：千米，取整数

序号	店名	地址	距离	时间	备注
出发点	×××物流中心	杭州下沙学正街 66 号	0	9:00a. m	
1					
2					
3					
4					
5					
6					
7					
8					

（三）项目成果

采用小组形式完成项目报告并作 PPT 汇报，项目报告与汇报内容必须包含：GPS/GIS 软件介绍、GIS 地图的详绘、路线规划、轨迹图、配送任务甘特图等。汇报时间控制在 15 分钟以内。

三、考核标准（如表 3-3 所示）

表 3-3 项目化实务训练考核标准

项目化实务训练	考核项目	具体指标与内容	分值
GIS、GPS 导航与定位	GIS 地图绘制	线路、位置、距离标注正确	25
	线路规划	能合理安排路线规划	15
	轨迹图	有时间、地点等信息的标注	5
	甘特图	正确、全面体现整个配送过程	15
	方案表述	文字说明、思路、结构等清晰流畅	20
	团队协同	分工合理、任务明确、各司其职、执行力强、任务完成率高等	20

四、实务操作参考（如表 3－4 所示）

表 3－4　实务操作参考表　　距离单位：千米

<table>
<tr><th>序号与名称</th><th>内容</th></tr>
<tr><td>1. 导航软件</td><td> 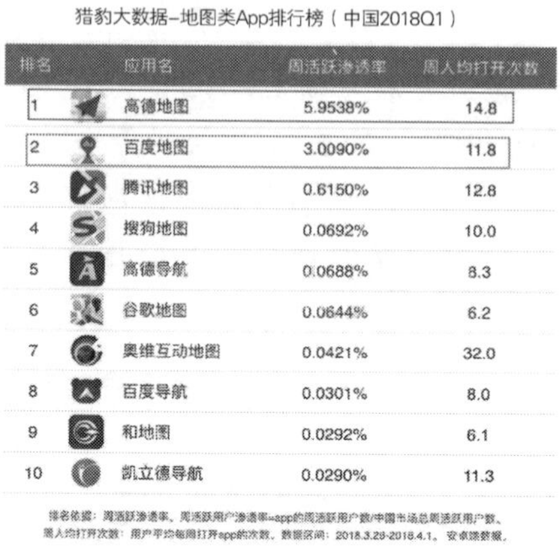
猎豹大数据–地图类App排行榜（中国2018Q1）
<table>
<tr><th>排名</th><th>应用名</th><th>周活跃渗透率</th><th>周人均打开次数</th></tr>
<tr><td>1</td><td>高德地图</td><td>5.9538%</td><td>14.8</td></tr>
<tr><td>2</td><td>百度地图</td><td>3.0090%</td><td>11.8</td></tr>
<tr><td>3</td><td>腾讯地图</td><td>0.6150%</td><td>12.8</td></tr>
<tr><td>4</td><td>搜狗地图</td><td>0.0692%</td><td>10.0</td></tr>
<tr><td>5</td><td>高德导航</td><td>0.0688%</td><td>8.3</td></tr>
<tr><td>6</td><td>谷歌地图</td><td>0.0644%</td><td>6.2</td></tr>
<tr><td>7</td><td>奥维互动地图</td><td>0.0421%</td><td>32.0</td></tr>
<tr><td>8</td><td>百度导航</td><td>0.0301%</td><td>8.0</td></tr>
<tr><td>9</td><td>和地图</td><td>0.0292%</td><td>6.1</td></tr>
<tr><td>10</td><td>凯立德导航</td><td>0.0290%</td><td>11.3</td></tr>
</table>
排名依据：周活跃渗透率、周活跃用户渗透率=app的周活跃用户数/中国市场总周活跃用户数、周人均打开次数：用户平均每周打开app的次数。数据区间：2018.3.26-2018.4.1。安卓端数据。
</td></tr>
<tr><td>2. GIS 地图与轨迹</td><td> 

</td></tr>
<tr><td>3. 配送点位置表</td><td>
<table>
<tr><th>序号</th><th>店名</th><th>地址</th><th>距离</th><th>时间
a. m.</th></tr>
<tr><td>出发点</td><td>浙江经济职业技术学院</td><td>杭州下沙学正街 66 号</td><td></td><td>9:00</td></tr>
<tr><td>1</td><td>东仁堂（学正街店）</td><td>学正街 392 号</td><td>1.5</td><td>9:14</td></tr>
<tr><td>2</td><td>仁泰医药</td><td>二十五号大街 1138 号</td><td>0.98</td><td>9:36</td></tr>
<tr><td>3</td><td>正京元大药房（一分店）</td><td>二十五号大街 1058 号</td><td>0.16</td><td>9:41</td></tr>
<tr><td>4</td><td>海王星辰健康药房</td><td>六号大街 394 号</td><td>0.33</td><td>9:50</td></tr>
<tr><td>5</td><td>九州大药房（白杨店）</td><td>六号大街 366 号</td><td>0.11</td><td>9:55</td></tr>
<tr><td>6</td><td>宏都大药房</td><td>六号大街 350 号</td><td>0.11</td><td>9:58</td></tr>
<tr><td>7</td><td>欧维大药房金沙学府店</td><td>下沙金沙学府 5 幢
（六号大街北）</td><td>0.15</td><td>10:00</td></tr>
<tr><td>8</td><td>九运大药房</td><td>学正街 563 号</td><td>0.41</td><td>10:12</td></tr>
<tr><td>9</td><td>崇本堂大药房</td><td>学府街宝龙城市
广场西区一层</td><td>1.2</td><td>10:25</td></tr>
</table>
</td></tr>
<tr><td>4. 线路规划</td><td>采用节约里程法计算</td></tr>
</table>

课后测试

一、选择题（第1～3题为单选，第4～9题为多选）

1. GIS，即________，英文全称：Geographic Information System。

A. 地理信息系统　　B. 全球地理系统

C. 全球信息系统　　D. 地理知识系统

2. 地理信息系统是一套________分析工具。

A. 平面数据　　B. 空间数据

C. 一维数据　　D. 时间数据

3. GPS的全称是________（Navigation Satellite Timing and Ranging/Global Positioning System，NAVSTAR/GPS）。

A. 全球导航系统　　B. 卫星导航系统

C. 全球测距定位系统　　D. 导航卫星授时和测距全球定位系统

4. GIS的六种功能：________、________、________、空间查询和分析、产品显示和输出、二次开发和编程。

A. 数据市场和分析　　B. 数据采集和输入

C. 数据编辑和处理　　D. 数据存储与管理

5. 地理信息系统按其使用，可以分为________和________两大类。

A. 数据型　　B. 图表型　　C. 工具型　　D. 应用型

6. 全球定位系统由三大部分组成：________、________、________。

A. 空间部分　　B. 地面监控部分　　C. 用户设备部分　　D. 服务器部分

7. 全球定位系统的空间部分使用________颗卫星，其中________颗工作卫星和________颗在轨备用卫星。

A. 26　　B. 24　　C. 21　　D. 3

8. 全球卫星导航系统（Global Navigation Satellite System，GNSS）主要有四个，除美国的GPS以外，还有________、________、________。

A. 中国的北斗卫星导航系统（Compass）　B. 俄罗斯的格洛纳斯系统（GLONASS）

C. 欧洲的伽利略定位系统（Galileo）　　D. 北约的达芬奇系统

9. 3S技术包括：________、________和________技术。

A. RS　　B. GPS　　C. GIS　　D. GPRS

二、判断题（对的打“√”，错的打“×”）

1. 地理信息系统（GIS）是由计算机硬件、软件和不同的方法组成的系统，是设计用来支持地面数据的采集、管理、处理、分析、建模和显示，以便解决规划、管理、决策和研究问题的人机系统。（　　）

2. 1994年中国GIS协会在北京成立。（　　）

3. 一个完整的GIS主要由计算机硬件系统、软件系统、空间数据三部分组成。（　　）

4. GPS最早由美国军方在20世纪70年代开发使用，在1978年发射了第一颗GPS卫星。(　　)

5. GPS工作卫星的地面监控部分包括一个主控站、五个监控站和三个数据注入站。(　　)

6. 伽利略系统于2005年12月28日发射第一颗试验卫星，2010年8月21日发射第一颗正式卫星。(　　)

7. 根据遥感技术的定义，遥感技术系统包括遥感过程、传感器和遥感平台。(　　)

三、简答题

1. GPS的五个监控站分别位于哪里？

2. GPS在物流中的应用有哪些方面？

3. 北斗卫星导航系统由哪几部分组成？各部分有哪些内容？

第四章　数据交互系统与数据库

教学目标

● **知识目标**

1. 了解 EDI、物流 EDI、EDI 系统、EOS、POS 系统，以及数据管理与数据库的定义、种类和构成。

2. 熟悉 Access 数据库的系统结构、工作界面和发展阶段。

3. 掌握 EDI 系统、EOS、POS 系统的工作流程。

● **技能目标**

1. 能够根据任务，熟练操作 EDI 系统、EOS 和 POS 系统。

2. 能够区分数据库、数据库管理系统和数据库系统，能用 Access 数据库软件做简单数据处理。

案例导入

沃尔玛的电子订货系统（EOS）能使供应商对其所供应的所有货物及货物在其销售点的库存情况了如指掌，从而自动跟踪补充各个销售点的货源，提高了供货的灵活性和预见性，即由供应商管理零售库存，并承担门店里全部产品的补货责任，这使沃尔玛的零售成本大大降低。

一种商品一旦被大量采购，就会促使该商品的制造商大量生产此种商品，也会使该商品在供应链中快速流动起来。随着供应链管理的进一步完善，补货到门店的责任，如今已从沃尔玛转到了批发商或制造商的身上。对于制造商和供应商来说，通过超市的 POS 系统实时掌握门店的销售量和库存，可以更好地安排生产计划、采购计划和供货计划，而制造商、供应商和超市之间的交易数据的交换，则是通过 EDI 技术来实现的。

资料来源：《物流技术与应用》编辑部．中外物流运作案例集Ⅲ．北京：研究出版社，2015.

案例描述的沃尔玛信息交互系统是一套互助的商业生态系统，该系统大大提高了沃尔玛供应链的经济效益和作业效率。而这套系统离不开 EDI 系统、EOS、POS 系统以及数据库技术的支撑。

第一节 EDI 技术

什么是 EDI？什么是物流 EDI？EDI 系统由哪些要素构成？EDI 的工作流程是什么？

※ 一、EDI 的含义

EDI（Electronic Data Interchange）的中文意思是“电子数据交换”。EDI 的含义是指商业贸易伙伴之间，将按标准、协议规范化和格式化的经济信息通过电子数据网络，在单位的计算机系统之间进行自动交换和处理。它是电子商业贸易的一种工具，将商业文件按统一的标准编制成计算机能识别和处理的数据格式，在计算机之间进行传输。EDI 技术始于 20 世纪 60 年代。国际标准化组织（ISO）于 1994 年确认了 EDI 的技术定义：根据商定的交易或电文数据的结构标准实施商业或行政交易从计算机到计算机的电子数据传输。

物流 EDI（Logistics EDI）是指货主、承运业主以及其他相关的单位之间，通过 EDI 系统进行物流数据交换，并以此为基础实施物流作业活动的方法。物流 EDI 涉及的组织有货主（如生产厂家、贸易商、批发商、零售商等）、承运业主（如独立的物流承运企业等）、实际运送货物的交通运输企业、协助单位（政府有关部门、金融保险机构等）和其他物流相关单位（如仓库、配送中心等）。

※ 二、EDI 系统的构成

EDI 数据标准化、EDI 软件及硬件、通信网络是构成 EDI 系统的三要素。

（一）EDI 数据标准化

EDI 数据标准是由各企业、各地区代表共同讨论、制定的电子数据交换共同标准，可以使各组织通过共同的标准，达到彼此之间不同格式的文件相互交换的目的。

EDI 的关键在于用标准的报文来解决企业之间不同单证与传递方式不同而引起的问题。由于行业不同，单证的格式类型众多，仅仅物流业务中涉及的单证就有几十种，表 4-1 列举了物流业务中涉及的部分单证类型。

如果说每一个物流公司都有自己的一套单证标准，没有统一的标准，那么流转在商贸活动中的单证就会有成千上万种，这些种类纷杂的单证用计算机处理的可能性几乎是零。

要提高交易速度和效率，就需要将这些烦琐的单证电子化，利用计算机处理。鉴于计算机处理的一致性以及对数据自动处理的要求，必须将这些单证的格式加以标准化。

表 4－1 物流业务涉及的部分单证类型

编号	单证种类
1	合同（合同、售货确认书、购买确认书）
2	订单（有时就是合同，有时作为合同的附件，详细列明商品的规格、数量等）
3	商业发票（Commercial Invoice）
4	银行汇票（Bank Draft）
5	付款通知单
6	信用证（Letter of Credit）
7	出口货物报关单
8	出口货物装箱单
9	出口申请书（现在使用较少）
10	出口结汇申请单（现在使用较少）
11	海运提单（Marine Bill of Lading）
12	多式联运提单
13	航空运单（Airway Bill）
14	国际货物协运单
15	承运货物收据（Cargo Receipt）
16	海关发票
17	中华人民共和国出口许可证
18	中华人民共和国进口许可证
19	对美国出口的纺织品许可证/商业发票
20	对欧共体出口的纺织品出口许可证
21	对加拿大出口的纺织品出口许可证
22	产地证
23	装运通知

目前国际上流行的 EDI 标准主要有美国国家标准 ANSIX. 12、欧洲的 TDI 及 GTDI 标准以及作为国际性通用标准的 EDIFACT 标准。无论是哪一种标准，都必须包含标准报文、数据元素和数据段。

（二）EDI 软件及硬件

实现 EDI 需要相应的软件和硬件。

1. EDI 软件

EDI 软件将用户数据库系统中的信息翻译成 EDI 的标准格式，以供传输和交换。EDI 软件可分为转换软件、翻译软件和通信软件三大类。EDI 的软件构成如图 4－1 所示。

（1）转换软件。

转换软件（Mapper）执行转换功能，可以帮助用户将企业内部计算机业务处理系统得到的文件转换成翻译软件能够理解的平面文件（Flat File），或是将从翻译软件接收来的平面文件转换成用户企业内部计算机系统能够理解的文件。

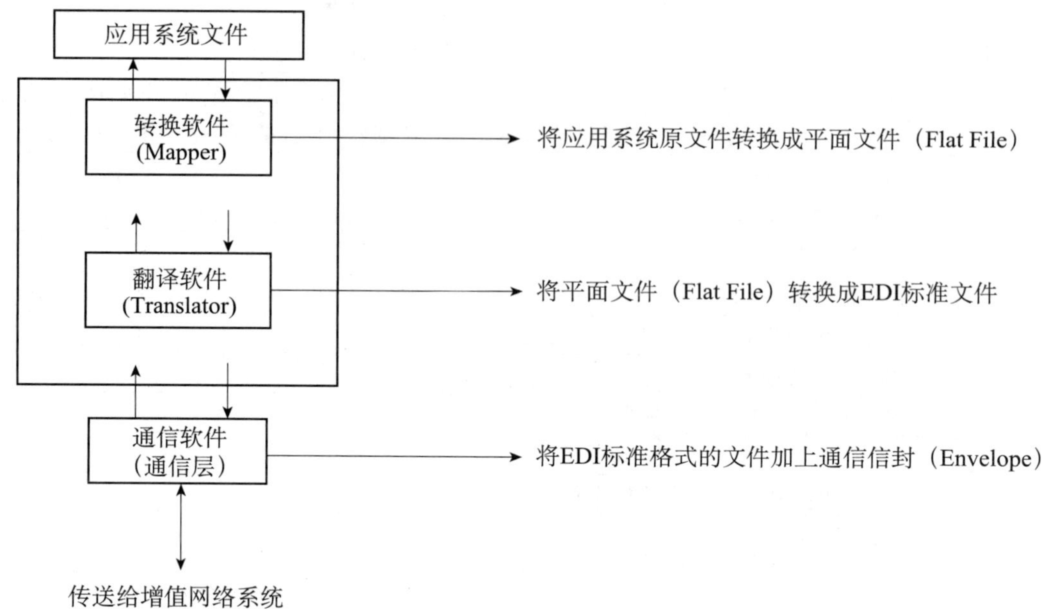

图 4-1 EDI 的软件构成

转换软件通常是根据不同的应用程序分别设计的，一般都是由企业内部开发的。可以买到的 EDI 软件包，为了执行转换，都提供一个程序框架，或一个代码产生器，这个代码产生器能产生一个程序框架，但最终还是要根据企业内部的应用程序来完成转换软件的设计。

（2）翻译软件。

翻译功能是 EDI 软件的一项主要功能。翻译软件（Translator）把平面文件翻译成 EDI 标准报文，或将接收到的 EDI 标准报文翻译成平面文件，再由通信软件进行传递。

翻译软件通常是用表的结构来执行翻译的。软件中有一张由标准数据字典和句法规则组成的表。无论什么时候要产生一份报文，针对某一给出的 EDI 报文中的数据段及数据元素都可以选择由这个标准数据词典和句法规则中的适当表来执行翻译过程。在翻译软件把数据排列成适当的报文格式后就执行编辑检查，以确保数据中没有错误，而且确保它们确实是相应的标准格式，然后报文被排进功能组，并产生形成功能组合交换信封的数据段。

（3）通信软件。

EDI 标准报文的实际传递是由通信软件控制的，它将 EDI 标准报文格式的文件外层加上通信信封（Envelope），再送到 EDI 系统交换中心的邮箱（Mailbox）。

对接收到的 EDI 标准报文则产生逆向的过程。通信软件接收对方传递的信息，翻译软件对传递来的信息进行翻译，同时产生一个功能性回执，由通信软件发送给对方，告诉对方报文已经收到。

除此之外，EDI 软件还应具有保障系统和通信安全的功能，其保密级别和成本由商业应用系统的性质决定。安全的保障可以通过凭口令进行存取控制、对贸易伙伴进行鉴别和数据签名、加密等方式来实现。

2. EDI 硬件

EDI 所需的硬件设备就是计算机设备和通信网络设备。计算机设备可以是 PC 机、工作站、小型机、主机等；而通信网络设备有互联网、专网等。传输时若采用电话线路，还需要调制解调器（Modem）设备。

（三）通信网络

EDI 的通信方式主要有两种：直线连接方式和网络连接方式，如图 4－2 所示。

直线连接方式一般适合于在贸易伙伴数量较少的情况下使用。但随着贸易伙伴数量的增多，当多家企业直接进行计算机通信时，会出现计算机厂家不同、通信协议相异以及工作时间不易配合等问题，给通信造成相当大的困难。

网络连接方式克服了直线连接方式的不足，通过网络传送 EDI 文件，可以大幅度降低相互传送资料的复杂度和困难度，大大提高 EDI 的效率。

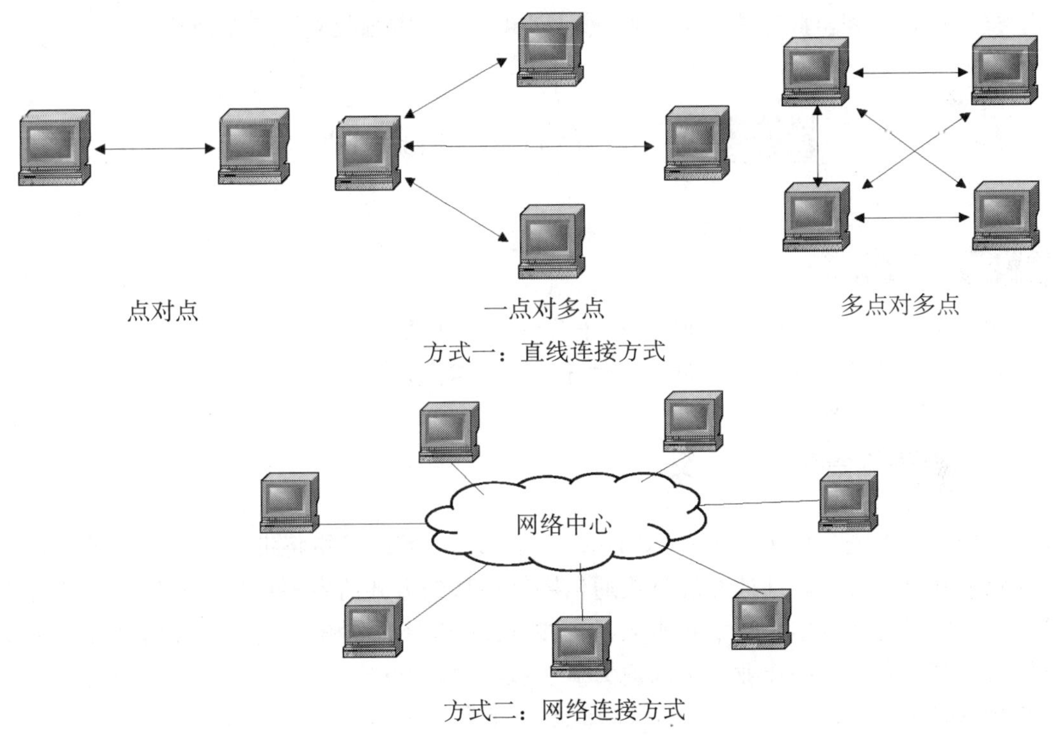

图 4－2　EDI 的通信方式

❖ 三、EDI 的工作流程

EDI 是以约定的标准编排有关的数据，通过计算机向计算机传送业务往来信息。其实质是通过约定的商业数据表示方法，实现数据通过网络在贸易伙伴所拥有的计算机应用系统之间的交换和自动处理，达到迅捷和可靠的目的。

下面以订单与订单回复为例简单地介绍 EDI 的应用过程。

第一步：制作订单。购买方根据自己的需求在计算机上操作，在订单处理系统上制作出一份订单来，并将所有必要的信息以电子传输的格式存储下来，同时产生一份电子订单。

第二步：发送订单。购买方将此电子订单通过 EDI 系统传送给供货商，此订单实际上是发送到供货商的电子信箱，它先存放在 EDI 交换中心，等待来自供货商的接收指令。

第三步：接收订单。供货商使用邮箱接收指令，从 EDI 交换中心自己的电子信箱中收取全部邮件，其中包括来自购买方的订单。

第四步：签发回执。供货商在收妥订单后，使用自己计算机上的订单处理系统，为来自购买方的电子订单自动产生一份回执，经供货商确认后，此电子订单回执被发送到网络，再经由 EDI 交换中心存放到购买方的电子信箱中。

第五步：接收回执。购买方使用邮箱接收指令，从 EDI 交换中心自己的电子信箱中收取全部邮件，其中包括供货商发来的订单回执。

整个订货过程至此完成，供货商收到订单，购买方则收到了订单回执。

第二节 电子订货系统（EOS）

什么是电子订货系统（EOS）？电子订货的方式有哪些？电子订货系统的种类有哪些？电子订货系统在销售订货和采购订货环节如何应用？

❈ 一、电子订货系统的含义

电子订货系统（Electronic Ordering System，EOS）是指将批发、零售场所发生的订货数据输入计算机，即通过计算机通信网络连接的方式将资料传送至总公司、批发业主、商品供货商或制造商处。因此，EOS 能处理从新商品资料的说明直到会计结算等所有商品交易过程中的作业，可以说 EOS 涵盖了整个商流。

在网络技术广泛传播的今天，EOS 已经能当场输入零售门店所发生的订货资料，并通过通信网络将资料传至零售业总公司、批发业主或商品制造商处，完成及时下单、快速补货的经营活动。

❈ 二、电子订货系统的构成

（一）构成电子订货系统的基本条件

因运用体制、大环境条件、企业体制等的差异，电子订货系统的架构有不同的运作形态。要构成完整的电子订货系统应具备下列条件。

1. 共通性的订货传票

在订发货作业流程中，订货单（在供应商为出货单）在全程电子订货自动化系统中具有订单告知、验证、出货确认、清款等承前启后的功能。在未导入电子订货系统前，订发货双方常因各家订单及出货单格式不一，增加了许多重复、无谓的转换和输入作业。因此，建立或遵循一套具有共通性的标准格式，对实施 EOS 至关重要。

2. 其他支援系统

（1）商品档案。制度化地进行商品主动更新，如新商品、废弃商品进出以及价格、包装、单位数量的变动，有利于发出订单传票，制作标签、货架卡和商品目录等。

（2）共同企业代号及商品代号。共同企业代号和商品代号应进一步条形码化，利用扫描方式便可大幅降低错误率，提升资料输入效率。代号的使用主体非常广泛，包括便利店本部、分公司、店铺、营业所、制造商、供应商、物流中心、行业网络中心及各分支单位等，均须赋予唯一代号。而其应用范围，则包括了各种制式表单、箱货、标签上的打印贴签或传输信息的附件等。

（3）共同资料库。若能将商品档案、商品企业代号和商品代号建成资料库，具体包括商品名称、规格、参考价格、企业单位地址、电话、负责人、经营商品内容、标准分类级别、区间等一系列信息，以共同财产方式向外界提供查询、更新、增值分析、打印等的服务，对商家导入电子订货系统或其他自动化管理如销售时点管理系统等，效果显著。目前国内该类资料库正在规划中，尚未形成。

（4）共同电子订货中心。若由商家主导建设共同的电子订货中心，在初期导入及后续扩展上将耗费大量人力、物力，短期内难以获得投资回报效益，尤其是涉及共同规范（如企业代码、订单格式、商品码、作业规范等）时，因信托和共识等敏感问题，推动起来难度较大。因此处于居中立场的流通行业网络中心或电子订货服务公司主导协调建设共同电子订货系统，能极大提高电子订货系统的建设效率。

（二）电子订货系统的构成要素

电子订货系统并非单个的零售店与单个的批发商组成的系统，而是许多零售店和许多批发商组成的大系统。

电子订货系统采用电子手段完成供应链上从零售商到供应商的产品交易过程，因此，一个电子订货系统必须包括以下四个要素：

（1）供应商——商品的制造者或供应者（生产商、批发商）。

（2）零售商——商品的销售者或需求者。

（3）网络——用于传输订货信息（订单、发货单、收货单、发票等）。

（4）计算机系统——用于产生和处理订货信息。

三、电子订货的方式和电子订货系统的种类

（一）电子订货的方式

电子订货系统的类型是根据电子订货方式来确定的，电子订货方式通常可分为以下

三种。

1. 电子订货簿法

此种方式是指将所有商品的种类登录在电子订货簿上，并把条形码加在每一商品栏后面，订货者只需携带订货簿及手持终端机在现场巡视缺货情况，再从订货簿寻找商品，扫描条形码输入订货数量，将此笔订货资料转到终端机，以此类推，完成之后，将手持终端机直接接上数据机，通过电话线将订货资料传回总公司。

2. 电子订货簿与货架卡并用法

现行最有效益且可行性最高的方法就是在每一商品的货架位置上放上货架卡，订货者只需手持终端机，一边巡货一边订货，不需携带订货簿，巡完一圈，订货手续即告完成，再直接接上数据机将订货资料传回总公司。对于那些很难在货架上标示清楚的日用品或不规则形状的商品，便可借助订货簿来辅助订货。

3. 低于安全库存订货法

此种方式需借助 POS 系统实施：在商品资料栏设定一个栏目为安全库存量，然后每次进货时，把进货资料输入计算机。销售时在前台收银机扫描商品条形码，计算机自动将库存扣减，当库存量低于安全库存量时，会自动打印订货单。订货者只要将资料调整一下，即可通过数据机传回总公司。使用此方式须保证计算机库存量与实际库存量一致。

（二）电子订货系统的种类

电子订货系统根据整体运作程序来划分，大致可以分为以下三种类型。

1. 连锁体系内部的网络型

连锁体系内部的网络型即连锁门店有电子订货配置，连锁总部（或连锁公司内部的配送中心）有接单计算机系统，并用即时、批次或电子信箱方式传输订货信息。这是“多对一”（众多的门店对连锁总部）与“一对多”（连锁总部对众多的供应商）相结合的初级形式的电子订货系统。

2. 供应商对连锁门店的网络型

供应商对连锁门店的网络型的具体形式有以下两种：

（1）直接的“多对多”，即众多的不同连锁体系下属的门店对众多的供应商，由供应商直接接单发至门店。

（2）以各连锁体系内部的配送中心为中介的间接的“多对多”，即连锁门店直接向供应商订货，并告知配送中心有关订货信息，供应商按商品类别向配送中心发货，并由配送中心按门店组配向门店送货。这可以说是中级形式的电子订货系统。

3. 众多零售系统共同利用的标准网络型

众多零售系统共同利用的标准网络型的主要特征是利用标准化的传票和社会配套的信息管理系统完成订货作业。其具体形式有以下两种：

（1）地区性社会配套的信息管理系统网络，即成立由众多的中小型零售商、批发商构成的区域性社会配套的信息管理系统营运公司和地区性的咨询处理公司，为本地区的零售业服务，支持本地区 EOS 的运行。

（2）专业性社会配套信息管理系统网络，即按商品的性质划分类别，如食品、医药品、运动用品、玩具、衣料等，从而形成各个不同类别的信息网络。这是高级形式的电子订货系统，必须以统一的商品代码、统一的企业代码、统一的传票和订货的规范标准的建立为前提条件。

※ 四、电子订货系统的发展过程

EOS 的发展经历了以下四个阶段。

（一）第一阶段：早期的 EOS

通过电话或传真在零售商和供应商之间传递订货信息。

（二）第二阶段：基于点对点（Point to Point）方式的 EOS

零售商和供应商的计算机通道专线或电话线直接相连，相互传递订货信息。这种方式要求双方采用的通信协议、传输速率必须相同，且要求对方开机才能建立连接。在供应商较多的情况下，这种方式就不适宜了。

（三）第三阶段：基于增值网（VAN）的 EOS

零售商和供应商之间通过增值网（Value Added Network，VAN）传递订货信息。增值网作为信息增值服务的提供者，用于转发、管理订货信息。增值网主要有以下两类：

（1）地区 VAN 网络。由许多中小零售商在各地设立区域性的 VAN，即成立区域性的 VAN 营运公司，为本地区的零售业服务，支持本地区 EOS 运行。

（2）专业 VAN 网络。在商品流通中，常常要按商品的性质划分商品类别，如食品、医药品、农副产品、生鲜食品、服装等，因此形成了各个不同的行业。各行业为了达到流通现代化的目标，分别建立了自己的网络体系，形成了专业的 VAN。

基于 VAN 的 EOS 一般都通过 EDI 方式传递订货信息。

（四）第四阶段：基于 Internet/Intranet 的 EOS

随着 Internet 在全球范围内的普及，利用 Web 技术，通过 Internet 传递订货信息，加速信息传递和共享，成为越来越热门的话题。Internet 上的亿万用户是巨大的潜在供应商和零售商，但 Internet 的安全性和保密性问题制约着 EOS 的广泛应用。

※ 五、电子订货系统的业务应用

电子订货业务涉及的内容主要有销售订货业务和采购订货业务，下面将分别予以介绍。

（一）销售订货业务流程

销售订货业务流程（如图 4－3 所示）可以将基本的批发、订货作业过程中的业务往来划分为以下八个步骤。

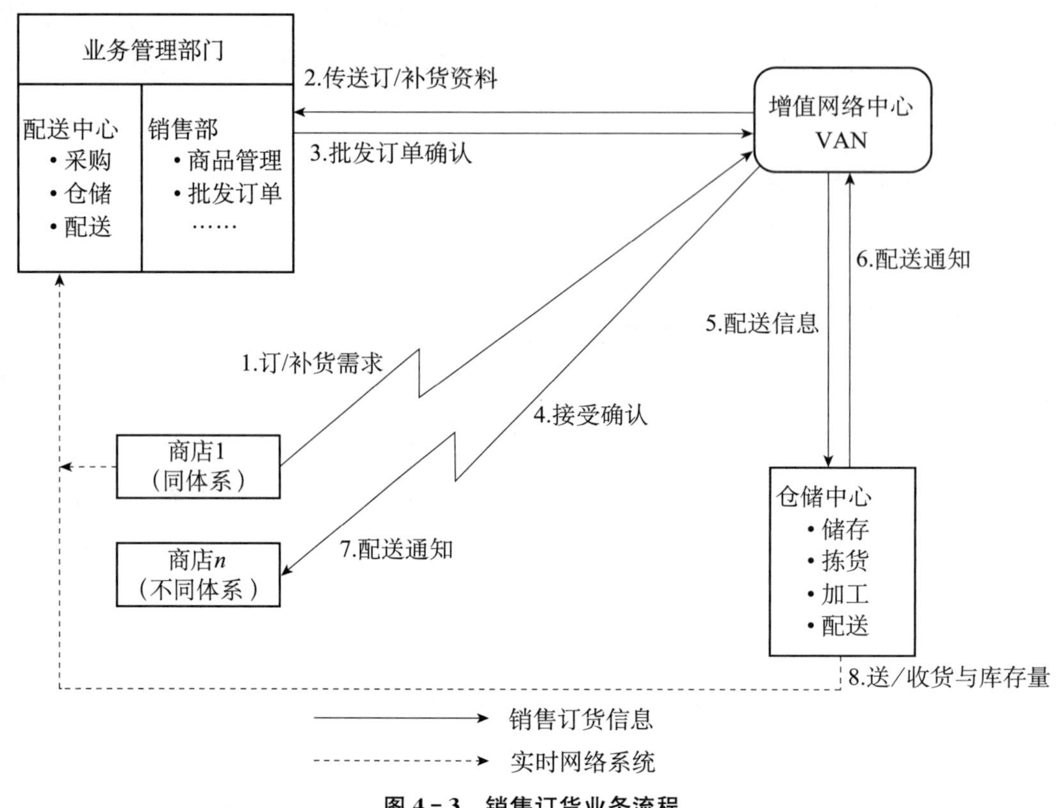

图 4-3 销售订货业务流程

(1) 各批发、零售商场或社会网点根据自己的销售情况，确定所需货物的品种、数量，同体系商场（某店中非独立核算单位）根据实际网络情况将补货需求通过增值网络中心或通过实时网络系统发送给总公司业务部门；不同体系商场（某店中独立核算单位）或社会网点通过增值网络中心发出 EOS 订货需求。

(2) VAN 将收到的补货、订货需求资料发送至总公司业务管理部门。

(3) 业务管理部门对收到的数据汇总处理后，通过 VAN 向不同体系的商场或社会网点发送批发订单确认。

(4) 不同体系的商场或社会网点从 VAN 接收到批发订单的确认信息。

(5) 业务管理部门根据库存情况，通过 VAN 或实时网络系统向仓储中心发出配送信息。

(6) 仓储中心根据接收到的配送信息安排商品配送，并将配送通知通过 VAN 传送给客户。

(7) 不同体系的商场或社会网点从 VAN 处接收到仓储中心对批发订单的配送通知。

(8) 各批发、零售商场和仓储中心，根据实际网络情况将每天进出货物的情况通过 VAN 或通过实时网络系统报送总公司业务管理部门，让业务管理部门及时掌握商品的库存数量，并根据商品的流转情况，合理安排商品结构等。

上述八个步骤组成了一个基本的电子批发、订货流程。通过这个流程，将各店与同体系商场、不同体系商场和社会网点之间的商流、信息流结合在一起。

(二) 采购订货业务流程

采购订货业务流程（如图 4－4 所示）可以将向供货商采购作业过程中的业务往来划分成以下七个步骤。

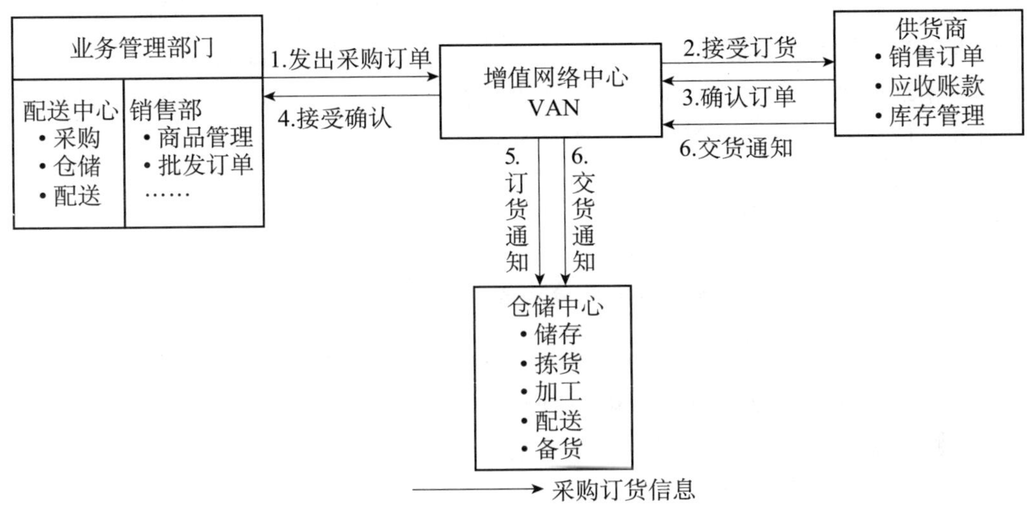

图 4－4　采购订货业务流程

（1）业务管理部门根据仓储中心商品库存情况，向指定的供货商发出商品采购订单。

（2）增值网络中心将总公司业务管理部门发出的采购单发送至指定的供货商处。

（3）指定的供货商在收到采购订单后，根据订单的要求通过增值网络中心对采购订单予以确认。

（4）增值网络中心确认供货商发来的采购订单，发送至业务管理部门。

（5）业务管理部门根据供货商发来的采购订单确认信息，向仓储中心发送订货通知，以便仓储中心安排检验和仓储空间。

（6）供货商根据采购单的要求，安排发运货物，并在向总公司交运货物之前，通过增值网络中心向仓储中心发送交货通知。

仓储中心根据供货商发来的交货通知安排商品检验并安排仓库、库位或根据配送要求进行备货。

上述七个步骤组成了一个基本的采购订货流程，通过这个流程，将某店与供应商之间的商流、信息流结合在一起。

第三节　POS 系统

什么是 POS 系统？POS 系统软硬件是由什么组成的？POS 系统是如何工作的？

※ 一、POS 系统的定义

销售时点信息（Point of Sale，POS）系统是指通过自动读取设备（如收银机）在销售商品时直接读取商品销售信息（如商品名、单价、销售数量、销售时间、销售店铺、购买顾客等），并通过通信网络和计算机系统传送至有关部门进行加工分析，以提高经营效率的系统。POS 系统最早应用于零售业，之后逐渐扩展至其他如金融、酒店等服务性行业，使用 POS 信息的范围也从企业内部扩展到了整个供应链。

※ 二、POS 系统的结构

POS 系统主要由硬件和软件两大部分构成。

（一）POS 系统的硬件结构

POS 系统的硬件主要包括收款机、扫描器、显示器、打印机、网络、微机与硬件平台等。POS 系统的硬件结构如图 4－5 所示。

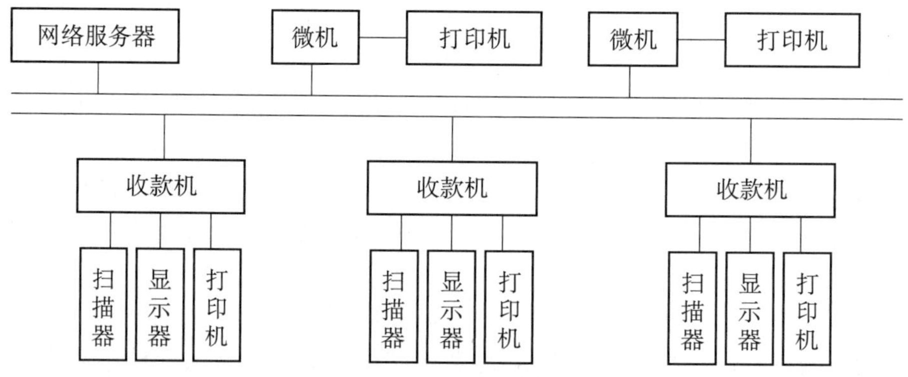

图 4－5　POS 系统的硬件结构

（1）前台收款机（POS 机）。POS 机可共享网上商品库存信息，保证了对商品库存的实时处理，便于后台随时查询销售情况，进行商品销售分析和管理。POS 机上的条码扫描仪可根据商品的特点选用手持式或台式以提高数据录入的速度和可靠性。

（2）网络。目前，我国大多数商场的内部信息交换量很大，而对外的信息交换量则很小，因此，计算机网络系统应采用以高速局域网为主、以电信系统提供的广域网为辅的整体网络结构。

（3）硬件平台。大型商业企业的商品进、存、调、销的管理复杂，账目数据量很大，且须频繁地进行管理和检索，选择较先进的客户机/服务器结构，可大大提高工作效率，保证数据的安全性、实时性及准确性。

（二）POS 系统的软件结构

POS 系统的软件结构主要包括前台 POS 销售系统和后台 MIS 信息管理系统两大部分，如图 4－6 所示。

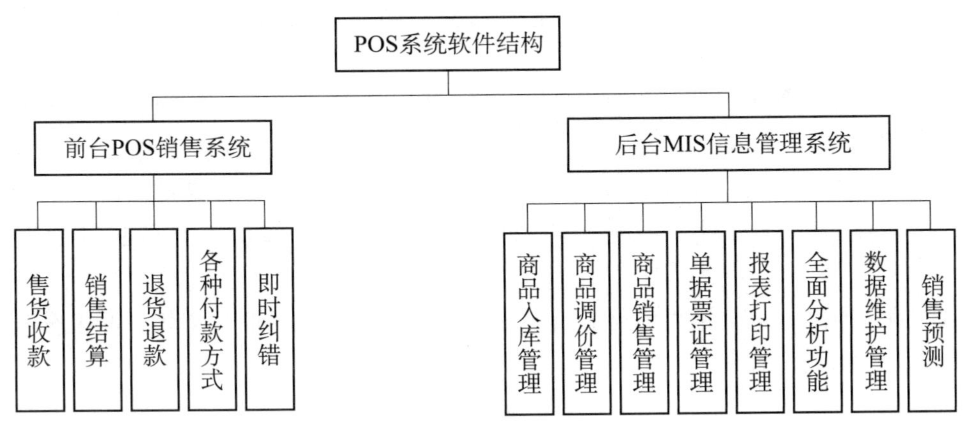

图 4-6　POS 系统的软件结构

1. 前台 POS 销售系统

（1）售货收款。完成日常的售货收款工作，记录每笔交易的时间、数量、金额，进行销售输入操作。如果遇到条码难以识读等情况，系统应允许采用手工输入条码代码等方式进行查询。

（2）销售结算。进行交款员交班时的收款小结、大结等管理工作，计算并显示出本班交班时的现金及销售情况，统计并打印收款机全天的销售金额及各售货员的销售额。

（3）退货退款。退货功能是日常销售的逆操作。为了提高商场的商业信誉，更好地为顾客服务，在顾客发现商品出现问题时，允许顾客退货。此功能记录退货时的商品种类、数量、金额等，便于结算管理。

（4）各种付款方式。可支持现金、银行卡、移动支付等不同的付款方式，以满足不同顾客的要求。

（5）即时纠错。在销售过程中出现的错误要能够立即修改更正，以保证销售数据和记录的准确性。

2. 后台 MIS 信息管理系统

（1）商品入库管理。对入库的商品进行输入登录，设置商品数据库的查询、修改、报表及商品入库验收单的打印等功能。

（2）商品调价管理。由于有些商品的价格随季节和市场等情况的变化而变动，该系统应能提供对这些商品的调价管理功能。

（3）商品销售管理。根据商品的销售记录，实现商品的销售、查询、统计、报表等管理，并能对各收款机、收款员、售货员等进行分类统计管理。

（4）单据票证管理。实现对商品的内部调拨凭证、残损报告、变价调整通知单、仓库验收盘点报表等各类单据票证的管理。

（5）报表打印管理。打印内容包括时段销售信息表、营业员销售信息报表、部门销售统计表、退货信息报表、进货单信息报表、商品结存信息报表等。实现商品销售过程中各类报表的分类管理功能。

（6）全面分析功能。POS 系统的后台管理软件应能提供完善的分析功能，分析内容涵盖进、销、调、存过程中的所有主要指标，同时以图形和表格的方式提供给管理者。

（7）数据维护管理。完成商品资料（如编号、名称、进价、进货数量、核定售价等）、营业员资料（如编号、姓名、部门、分组等）等数据的编辑工作。进行商品进货处理、商品批发处理、商品退货处理，实现收款机、售货员的编码、口令管理，支持各类权限控制。具有对本系统所涉及的各类数据进行备份、交易断点的恢复等功能。

（8）销售预测。包括销售商品分析、滞销商品分析、某种商品销售预测及分析、某类商品销售预测及分析等。

❖ 三、POS 系统的工作流程

POS 系统的工作流程大致包括以下五个步骤：

（1）店里销售的商品都贴有表示该商品信息的条码或光学识别（OCR）标签。一般的商品条码都使用国标 EAN-13 码。但是在超市卖场里出售的商品中，也有部分是没有条码标识的，如生鲜果蔬及散装食品、糖果等。

在超市里，生鲜果蔬一般使用电子秤进行称重、打印条码，并将相应的商品信息传送至服务器，以便收银机识别。电子秤所打印的条码一般仍然使用 13 位编码，其中包含相应的商品编码和金额数据及校验码信息。

（2）在顾客结账时，收银员使用条码阅读器自动读取条码标签上的信息，如果遇到不能正确识读的损坏条码，则采用手工输入条码信息的方式，通过店面的计算机设备（如服务器）确认商品的单价信息，计算顾客购买的总金额等，同时返回给收银机，打印出顾客购买商品清单和付款金额。

收银员在使用 POS 机时，要求先打开服务器，才可以打开 POS 机，在 POS 机上启动收银系统，会把各模块如售价、会员、当日特价等信息下载到 POS 机上的临时数据库，完成后收银员输入工号进行收银。

（3）在一天的工作完成以后，信息部的技术人员将各个店面的销售时点信息通过 VAN 专线以实时在线的方式传送到总部或物流中心。

一般来说，收银员当班时段的数据存入 POS 机硬盘，等到交班结算后，再传输到后台服务器。收银员完成一天工作后，信息部的技术人员在服务器上处理流水，发现异常情况（如有一条收不到）时，要在 POS 机上重新发送。完成后，关闭 POS 机。信息部做日结，算出各种销售报表，接着备份文件，然后关闭服务器。

（4）在总部、物流中心、店面，相应的管理人员可以利用销售时点信息来进行库存查询、销售状况查询、库存调整、配送管理、商品采购等作业，并通过对销售时点信息进行数据挖掘、分析来掌握消费者的购买动向、购买习惯，找出畅销商品和滞销商品，计算商品的利润贡献度，并以此为基础，进行商品品种配置、陈列配置、价格制定等方面的作业。

（5）在供应链整合的基础上，零售商上游的制造和供应企业可以通过网络对店面的销售时点信息进行查询，以便及时制订和调整经营计划，辅助决策，最大限度地避免“牛鞭效应”的产生。

对于供应商来说，可以利用 POS 数据收集商业情报，了解消费趋势，制订生产及管理计划，制定新产品开发策略。

对于物流公司来说，可以利用 POS 数据预测订单或迅速、精确地处理订单，精确管理库存，避免资金过度积压。

第四节　数据库技术

什么是数据库、数据库管理系统和数据库系统？如何使用 Access 软件进行数据处理？

一、数据管理技术

数据库技术是信息系统的一个核心技术，是一种计算机辅助管理数据的方法，它研究如何组织和存储数据、如何高效地获取和处理数据，是通过研究并利用数据库的结构、存储、设计、管理以及应用的基本理论和实现方法，来对数据库中的数据进行处理、分析和理解的技术。

数据管理经历了人工管理、文件系统管理和数据库系统管理三个发展阶段。

(1) 人工管理阶段（20 世纪 50 年代中期以前）。该阶段是数据管理的初期阶段，存在很多问题，如没有直接存取的硬件设备，没有相应的软件支持，所管理的数据无结构且无法共享等。

(2) 文件系统管理阶段（20 世纪 50 年代后期到 20 世纪 60 年代中期）。在该阶段，数据被组织成相对独立的数据文件，系统的管理都是针对文件进行的。文件系统实现了记录内的结构化，即给出了记录内各种数据间的关系。但是，文件从整体上来看却是无结构的。其数据面向特定的应用程序，因此数据共享性、独立性差，且冗余度大，管理和维护需付出的代价也很大。

(3) 数据库系统管理阶段（20 世纪 60 年代末开始至今）。数据库的特点是数据不再只针对某一特定的应用，而是面向全组织，具有整体的结构性，共享性高，冗余度小，具有一定的程序与数据间的独立性，并且实现了对数据的统一控制。

二、数据库系统的相关概念

（一）数据库

数据库（Database，DB）直接从字面意思理解，就是存储数据的仓库，只不过这个仓库存在于计算机的存储设备上。

严格地讲，数据库是指在计算机的存储设备上合理存放的相关联、有结构的数据集合。数据库中的数据按一定的数据模型组织和存储，可共享并具有较小的冗余度，数据之间相互联系而又有较高的独立性。

例如，图书馆可以同时有描述图书的数据（图书编号、书名、单价、作者、出版社、出版日期）和图书借阅数据（读者编号、图书编号、单价、借阅时间、借阅天数）。在这两个数据中，图书编号是重复的，成为冗余数据。在构造数据库时，由于数据可以共享，因此，可以消除数据的冗余部分，只存储一套数据即可。

（二）数据库管理系统

数据库管理系统（Database Management System，DBMS）是位于用户与操作系统之间的数据管理软件，为用户或应用程序提供访问数据库的方法，包括数据定义、查询、更新及各种数据控制。DBMS 总是基于某种数据模型，数据模型可以分为层次型数据模型、网状型数据模型、关系型数据模型和面向对象型数据模型等。目前有许多 DBMS 产品，如 Oracle、DB2、Microsoft SQL Server、MySQL、Access 等，它们在数据库市场上各自占有一席之地。本节的第三部分将重点介绍 Access 数据库管理系统。

（三）数据库系统

数据库系统即与数据库有关的整个系统，一般由数据库、数据库管理系统、应用程序、数据库的软硬件支撑环境、数据库管理员（DBA）和用户等构成。

数据库系统是为用户服务的。通常，一个数据库系统有两类用户：程序员和终端用户。程序员用高级语言和数据库语言编写数据库应用程序，应用程序根据需要向 DBMS 发出数据请求，由 DBMS 对数据库执行相应的操作。终端用户从终端或客户机上，以交互的方式向系统提出各种操作请求，由 DBMS 响应执行，访问数据库中的数据。一般在不引起混淆的情况下，人们常常把数据库系统简称为数据库。

❖ 三、Access 数据库管理系统

（一）Access 数据库简介

Access 是一种关系型数据库管理系统，是 Microsoft Office 的组成部分之一，具有与 Word、Excel 和 PowerPoint 等相同的操作界面和使用环境。Access 1.0 诞生于 20 世纪 90 年代初期，历经多次升级改版，其功能越来越强大，而操作更加简单，尤其是 Access 与 Office 高度集成，风格统一的操作界面使得许多初学者更容易掌握。目前 Access 2010 及更高版本已经得到广泛使用。本节随后向读者展示的是 Access 2019 的软件版本。

Access 应用广泛，能操作其他数据源的数据，包括许多流行的数据库（如 Dbase、Paradox、FoxPro）和服务器、小型机及大型机上的许多 SQL 数据库。此外，Access

还提供 Windows 操作系统的高级应用程序开发系统（VBA）。Access 与其他数据库开发系统相比有一个明显的区别：用户基本上不用编写代码，就可以在很短的时间里开发出一个功能强大且相当专业的数据库应用程序，并且这一过程是完全可视的，如果再添加一些简短的 VBA 代码，那么开发出的程序就与专业程序员潜心开发的程序一样。

Access 数据库适合于开发中小型及分布式应用系统，具有较强的关系数据库管理功能，其主要特点如下：(1) 存储方式单一；(2) 支持面向对象；(3) 界面友好、易操作；(4) 集成环境、可处理多种数据信息；(5) 支持开放数据库连接（ODBC），利用数据库访问页对象生成 HTML 文件，轻松构建 Internet/Intranet 的应用。

（二）Access 数据库的系统结构

Access 将数据库定义为一个扩展名为 . mdb 的文件，并分为七种不同的对象，它们是表、查询、窗体、报表、页、宏和模块。

不同的数据库对象在数据库中起着不同的作用，其中表是数据库的核心与基础，存放数据库中的全部数据。报表、查询和窗体都用于从数据库中获得数据信息，以实现用户某一特定的需求，例如查找、计算统计、打印、编辑修改等。窗体可以提供一种良好的用户操作界面，通过它可以直接或间接地调用宏和模块，并执行查询、打印、预览、计算等功能，甚至可以对数据库进行编辑修改。

页是储存在 Access 数据库之外的 HTML 文件，是一种特殊的 Web 页，其主要用于提供 Web 页形式在 Internet 上浏览、编辑和汇总数据库的数据。页不属于内部结构。

（三）Access 的内部结构

在 Access 数据库中，任何一个有名称的事务都可以称为一个对象。通常，一个 Access 数据库包括表、查询、窗体、报表、宏、模块等对象，这些对象用于收集、存储和操作不同的信息。每一个对象都不是对立的，而只是作为 Access 数据库的一部分存在，数据库则是这些对象的集合。

1. 表

表是数据库中存储数据的最基本的对象，常称为“基表”，是数据库的一个重要组成部分。Access 中的表是二维表，每个表都有主键（关键字可以为一个字段或多个字段），以使表中的记录唯一（记录不能重复，它与实体一一对应）。一个数据库中可以包含一个或多个表，表与表之间可以根据需要创建关系。在各个 Access 版本中，一个表有设计视图和数据表视图两种视图方式。

(1) 设计视图。用于创建和修改表的结构，它为用户提供了方便的可视化定义表的方法。用户只需像回答填空题一样，对表中每个字段的信息进行描述。表的设计视图如图 4-7 所示。

(2) 数据表视图。使用表的数据表视图可以查看、输入、修改或删除表中的数据，对数据进行筛选或排序，打印数据或将数据导出为其他格式的文件（如 Excel）。如图 4-8所示为表的数据表视图。

图 4-7　表的设计视图

产品

产品ID	产品名称	包装单位	类别ID	日期	备注	再订购量	库存量	单击以添
1	苹果汁	每箱24瓶	1	2018/10/17	0	10	50	
2	牛奶	每箱24瓶	1	2018/10/18	40	25	22	
3	蕃茄酱	每箱12瓶	2	2018/10/9	70	25	35	
4	盐	每箱12瓶	2	2018/10/21	0	0	78	
5	麻油	每箱12瓶	2	2018/10/20	0	0	33	
6	酱油	每箱12瓶	2	2018/10/24	0	25	24	
7	海鲜粉	每箱30盒	7	2018/10/29	0	10	52	
8	胡椒粉	每箱30盒	2	2018/11/8	0	0	27	
9	鸡	每袋500克	6	2018/9/6	0	0	29	
10	蟹	每袋500克	8	2018/10/30	0	0	14	
11	大众奶酪	每袋6包	4	2018/10/20	30	30	9	
12	德国奶酪	每箱12瓶	4	2018/11/6	0	0	0	
13	龙虾	每袋500克	8	2018/10/5	0	5	17	

记录: 第 1 项(共 77 项　搜索　数字

图 4-8　表的数据表视图

2. 查询

查询是 Access 数据库的主要组件之一，而查询功能也是 Access 数据库软件中最强的一项功能。Access 用户可利用查询工具，通过指定特殊字段、定义字段的顺序、建立计算表达式并输入条件以及定义每个字段的筛选条件等来选择想要的查询字段，对存储在 Access 表中的有关信息进行提问。例如，查询“产品”表中库存量>20 的产品信息，查询的设计视图如图 4－9 所示，查询的数据表视图如图 4－10 所示。用户可以将查询保存，成为数据库中的查询对象。在实际操作过程中，可以随时打开既有的查询查看，提高工作效率。查询还可以作为窗体和报表的记录源。

图 4－9 查询的设计视图

产品ID	产品名称	包装单位	日期	再订购量	库存量
1	苹果汁	每箱24瓶	2018/10/17	10	50
2	牛奶	每箱24瓶	2018/10/18	25	22
3	蕃茄酱	每箱12瓶	2018/10/9	25	35
4	盐	每箱12瓶	2018/10/21	0	78
5	麻油	每箱12瓶	2018/10/20	0	33
6	酱油	每箱12瓶	2018/10/24	25	24
7	海鲜粉	每箱30盒	2018/10/29	10	52
8	胡椒粉	每箱30盒	2018/11/8	0	27
9	鸡	每袋500克	2018/9/6	0	29
15	味精	每箱30盒	2018/10/14	5	22

记录: 第 1 项(共 16 项) 搜索 数字

图 4－10 查询的数据表视图

3. 窗体

窗体是 Access 中用户和应用程序之间的主要界面，用户对数据库的操作都可以通过窗体来完成。创建数据输入窗体，可以向表中输入数据；创建切换面板，可以打开其他窗体或报表；创建自定义对话框，可以控制数据的输出、显示或执行某项操作。窗体中的大部分信息来自基表或查询。图 4－11 为某一仓储管理系统中的两个窗体。

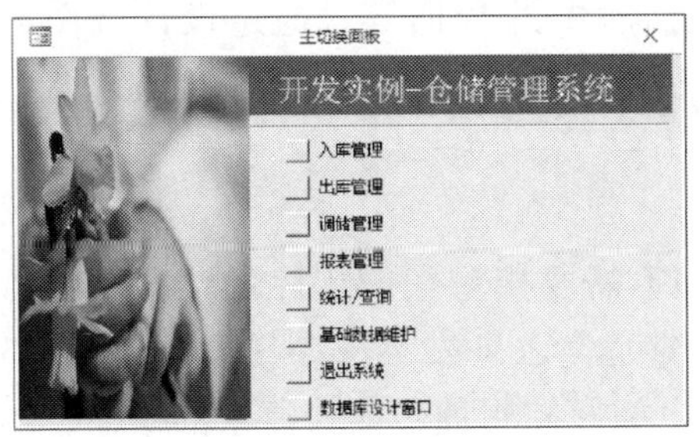

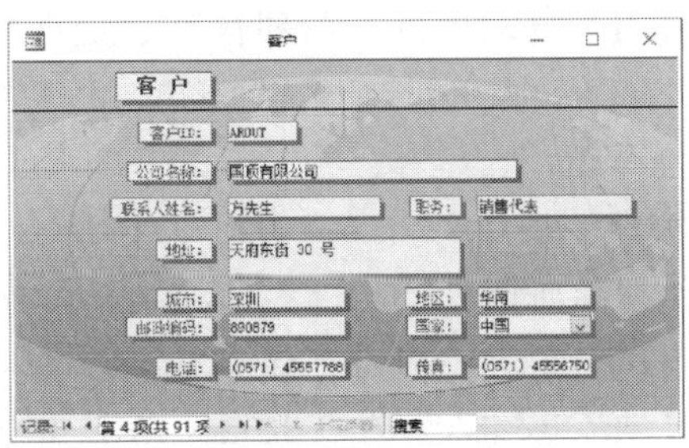

图 4－11 某一仓储管理系统中的两个窗体

4. 报表

报表是以打印的表格表现用户数据的一种有效形式。在 Access 中，有关报表的打印工作都是通过报表对象来实现的，它负责报表的设计，实现报表的打印。用户可以在报表设计视图窗口中控制每个对象的大小和显示方式，对报表对象的各项内容进行设计和修改，按照用户所需的方式完成打印工作。图 4 - 12 为某一仓储管理系统中的库存台账报表。

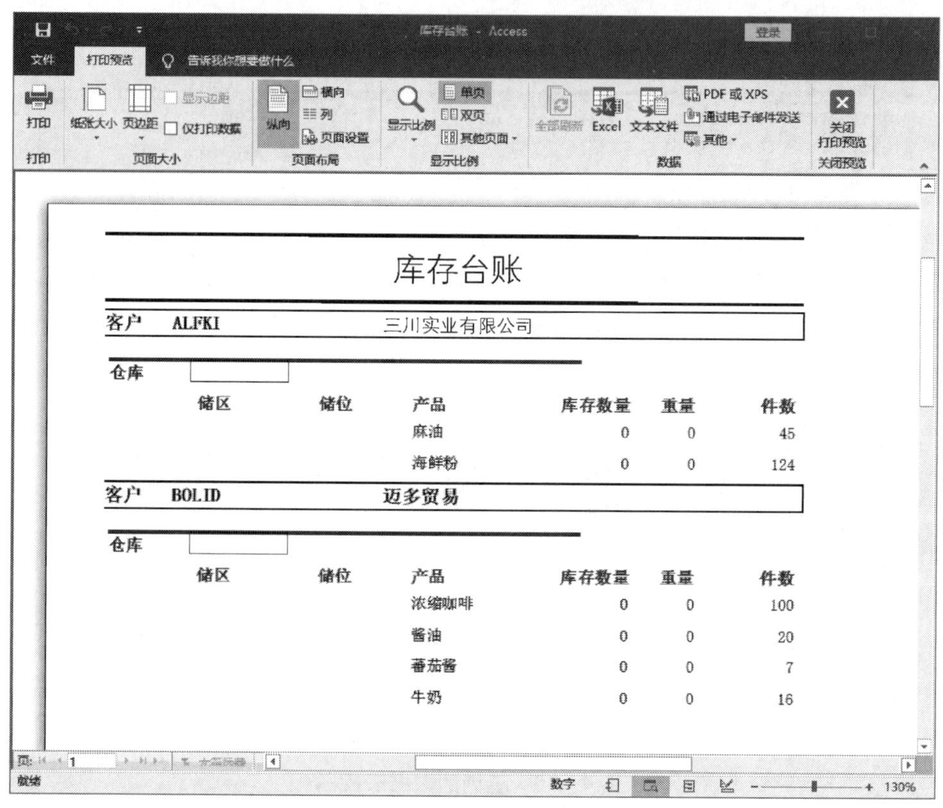

图 4 - 12 某一仓储管理系统中的库存台账报表

5. 宏

宏是一种可用于自动执行任务及向表单、报表和控件添加功能的工具。例如，如果向窗体添加命令按钮并将该按钮的 OnClick 事件关联到宏，则它会在每次单击该按钮时执行命令。

宏可用于自动执行一系列操作、更改数据库中的数据等。通过设计视图，宏提供 Visual Basic for Applications (VBA) 中所提供命令的子集，也可以随时在设计视图内将宏转换为 VBA。

6. 模块

模块就是所谓的"程序"，Access 虽然在不需要撰写任何程序的情况下就可以满足大部分用户的需求，但对于较复杂的应用系统而言，只靠 Access 的向导和宏仍稍显不足，所以 Access 提供 VBA 程序命令，可以自如地控制细微或较复杂的操作。

(四) Access 的工作界面

1. Access 的工作窗口

图 4-13 为 Access 的 Backstage 视图，是 Access 2010 以上的版本增加的新功能，包含应用于整个数据库的命令和信息（如“压缩和修复”），以及早期版本中“文件”菜单的命令（如“打印”）。在 Backstage 视图中，可以创建新数据库、打开现有数据库、通过 SharePoint Server 将数据库发布到 Web，以及执行很多文件和数据库维护任务。

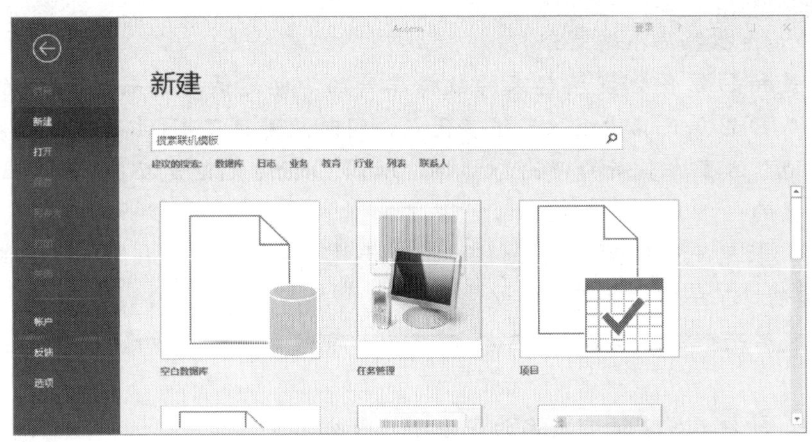

图 4-13　Backstage 视图

2. 数据库窗口

数据库窗口是 Access 文件的命令中心。在这里可以创建和使用 Access 数据库或 Access 项目中的任何对象。当用户打开或是新建一个数据库或项目时，都会打开数据库窗口。图 4-14 为打开某一项目时的数据库窗口，由标题栏、功能区、导航窗格和右侧选项卡式的文档界面组成。其中功能区是菜单和工具栏的主要替代部分，并提供了 Access 中主要的命令界面。功能区的主要优势之一是，它将通常需要使用菜单、工具栏、任务窗格和其他用户界面组件才能显示的任务或入口点集中在一个地方。这样就只需在一个位置查找命令，而不用四处查找命令。导航窗格用来组织和归类数据库对象，并且是打开或更改数据库对象设计的主要方式。

图 4-14　数据库窗口

拓展知识

常用的数据库管理系统

目前有许多 DBMS 产品，如 Oracle、DB2、Microsoft SQL Server、MySQL、Access 等。下面简要介绍几种常用的数据库管理系统。

一、Oracle

（一）Oracle 数据库系统简介

Oracle 是和 DB2 同期发展起来的数据库产品，也是第二个采用 SQL 的数据库产品。Oracle 从 DB2 等产品中吸取了很多优点，同时又避免了 IBM 的官僚机制与过度学术化，大胆地引进了许多新的理论与特性，所以 Oracle 无论是功能、性能还是可用性都是非常优良的。

1977 年，拉里·艾里森（Larry Ellison）和鲍勃·米勒（Bob Miner）、奥德斯（Ed Oates）一起创建了一家软件开发实验室，开发当时新型的数据库技术——关系型数据库系统，并将第一个产品命名为 Oracle，意为“智慧之源”“神谕”，我国业内称之为“甲骨文”。

1978 年，软件开发实验室更名为关系型软件公司。

1982 年，关系型软件公司更名为 Oracle 系统公司（Oracle System Corporation），以其产品的名称“Oracle”来命名。

1986 年 3 月 12 日，Oracle 系统公司的股票正式挂牌上市，同年，Oracle 推出了第一个客户端/服务器结构的数据库。

1987 年，Oracle 的年收入达到了 1.31 亿美元，成为世界上最大的关系型数据库软件公司。

1999 年，Oracle 正式发布世界上第一个支持 Internet 的数据库——Oracle 8i。

2000 年，Oracle 推出业界第一款完整、集成的电子商务应用产品套件（E-Business Suite），并通过实际应用使其成功开展电子商务服务。

2001 年，Oracle 发布新一代完整的、简单的电子商务基础结构的平台产品 Oracle 9i，该产品由 Oracle 9i 数据库和 Oracle 9i 应用服务器组成，提供了电子商务企业所有关键的软件基础结构和开发电子商务应用所需要的所有重要功能，为电子商务应用和网站有效地提高运行速度、获得应用的可伸缩性和可用性提供了强有力的支撑，使用户能够有效地开发快速、高可用性、安全可靠的电子商务应用和网站，而不再需要考虑昂贵的软件集成和维护费用，同时，还提供了强大的商业数据挖掘功能及应用。

之后，Oracle 又推出了 10g、11g、12c、18c、19c 等版本，其功能也在不断改进和完善。

（二）Oracle 数据库系统的特点

Oracle 数据库适用于大中型系统及数据安全保密要求较高的应用系统开发，特别适合于分布式应用系统，主要有以下特点：

（1）联机事务处理-查询密集的数据仓库：高效、可靠、安全。

（2）较高的并行查询优化能力。

（3）表扫描的异步预读。

（4）高性能的空间管理能力。

（5）允许多表视图上的非模糊更新操作。

（6）支持多线程客户应用程序。

（7）先进的文件处理技术。

（8）多媒体技术和面向对象技术的支持。

（9）支持并行数据库和透明的分布式查询处理。

（10）对 Java 的支持。

二、DB2

（一）DB2 数据库系统简介

DB2 是 IBM 公司的产品，支持从桌面 PC 到 UNIX、从中小型机到大型机，既可以在主机上以主/从方式独立运行，也可在客户/服务器环境中运行。

1973 年，IBM 研究中心启动 System R 项目，为 DB2 的诞生打下了良好基础。System R 是 IBM 研究部门开发的一种产品，这种原型语言促进了技术的发展并最终在 1983 年将 DB2 带到了商业市场。

1982 年，IBM 发布 SQL/DS for VSE and VM，以 System R 为原型。

1983 年，Database2（DB2）for MVS 发布，内部代号为 Eagle，DB2 正式诞生。

1987 年，DB2 完成了到 OS/2 的扩展，进入微机领域。

1992 年，IDUG 大会在瑞士召开，DB2 应用开始全球化。DB2 for OS2 V1 和 DB2 for RS/6000 V1 推出，这是第一次在 Intel 和 UNIX 平台上推出 DB2 产品。

1994 年，AIX 平台上的 DB2 开始支持对象型数据。

1995 年，DB2 开始支持 Windows NT、UNIX 等多个平台。

1996 年，DB2 正式更名为 DB2 通用数据库。

2007 年，DB2 V9 出现，它是一个混合模式（关系型、层次型）数据库，既有关系模型，又直接支持 XML 的层次模型。

（二）DB2 数据库系统的特点

DB2 数据库适用于大型系统的应用开发，较适合于分布式应用系统，主要有以下特点：

（1）提供对象关系特征。

（2）提供通用数据类型和通用应用的支持，支持联机事务处理、联机分析处理和多维分析。

（3）提供通用数据访问功能和对 Java 的支持。

（4）DB2 Universal Database 支持基于内容的文本搜索、图像、视频、语言和指纹类型等。

（5）具有良好的优化器。

（6）具有良好的可伸缩性。

三、Microsoft SQL Server

（一）Microsoft SQL Server 数据库系统简介

Microsoft SQL Server 是微软推出的一款数据库产品。微软要进军图形化操作系统市场时，开始与 IBM 合作开发 OS/2，最后无疾而终，但是微软很快推出了自己的新一代视窗操作系统。而当微软发现数据库系统这块新市场时，并没有自己重新开发一个数据库系统，而是找了 Sybase 来合作开发基于 OS/2 的数据库产品，当然微软达到目的以后就立即停止了与 Sybase 的合作，于 1995 年推出了自己的 Microsoft SQL Server 6.0，经过几年的发展，微软终于在 1998 年推出了轰动一时的 Microsoft SQL Server 7.0，也正是这一版本使得微软在数据库产品领域有了一席之地。正因为这段“合作”历史，Microsoft SQL Server 和 Sybase SQL Server 在很多地方非常类似，如底层采用的 TDS 协议、支持的语法扩展、函数等。

2000 年，微软推出了 Microsoft SQL Server 2000，该版本继续稳固了 Microsoft SQL Server 的市场地位。由于 Windows 操作系统在个人计算机领域的普及，Microsoft SQL Server 理所当然成为很多数据库开发人员接触的第一个而且极有可能也是唯一一个数据库产品，很多人甚至在 SQL Server 和数据库之间画上了等号，而且用 SQL 一词来专指 Microsoft SQL Server。2005 年，微软“审时度势”地推出了 Microsoft SQL Server 2005，并于 2008 年发布了 Microsoft SQL Server 2008，随后，相继推出了 Microsoft SQL Server 2012、Microsoft SQL Server 2014、Microsoft SQL Server 2016 等，目前最新版本是 Microsoft SQL Server 2019。

Microsoft SQL Server 的可用性非常好，提供了很多外围工具来帮助用户对数据库进行管理，用户甚至无须直接执行任何 SQL 语句就可以完成数据库的创建、数据表的创建、数据的备份/恢复等工作；Microsoft SQL Server 的开发者队伍也是非常庞大的，因此，有众多可以参考的学习资料，学习成本非常低，这是其他数据库产品所不具有的优势；同时，从 Microsoft SQL Server 2005 开始，开发人员可以使用任何支持 .NET 的语言来编写存储程序，这进一步降低了 Microsoft SQL Server 的使用门槛。

不过正如微软产品的一贯风格，Microsoft SQL Server 的缺陷也是非常明显的：只能运行 Windows 操作系统，一般无法在 Linux、UNIX 上运行；不管微软给出什么样的测试数据，在实际使用中，Microsoft SQL Server 在大数据量和大交易量的环境中的表现都不尽如人意，当企业的业务量到达一个相当的水平后，就要考虑升级到 Oracle 或者 DB2 了。

（二）Microsoft SQL Server 的特点

Microsoft SQL Server 适合于开发大中型分布式应用系统，具有强大的关系数据库创建、开发、设计和管理功能，其主要特点如下：

（1）Microsoft SQL Server 是客户机/服务器关系型数据库管理系统（RDBMS）。

（2）支持分布式数据库结构。

（3）Microsoft SQL Server 与 Windows NT/2000 完全集成。

（4）Microsoft SQL Server 与 Microsoft BackOffice 服务器类集成。

（5）支持多线程体系结构。

四、MySQL

（一）MySQL 数据库简介

MySQL 是一个小型关系型数据库管理系统，由瑞典的 MySQL AB 公司开发。目前，MySQL 被广泛地应用在中小型系统中，特别是在网络应用中用户群更多。MySQL 没有提供一些中小型系统中使用的特殊功能，所以其资源占用非常小，更易于安装、使用和管理。由于 MySQL 是开源的，是 PHP 和 Java 开发人员首选的数据库开发搭档，因此，目前 Internet 上流行的网站构架方式是 LAMP（Linux＋Apache＋MySQL＋PHP)，即使用 Linux 作为操作系统，Apache 作为 Web 服务器，MySQL 作为数据库，PHP 作为服务器端脚本解释器。

MySQL 目前还很难用于支撑大业务量的系统，主要还是用来运行非核心业务；同时，MySQL 在国内没有足够的技术支持力量，对 MySQL 的技术支持工作是由 ISV 或者系统集成商来承担的，这也导致部分客户对 MySQL 比较抵制，更倾向于使用有更强技术支持力量的数据库产品。

（二）MySQL 数据库的特点

MySQL 数据库适合于开发中小型及分布式应用系统，具有较强的关系数据库管理功能，其主要特点如下：

（1）使用 C 和 C＋＋编写，并使用了多种编译器进行测试，保证源代码的可移植性。

（2）支持 Windows 等多种操作系统。

（3）为多种编程语言提供了 API。

（4）支持多线程，充分利用 CPU 资源。

（5）优化的 SQL 查询算法，有效地提高查询速度。

（6）既能够作为一个单独的应用程序应用在客户端/服务器网络环境中，也能够作为一个库嵌入其他软件中提供多语言支持。

（7）提供 TCP/IP、ODBC 和 JDBC 等多种数据库连接途径。

（8）提供用于管理、检查、优化数据库操作的管理功能。

资料来源：黄雪华，等．数据库原理与应用．北京：清华大学出版社，2018.

实务案例与分析

屈臣氏自动补货与订货系统

屈臣氏作为全球知名品牌，其业务范围涉及保健产品、美容产品、香水、化妆品、日用品、食品、饮品、电子产品、洋酒及机场零售业务，庞大的业务结构和复杂的商品种类，决定了其必然有个先进的供应链体系作为支撑。

一、屈臣氏信息系统需求

屈臣氏集团（香港）有限公司于 1989 年进入内地市场，但直到近几年才开始快速扩张。当门店数量少时，信息系统的作用似乎并不明显；但当门店猛增到数百甚至上千家时，屈臣氏原有的管理水平就明显不适应发展需求了。比如在库存管理方面，企业视库存为企业的资产，采购的目的就是补充库存，库存在企业的作用很大。但是库存量大，占用了大量的储备资金，使流动资金周转变慢，甚至周转发生困难。由于没有资金而无法购买生产所必需的其他物料，反而影响了生产正常进行，而且大量库存的存在会掩盖管理上的一些问题。管理层认识到，引进成熟的供应链管理系统势在必行。

屈臣氏供应链系统建设内容有自动补货与订货系统、仓库管理系统、复核系统和配送路径优化系统。本案例重点介绍自动补货与订货系统。

二、自动补货与订货系统使用场景

对零售企业来说，无论采购能力有多强，市场销售有多厉害，货物如果不能及时摆放在门店货架上，那么一切都没有用。尤其是对于屈臣氏这种强调产品多样性与差异化的零售商而言，快速补货能力也是其核心竞争力之一。所以店铺自动补货系统极其重要，是屈臣氏整个信息化建设的先导。

每天晚上关店后，屈臣氏的POS系统会自动结算当天的销售情况，自动补货系统会根据门店卖出货物的情况自动生成补货订单发往物流中心。每一家门店的每个品类的货物都有自己的补货标准，系统根据这些标准和结算前的已销数量确定补货数量。

店铺自动补货系统使订货变得简单而标准，所有店铺按照实际的销售数据而不是凭经验订货，避免了不同店铺的不同人员不一样的订货方法所导致的库存不稳定，或是错误的销售预测。前端店铺订货环节理顺后，下一步就要依靠仓库的订货系统。订货系统通过分析所有店铺每天的销售情况和仓库的库存情况，通过与供应商的信息系统相连的信息系统平台，自动将缺货商品的采购需求发送给供应商。

三、自动补货与订货系统应用成效

供应链系统上线后，为屈臣氏物流带来了很多改变和提升，物流作业的自动化程度和作业效率大幅度提高，库存准确率显著提升，并且减少了大量纸张的使用，更加低碳环保。此外，新的系统还发挥了一项重要作用，即数据收集和分析。很多零售企业认为系统很重要，其实数据才是最重要的。屈臣氏的新系统覆盖了从商品采购、物流到门店销售的整条供应链的各个环节，可以收集到很多物流数据，大大提高了物流管理的科学性和准确性。

资料来源：《物流技术与应用》编辑部．中外物流运作案例集Ⅲ．北京：研究出版社，2015.

分析与讨论：

（1）屈臣氏自动补货与订货系统采用哪些物流技术？

（2）请你结合课本所学知识，描述屈臣氏自动补货与订货系统如何完成门店订货和仓库订货。

项目化实务训练

Access 数据库软件简单数据处理

一、实训目标

熟悉Access软件界面，并通过Access数据库软件完成新建数据库、新建表、导入数据、创建查询和数据库备份操作。

二、实训要求

1. 使用Access软件创建数据库

打开Access（以下操作步骤以Access 2019版本为例），依次选择“文件”“新建”；选择“空数据库”或选择模板；输入数据库的名称，选择位置，然后选择“创建”，如有需要，请在数据库打开时选择黄色消息栏中的“启用内容”。

2. 创建新表

创建新的空数据库时，会自动插入一个新的空表，请为该表添加表 4-2 中所示的字段信息，并将其命名为“产品”；将“产品”表的设计视图切换为数据表视图，并为该表添加至少 3 条记录，记录内容自定义。

表 4-2　字段信息

序号	字段名称	数据类型
1	产品 ID	数字
2	产品名称	短文本
3	包装单位	短文本
4	类别 ID	数字
5	日期	日期/时间
6	备注	长文本
7	再订购量	数字
8	库存量	数字

3. 从 Excel 导入数据

事先准备好一张 Excel 工作簿，打开该工作簿，确保每列都包含标题以及一致的数据类型；打开 Access 软件，依次选择“外部数据”“Excel”；选择“浏览”以定位 Excel 文件，接受默认值，然后单击“确定”；选择“数据的第一行是否包含列标题?”，然后单击“下一步”；可重新定义每个字段的信息，也可直接默认原文件字段信息，单击“下一步”；选择主键后，单击“完成”。

4. 创建查询以筛选出特定数据

依次选择“创建”“查询向导”；选择“简单查询”，然后单击“确定”；选择第 2 步新建的“产品”表，从可用字段中选择字段添加到“所选字段”，然后选择“下一步”；为创建的查询指定标题，并选择是要在“数据表视图”中打开查询，还是要在“设计视图”中修改查询，然后选择“完成”。

5. 备份数据库

依次选择“文件”“另存为”；在“数据库文件类型”下，选择“数据库另存为”；在“高级”下，选择“备份数据库”，然后选择“另存为”，选择“保存”。默认文件名包含源数据库以及备份发生的时间。

三、考核标准（见表 4-3）

表 4-3　项目化实务训练考核标准

项目化实务训练	考核项目	内容	分值
Access 数据库软件简单数据处理	创建数据库	创建一个新的空数据库	10
	创建新表	在新建的数据库下，完成数据表的字段要求	30
		添加数据表记录	15
	导入数据	将 Excel 工作簿中的数据导入新建的数据库中	20
	创建查询	创建查询向导，从数据库中筛选出特定数据	20
	备份数据库	将完成上述操作的数据库备份	5

课后测试

一、选择题（第 1～5 题为单选，第 6～9 题为多选）

1. 国际性通用的 EDI 标准是________。

A. ANSIX. 12　　B. GTDI　　C. TDI　　D. EDIFACT

2. POS 系统最早应用于________。

A. 库存管理　　B. 零售业　　C. 生产厂家　　D. 批发商

3. ________是指利用光学式自动读取设备读取条码，在销售商品时按照商品类别读取商品销售信息和进货、配送等阶段发生的各种信息，通过通信网络将信息传送至计算机系统，按照各个部门的使用目的对上述信息进行处理、加工和传送的系统。

A. POS　　B. ERP　　C. EDI　　D. EOS

4. EDI 转换软件的主要功能是________。

A. 实现平面文件和 EDI 标准格式之间的转换

B. 实现平面文件和计算机系统文件之间的转换

C. 将 EDI 标准格式文件外层加上通信信封

D. 将 EDI 标准文件转换为二进制文件

5. 在数据管理的________，数据面向特定的应用程序，因此数据共享性、独立性差，且冗余度大，管理和维护需付出的代价也很大。

A. 人工管理阶段　　B. 文件系统管理阶段

C. 数据库系统管理阶段　　D. 数据管理阶段

6. EDI 标准必须包含________。

A. 标准报文　　B. 标准文件　　C. 标准数据

D. 数据元素　　E. 数据段

7. EDI 系统由________构成。

A. EDI 数据标准化　　B. EDI 软件　　C. 数据库

D. EDI 硬件　　E. 通信网络

8. 一个 EOS 系统必须有________。

A. 供应商　　B. 生产商　　C. 零售商

D. 网络　　E. 计算机系统

9. 销售时点信息（POS）系统的前台部分主要包括________。

A. 扫描仪　　B. 管理信息系统 MIS　　C. 打印机

D. 显示器　　E. 数据库

二、判断题（对的打“√”，错的打“×”）

1. EDI 传输的报文使用的是企业标准，并无国际标准和行业标准。（　　）

2. EDI 通信软件将 EDI 标准文件加上通信信封组成 EDI 信件后，再直接送到用户系统中。（　　）

3. EDI 转换软件的功能是将平面文件翻译成 EDI 标准文件。（　　）

4. EOS 并非由单个批发商组成的系统，而是许多零售店和许多批发商组成的大系统。(　　)

5. 数据库是指在计算机的存储设备上合理存放的相关联、有结构的数据集合。(　　)

6. 目前市面上有许多 DBMS 产品，如 Oracle、DB2、Microsoft SQL Server、MySQL、Office 等。(　　)

三、名词解释

1. EOS
2. POS
3. EDI

四、简答题

1. 简述 EOS 的销售订货业务流程。
2. 简述 EDI 的工作过程。
3. 简述 EOS 的采购订货业务流程。
4. 简述 POS 系统大致的工作流程。

第五章　物流信息系统与规划

教学目标

● **知识目标**

1. 了解物流信息系统的概念。
2. 熟悉物流信息系统的功能、分类、组成及体系结构模式。
3. 掌握物流信息系统规划的原则和系统总体规划阶段的目标。

● **技能目标**

1. 能够设计物流信息系统的组成要素，并选择合适的开发方式。
2. 能够列出物流信息系统的规划步骤。

案例导入

北京宅急送快运股份有限公司成立于1994年，在国内较早引入门到门快递服务，曾经是行业领军企业。二十多年的发展，让宅急送意识到信息化建设的重要性。

宅急送总裁陈显宝多次指出，世界上的快递公司，最后都由劳动密集型转变成了以技术特别是信息化技术为支撑。多年来，宅急送的信息化建设一直走自主研发的道路，从最早的MIS系统到之后的BOS系统（核心业务系统），支撑了宅急送过去十几年的业务发展。但随着2009年以来公司经营恢复，票量逐渐递增，原来的BOS系统已经成为阻碍业务快速发展的重大瓶颈。

2010年，宅急送与用友合作，联手开发了新的BOS系统。新系统分为取派、中转、路由、财务四个管理模块，共260个功能节点，覆盖宅急送前端所有业务操作、考核及相关财务处理。新系统于2011年2月8日正式上线，能同时支撑宅急送3 000多家网点庞大的业务操作，使操作效率大幅提升。在业务高峰时期，工作单保存的操作时间由原来的几分钟缩减到几秒钟，收入确认和收款核销的速度也由原来的几分钟缩减为1～2s。

不仅如此，新BOS系统的上线使用也推动了宅急送的内部管理再上新台阶。具体表现在四个方面：

1. 风险监控体系进一步完善，对外网的风险监控和小件员的钱、单、货监控落实到每天。
2. 将考核到人、考核到天落到实处。
3. 基层的管理系统能够实时监控，录单的及时率和准确率都得到了大幅提升。
4. 为高层管理决策提供质量考核数据实时或者隔天查看，大大提升管理效率。

资料来源：《物流技术与应用》编辑部．中外物流运作案例集Ⅲ．北京：研究出版社，2015.

新的BOS信息系统，是根据宅急送业务情况开发的物流信息系统，该系统的运行极大地提高了宅急送公司的内部管理水平和工作效率。本章将向读者介绍什么是物流信息系统，如何开发一套适合公司需求的物流信息系统。

第一节　物流信息系统

什么是物流信息系统？物流信息系统的功能、类型有哪些？你能指出你所接触的某个物流信息系统的组成要素和结构模式吗？

❖ 一、物流信息系统的概念

20世纪60年代，管理领域逐步认识到信息可以用于综合管理决策支持，可以把统计、运筹等管理数学方法引入计算机数据处理系统，以采集的日常运营数据为基础，汇总得出大量的周、月或季度、年度等报表，通过对这些报表的分析预测，来控制企业的日常运行管理，此时的信息系统称为管理信息系统（MIS）。但实际上，应该称其为信息管理系统（IMS），只是因为当时的硬件和软件及认识问题的局限性，还称其为MIS。到了70—80年代，随着计算机技术的进一步发展，通过计算机能够对采集的信息进行精细提炼和模型分析，以改善和加快管理者的决策过程，此阶段的信息还是称为管理信息，但含义已经有很大改变，是信息管理的含义。因此，虽然计算机应用于管理领域发展到今天已经半个多世纪了，管理信息系统的名称沿用传统也一直没有改变，但其本身的含义一直在随着信息技术和管理思想的发展而变换。但是，目前所提的管理信息系统或者信息管理系统，都属于信息系统的范畴，所以，将物流业中的信息化管理系统简称为物流信息系统。

物流信息系统是通过对物流相关信息的收集、加工、处理、存储和传递来达到对物流活动的有效控制和管理，并为企业提供信息分析和决策支持的人机系统。物流系统内部的相关衔接是通过信息进行沟通的，资源的调度也是通过信息共享来实现的，组织物流活动必须以信息为基础。

企业信息系统是按照现代管理的思想、理念，以信息技术为支撑所开发的信息系统。物流信息系统是企业信息系统中的一类，其充分利用数据、信息、知识等资源，实施、控制并支持物流业务，实现物流信息共享，以提高物流业务的效率，提高决策的科学性，其最终目的是提高企业的核心竞争力。

❖ 二、物流信息系统的功能

物流信息系统是把各种物流活动与某个一体化的过程联结在一起的通道。以第三方物流信息系统为例，第三方物流一体化过程建立在四个层次上：基础信息、管理控制、决策分析以及制订战略计划。

第一个层次为基础信息。基础信息系统是指物流信息系统接收客户指令或接收交易指令的系统，对第三方物流公司来说，其基础信息系统需要与客户的信息系统集成，并与客户共享物流信息，从而获得物流运作的基础信息。这一系统是第三方物流信息系统启动物流活动的最基本的层次，围绕仓储、运输、配送等核心业务，从客户系统获取订货内容、安排存取货任务、选择作业程序、装货、搬运、运输、配送、开票及进行订单查询与处理等。

基础信息系统的特征是：格式规格化、通信交互化、交易批量化、作业逐日化、信息标准化。基础信息系统既要方便与客户的信息系统集成和通信，又要有较强的安全保密措施。

第二个层次为管理控制。管理控制系统要求把主要精力集中在功能衡量报告上。功能衡量对于提高物流服务水平和资源利用等管理信息的反馈来说是必要的。因此，管理控制以可估价的、策略的、中期的焦点问题为特征，涉及评价过去的功能和鉴别各种可选择方案。

普通的功能衡量包括财务成本分析、顾客服务评价、作业衡量、质量指标分析等。功能衡量对第三方物流服务是非常重要的，一般客户都希望通过第三方物流服务，能对物流系统作综合性分析，获得更多的物流信息，客户可以利用这些信息与自身的信息系统集成，为企业决策提供市场及物流信息支持。

无论是第三方物流系统还是生产物流系统，是否能够在物流系统运作中随时鉴别出异常情况都是很重要的。有的物流系统，还可以根据预测的需求与预期的入库数，来预测未来存货短缺的情况。某些管理控制的衡量标准，如成本，有非常明确的定义；而有些衡量标准，如顾客服务，则缺乏明确的定义，需要采用一些分析方法建立评价指标。

第三个层次为决策分析，这一层次的信息系统把主要精力集中在决策应用上，以协助管理人员鉴别、评估和比较物流战略或策略上的可选方案。典型分析包括车辆日常工作计划、存货管理、设施选址以及作业比较和成本效益评价。与管理控制不同的是，决策分析的主要精力集中在评估未来决策的可选方案上，因此需要相对的零散模块和灵活性，以便在较广的范围内选择。

第四个层次是制订战略计划，这一层次的信息系统把主要精力集中在信息支持上，以期开发和提炼物流战略，这也是决策分析的延伸。物流信息系统制定战略层次，必须把较低层次数据结合进范围很广的交易计划中，以便于评估各种战略的概率和损益的决策模型。

※ 三、物流信息系统的组成要素

物流信息系统的基本组成要素有硬件、软件、信息资源、人员、物流管理思想等，如图 5－1 所示。

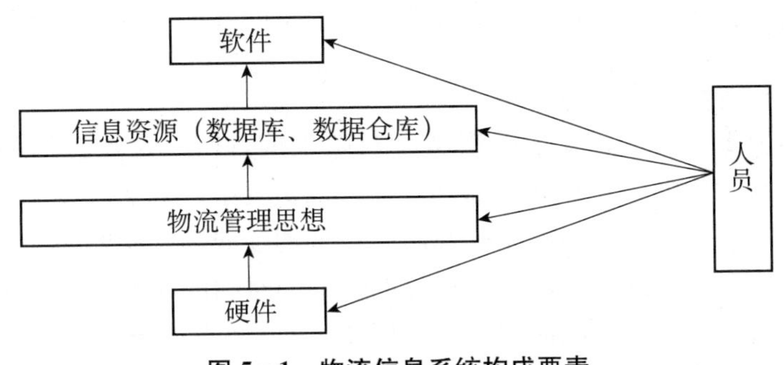

图 5-1 物流信息系统构成要素

（一）硬件

硬件包括计算机、必要的通信设施和安全设施等，如计算机整机、外存、打印机、服务器、通信电缆和通信设施。它们是物流信息系统的物流设备、硬件资源，是实现物流信息系统的基础，构成了系统运行的硬件平台。物流信息系统的硬件结构如图 5-2 所示。

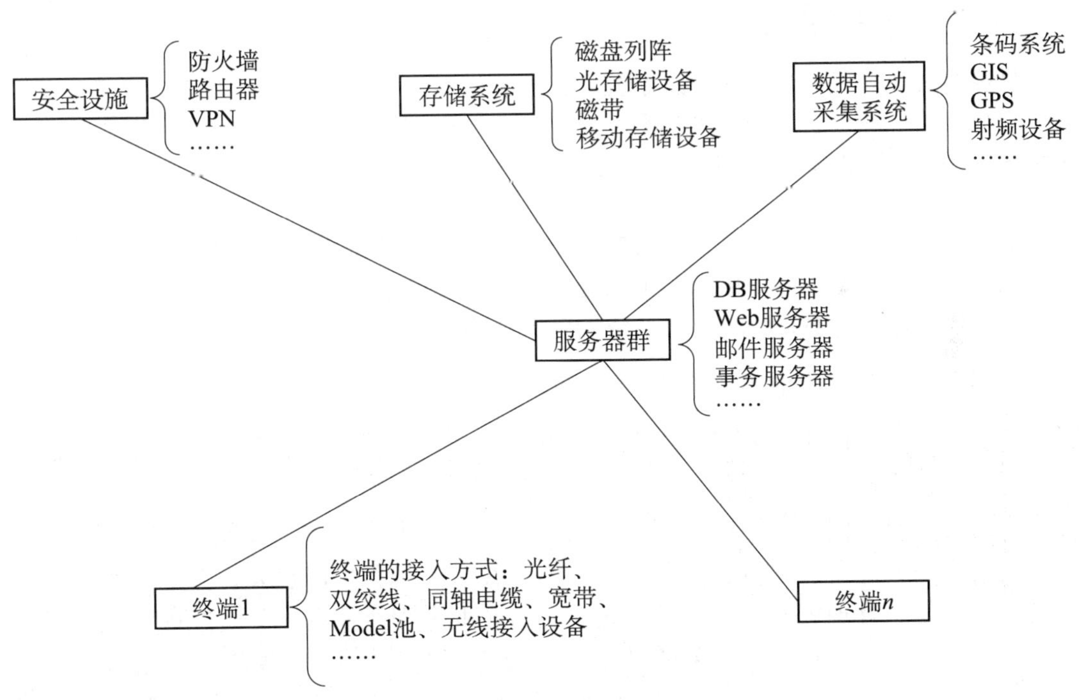

图 5-2 物流信息系统的硬件结构

（二）软件

软件包括系统软件和应用软件两大类。其中，系统软件主要用于系统的管理维护、控制及程序的装入和编译等工作；而应用软件则是指挥计算机进行信息处理的程序或文件，包括功能完备的数据库系统、实时的信息收集和处理系统、实时的信息检索系统、报告生成系统、经营预测及规划系统、经营检测及审计系统、资源调配系统等。

（三）信息资源

信息资源主要是指数据库与数据仓库。

数据库技术将多个用户、多个应用所涉及的数据，按一定数据模型进行组织、存储、使用、控制和维护管理，数据的独立性强，冗余度小，共享性好，能进行数据完整性、安全性、一致性控制。数据库系统面向一般管理层的事务性处理。

数据仓库是面向主题的、集成的、稳定的、不同时间的数据集合，用以支持经营管理中的决策制定过程。基于主题而组织的数据便于面向主题分析决策，它所具有的集成性、稳定性及时间特征使其成为分析模型数据，其作用在于为决策层提供决策支持。

数据仓库系统也是一个管理信息系统，它由三部分组成：数据仓库、数据仓库管理系统和数据仓库工具。

（四）人员

人员包括系统分析人员、系统设计人员、系统实施和操作人员、系统维护人员、系统管理人员、数据准备人员与各层次管理机构的决策者等。

（五）物流管理思想

物流管理思想是构建物流信息系统的灵魂和精髓，也是物流信息系统的价值所在。

❖ 四、物流信息系统的分类

由于供应链上不同的环节、部门所应具备的物流的功能都不尽相同，所以在设计物流信息系统时要根据企业在供应链中所处的位置来设计系统的功能。

按照供应链的走势，物流信息系统大致可分为以下四类。

（一）面向制造企业的物流信息系统

制造企业位于供应链的起点或中间节点，制造企业的物流信息系统一方面是制造企业顺利进行生产，对原材料、物料、日常耗用品等的采购时间、采购路线、存储和对产成品的销售时间、存储以及运送至用户的路线等进行计划、管理、控制的外部物流系统；另一方面是对制造企业采购来的物资在生产过程中的包装、搬运、存储等进行设计、计划、管理等的内部物流系统。制造企业根据企业的销售情况确定生产计划后，就必须对需要的物资制订采购计划以配合生产进度，同时储备一定数量的产成品以供销售。当企业的生产管理系统将生产计划、采购计划、销售计划制订出来后转入物流信息系统，物流信息系统将采购计划、销售计划分解，设计成物流计划，然后对物流计划进行执行、监督，直至生产、销售完成，这样的过程循环不已、交替出现、相互重叠。

（二）面向零售商、中间商、供应商的物流信息系统

零售商、中间商、供应商本身不生产商品，但它为用户提供商品、为制造商提供销售渠道，是用户与制造商的中介。专业零售商为人们提供统一类型的商品，综合性的零

售商（超市、百货商店等）则为人们提供不同种类的商品，这种企业的经营有商品种类多、生产地点分散、消费者群体极其分散的特点。面向零售商、中间商、供应商的物流信息系统是对不同商品的进、销、存进行管理的系统。

（三）面向第三方物流企业的物流信息系统

第三方物流企业是本身不拥有货物，而为其外部客户的物流作业提供管理、控制和专业化作业服务的公司和企业。在供应链活动中，第三方物流企业主要进行配送、运输、仓储等物流活动。第三方物流企业必须准确、及时、高效地捕捉各种信息，并进行处理，这样才能科学地指导现代物流的高效运转。

（四）面向供应链中某一环节的企业的物流信息系统

这种管理信息系统主要是面向供应链中如轮船公司、拖车公司、仓储公司等的系统，与第三方物流企业不同的是，这种管理信息系统只提供供应链上的某一项服务，可分为基于仓储物流管理信息的系统、基于海运的系统、基于汽车运输的系统、基于铁路运输的系统等。

❖ 五、物流信息系统的主要体系结构模式

（一）单用户体系结构

单用户体系结构的信息系统是早期最简单的信息系统，整个信息系统运行在一台计算机上，由一个用户占用全部资源，不同用户之间不共享和交换数据。

（二）C/S 结构

C/S（Client/Server）结构，即客户机和服务器结构。这种体系结构模式是以数据库服务器为中心、以客户机为网络基础、在信息系统软件支持下的两层结构模型。在这种体系结构中，用户操作模块布置在客户机上，数据存储在服务器上的数据库中。客户机依靠服务器获得所需要的网络资源，而服务器为客户机提供网络必需的资源。

（三）B/S 结构

B/S（Browser/Server）结构，即浏览器和服务器结构。它是随着 Internet 技术的兴起，对 C/S 结构进行变化或者改进的一种结构。在这种结构下，用户工作界面通过浏览器来实现，极少部分事务逻辑在前端（Browser）实现，主要事务逻辑在服务器端（Server）实现，形成所谓三层结构。这样就大大简化了客户端电脑载荷，减轻了系统维护与升级的成本和工作量，降低了用户的总体成本。

B/S 结构与 C/S 结构的主要区别如表 5－1 所示。

表 5－1　B/S 结构与 C/S 结构的主要区别

项目	C/S 结构	B/S 结构
建立基础	常用于局域网	常用于广域网

续前表

项目	C/S结构	B/S结构
安装	需要安装	只需要浏览器
压力	客户端压力大	服务器压力大
其他	升级和维护成本高，不受网速影响，更安全； 断网时不能与其他电脑共享资源	应用性更强，共享性强，业务拓展方便，维护简单； 受网速影响，不够安全，更加注重访问速度，兼容问题大

（四）P2P体系结构

P2P（Peer to Peer）体系结构，即对等网络结构。P2P 体系结构取消了服务器的中心地位，各个系统内的计算机可以通过交换直接共享计算机资源和服务。在这种体系结构中，计算机可对其他计算机的要求进行响应，请求响应范围和方式都根据具体应用程序不同而有不同的选择。目前对等网络模式有纯 P2P 模式、集中模式及混合模式，是迅速发展的一种新型网络结构模式。

国内 P2P 的应用主要有两个方向：文件共享及协同工作。在文件共享方面，国内已经有多家公司推出了自己的产品。在未来，企业对等网络应用将是热点，主要解决企业内部事务处理的协同、企业门户、企业虚拟专网（VPN）、远程互动和宽带应用等问题。

第二节 物流信息系统规划

物流信息系统规划的原则和步骤有哪些？物流信息系统的开发方式该如何选择？

物流信息系统规划是物流系统规划的一部分，也是企业战略规划的一部分。它服务于企业的长期规划，是长期规划的手段和保证。物流信息系统规划是系统开发最重要的阶段，一旦有了好的系统规划，就可以按照数据处理系统的分析和设计持续进行工作，直到系统的实现。

※ 一、物流信息系统规划的原则

开展物流信息系统规划时必须遵循如下基本原则。

（一）完整性原则

（1）要保证功能的完整性，根据企业物流管理的实际需要，制定能全面、完整地覆盖物流管理的信息化要求的系统。

（2）要保证系统开发的完整性，制定出相应的管理规范，例如开发文档的管理规范、数据格式规范、报表文件规范。保证系统开发和操作的完整性和可持续性。

（二）可靠性原则

（1）系统在正常情况下的可靠性，实际就是要求系统的准确性和稳定性。一个可靠的物流管理系统要能在正常情况下达到系统设计的预期精度要求，不管输入的数据多么复杂，只要是在系统设计要求的范围内，都能输出可靠结构。

（2）非正常情况下的可靠性，就是指系统的灵活性，即系统在软、硬件环境发生故障的情况下仍能部分使用和运行。一个优秀的系统也是一个灵活的系统，在设计时就必须针对一些紧急情况制定应对措施。

（三）经济性原则

（1）企业是趋利性组织，追逐经济利益是其活动的最终目的，所以每一次投入都会考虑产出，在系统的投入中也要做到以最小投入获得最大效益。同时软件的开发费用必须在保证质量的情况下尽量压缩。

（2）同时，系统投入运行后，必须保持较低的运行维护费用，减少不必要的管理费用。

※ 二、系统总体规划阶段的总目标和步骤

系统总体规划是物流信息系统建设的第一个阶段的工作。系统规划阶段工作的好坏将直接影响整个系统建设的成败。

（一）系统总体规划阶段的总目标

系统规划是物流信息系统建设生命周期的第一个阶段。它的总目标，就是从整个企业的发展战略出发，制定出企业的物流信息系统的长期发展建设方案，规划系统的目标范围、功能结构、开发进度、投资规模、主要信息技术、参加人员和组织保证，制定规划和实施方案，并进行项目开发的可行性论证。总体规划的重点是确定系统目标、总体结构和子系统的划分。

（二）系统总体规划阶段的步骤

系统总体规划阶段包括三个步骤：根据企业的发展战略，制定物流信息系统战略规划；进行信息需求分析，制定物流信息系统的总体方案，制订项目开发计划；制订系统建设的资源分配计划。

1. 制定物流信息系统战略规划

深入分析领会企业的目标、发展战略，分析企业重要的业务流程；根据企业的目标和发展战略确定物流信息系统的发展建设战略，对当前的物流信息系统的功能、应用现状和应用环境进行评价；制定建设物流信息系统的政策、目标和战略，形成新的物流信息系统建设报告。这一阶段的关键是要使物流信息系统的战略与整个企业的战略和目标协调一致。

2. 信息需求分析

对用户的需求进行初步调查，调查业务过程、现实环境，包括技术、经济、资源和基础条件等方面的内容，分析系统开发的可行性，制定出实用、先进的总体规划方案。

用户的需求包括功能要求、性能要求、可靠性要求、安全保密性要求以及开发费用和开发周期等方面的限制。

分析确定企业在事务处理和在决策支持方面的信息需求，为整个企业提出物流信息系统的总体结构方案，制订发展计划；根据发展战略和系统总体结构，制定物流信息系统的总体方案，确定系统、各子系统的开发顺序和时间安排，制订项目开发计划。

3. 资源分配

制订为实现开发计划所需要的软硬件资源、数据通信设备、人员、技术、服务、资金等计划，提出整个系统建设的概算规划。

规划是对较长时期的活动进行总体、全面的计划。现代企业的机构和活动内容都很复杂，实现企业的信息管理计算机化需要经过长期的努力，因而必须对一个组织的信息系统建设进行规划。根据企业的目标和发展战略、内部条件和外部环境，科学地制定物流信息系统的发展战略、总体方案，合理安排系统建设步骤。

❖ 三、物流信息系统规划的步骤

（一）确定用户需求

1. 项目的提出

开发物流信息系统要提出项目，进行立项。开发项目一般由物流企业自己提出，也可以由物流企业的客户提出。例如，货主对物流公司提出要求，希望随时随地看到自己货物的状况，在网络上可以跟踪自己的货物；车主要求可在网络上跟踪自己的货车；发货方也要求可以在网络上跟踪自己发出的货物。这就要求第三方物流企业建立包含以上功能的物流信息系统。

不论是以什么方式提出的开发项目，必须进行书面立项，写出用户的开发需求。项目书的内容包括：当前系统存在的问题与现状概述；新系统应该实现的目标；可提供的开发资源；开发进度的要求。

项目书最重要的一项内容是当前系统存在的问题，如果当前系统没有任何问题，也就没有开发物流信息系统的必要了。什么是问题？问题是当前系统的现状与企业的期望之间的距离。确定了目标，才能发现问题，目标越高，问题越多。这个目标可以是先进企业的现状、本企业与国内外先进企业的对比，也可以是上级主管部门的要求。

企业应该成立开发组织，企业购买软件也要成立项目小组。开始的项目小组人员包括企业的领导，尤其是一把手、主要部门的领导和系统分析人员，以后随时增加软件开发人员。项目小组的第一项工作是进行项目可行性分析。

2. 用户类型分析

项目可行性分析的前提是明确项目的用户。只有明确了用户的范围，才可能进行可行性分析。项目的用户是谁也许是很明显的，但必须经过这个过程才能真正确定用户和用户需求。物流信息系统的用户是直接使用或间接使用物流信息系统的人员和组织，包括两类，企业内部用户和企业外部用户，如图 5－3 所示。

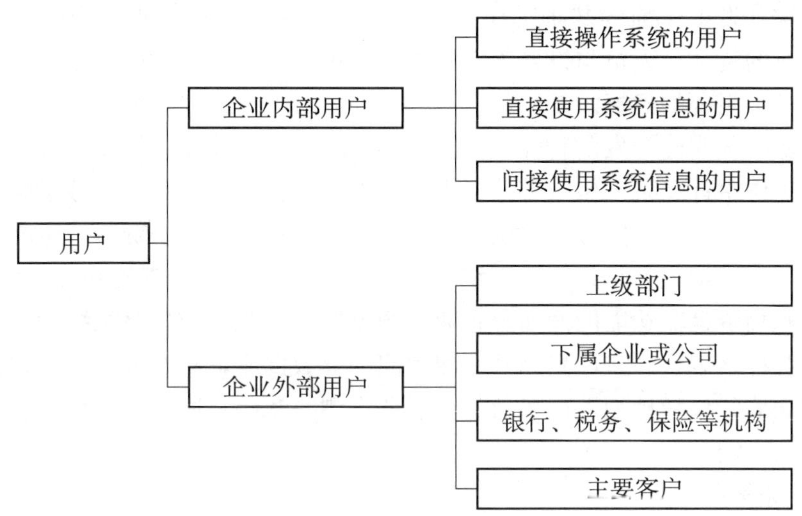

图 5－3　物流信息系统的用户

系统分析人员要对企业物流信息系统的全部用户的资料进行收集和分类，列出名单并进行需求的分析。

3. 明确用户需求

系统分析人员针对不同的用户，分析其对物流信息系统的需求。企业内部用户是最大的用户群，包括物流业务链上的所有部门。直接操作系统的用户对系统的某一功能要求非常细致。直接使用系统信息的用户不一定直接操作计算机，如门卫要核对出库单和出门证明。间接使用系统信息的用户要求各类统计信息必须及时、概括和全面。

企业外部用户的需求五花八门，各不相同。“客户是上帝”不能仅仅是句口号，企业要为客户提供个性化的服务，必须下功夫分析用户的需求。上级部门一般要求报表多，格式统一；下属企业或公司可能需要安装物流信息系统的某一子系统；主要客户要求能够进行网络下订单、网络查询和及时发布对账单等操作。

系统分析人员明确用户需求应确定以下内容：(1) 系统的用户是谁。(2) 现有系统的问题是什么，严重程度如何。(3) 系统的现状如何。(4) 各类用户的需求是什么，明确要达到的目标。(5) 识别用户需求的正确性和合理性。与用户充分讨论协商，取得一致意见并修改用户需求书中不太合理的部分，重新编写项目书，然后开始项目可行性分析。

(二) 初步调查

物流信息系统的分析人员在开始的时候对企业和业务不熟，需要调查才能深入了解。系统调查的种类有初步调查、详细调查等。在物流信息系统的开发过程中，需要多次进行调查。如为了可行性分析，需要对项目进行初步的调查；系统分析时，需要进行详细调查；系统设计时，需要详细调查，也可能要进行补充调查。在系统分析过程中，各类调查可能要进行多次。

1. 初步调查的目的

初步调查是为了项目的可行性研究进行的调查工作。在系统规划阶段，初步调查是进行整个系统开发工作前的基础工作，通过初步调查，了解企业对物流信息系统的需求；根据企业的资金、人员与设备等资源条件，提出一个初步的企业物流信息系统的总目标，以及各子系统的目标。

系统目标必须明确开发的物流信息系统的功能是什么，即系统是“做什么的”，哪些信息处理工作由计算机来做，哪些仍由人工来完成；系统划分为哪些子系统，各子系统的目标是什么，初步确定各子系统的基本功能。根据初步调查资料，明确以上内容。

例如，某企业物流信息系统的系统目标为：(1) 建立一个具有市场、销售、经营、资金、成本和物资运输功能的面向全企业的物流信息系统。(2) 该系统为不同层次的管理人员提供各种报表合计。(3) 该系统使用同一套数据库，具有数据的一致性。(4) 具有优化管理功能，包括计划、市场预测和财务预测等。(5) 留有与其他系统的接口，以便扩大系统的功能。

2. 初步调查的内容

初步调查是调查一个企业对信息的总需求，其目的是合理地确定系统目标及可行性研究。为了这些要求与目的，要调查收集企业有关的资料，整理和分析企业的数据处理要求、应用要求、管理功能要求；分析企业现行管理体制，影响其管理水平提高的薄弱环节和“瓶颈”问题；分析建立物流信息系统所能投入的资源及其使用能力；分析外部环境变化对企业生产经营的影响程度等。初步调查的主要内容包括：

(1) 整个企业的概况：企业经营目标、企业的规模、职工人数、产品结构、企业结构以及目前的经营管理水平等。

(2) 现行信息系统的概况：已有的计算机应用项目及其功能等。

(3) 企业与外部的关系：企业的环境因素，和外部单位之间物质、资金或信息的往来关系。

(4) 本企业的领导者、管理部门对物流信息系统的态度、支持的程度（包括人力、资料与数据），对新、老信息系统的看法以及对信息的需求。

(5) 开发物流信息系统的资源：人力、资金以及开发周期等资源情况。

3. 调查方法

调查是获得开发信息的重要方法，系统分析员必须掌握调查方法和工具，还要有与人沟通的技巧和经验。在初步调查和详细调查中常用的方法有：(1) 查阅资料法。(2) 召开调查座谈会法。(3) 调查表法。(4) 实地调查法。(5) 取样调查法。(6) 重点调查法。

（三）项目可行性分析

对于企业来说，超过一定金额的项目必须进行可行性分析，项目可行性分析通过后才能正式开始项目的开发。物流信息系统的开发是一项耗资多、周期长、风险大的工程项目，进行可行性研究，对于避免风险和一些不必要的损失都是十分重要的。有人说，项目可行性分析通过了，肯定要开展项目，项目可行性分析是浪费时间金钱，不用进行项目可行性分析就可以直接进入项目开发。这种观点是不正确的，进行可行性分析是不会让决策者后悔的明智做法。

项目可行性分析指根据系统的环境、资源条件，论证项目是否有进行的必要性和可能性。可行性分析实质上是在初步调查的基础上进行的，收集足够的资料，才能进行判断。

1. 可行性分析的内容

项目可行性分析从项目的技术、经济、社会环境这三个方面，评价论证项目开发的必要性、可能性。

（1）技术上的可行性。

技术上的可行性分析，主要是分析企业现有的技术和可以得到的技术是否满足建设物流信息系统的要求。这里所说的技术指信息技术，包括软件技术、硬件技术、项目开发技术和管理能力。

分析企业现有的技术是否足以建设物流信息系统，如果条件不够，可否从国内和国外得到需要的技术。目前来讲，开发物流信息系统需要的硬件技术基本可以满足要求，从市场上可以购买到需要的硬件设备，如网络设备、计算机服务器、计算机终端、自动化输入设备。尤其是 Internet 的普及，对建设大型物流信息系统的技术支持起到决定性作用。

技术上的限制，主要是资金不足带来的相对技术上的限制。开发大型的物流信息系统的软件技术目前也基本成熟，有许多开发成功的例子，尤其是辅助的开发工具比较多。主要的技术限制条件是项目开发技术和管理能力，是否有掌握计算机硬件和软件应用的人才。考察技术可行性，应重点考察企业的开发人才。

（2）经济上的可行性。

经济上的可行性分析主要包括计算项目的投资回收期，进行成本-效益分析。物流信息系统项目的经济收益难以评价，经济方面的可行性分析着重分析项目的投资和间接效益——社会效益。

物流信息系统开发在经济上的可行性，是指企业可投入的人力、物力、财力等经济资源，能否满足物流信息系统开发与运行管理的需要。例如，需要的硬件费用、软件费用、培训费用、技术咨询费用、考察费用等是多少；开发成本、运行成本是多少；从哪些方面可以提高企业的经济效益，能产生多少效益；直接的收益是多少，间接的收益如何；眼前的收益、长远的收益如何。

物流信息系统开发项目在进行经济上的可行性论证时还应考虑将来系统的升级费用、系统支持软件的升级费用、硬件的升级费用、服务费用（如大型数据库的年度费用）等。

（3）社会环境方面的可行性。

在进行可行性分析时，将不便归类到技术和经济的因素都归入社会环境。社会环境方面的可行性分析主要从企业的内部管理、企业文化和企业外部的环境等方面论证物流信息系统开发的可行性，包括：从社会环境看物流信息系统开发的必要性；在企业的管理上有哪些问题必须用物流信息系统才能解决，否则企业在哪些方面就不能与其他企业竞争；领导是否支持开发工作；员工是否能够很快适应新系统；行业的特殊政策是否会成为系统开发与运行的阻力等。

2. 可行性报告

项目可行性分析要形成一套完整的文档报告。该报告是系统分析过程中的重要文件，是系统分析的重要依据。可行性报告是可行性研究的成果，主要内容有：（1）目标名称；（2）系统现状分析；（3）初步方案；（4）方案的可行性论证；（5）方案当前存在的问题及解决的建议、结论；（6）项目开发初步计划大致进度；（7）项目开发建议；（8）汇报文件；（9）附加材料。

※ 四、信息系统的开发方式

信息系统的开发方式主要有独立开发、委托开发、合作开发、购买成熟软件产品四种，这四种开发方式各有优点和不足，需要根据使用单位的技术力量、资金情况、外部环境等各种因素进行综合考虑和选择。不论哪种开发方式都需要单位的领导和业务人员参加，并在管理信息系统的整个开发过程中培养、锻炼、壮大该系统的维护队伍。

（一）独立开发

独立开发适合于有较强的管理信息系统分析与设计队伍和程序设计人员、系统维护使用队伍的组织与单位，如大学、研究所、计算机公司、高科技公司等单位。独立开发的优点是开发费用少，开发后系统能够满足本单位的需求且满意度较高，最为方便的是系统维护工作。缺点是由于不是专业开发队伍，容易受业务工作的限制，系统优化不够，开发水平较低，且由于开发人员是临时从所属各单位抽调出来进行管理信息系统的开发工作，这些人员在其原部门还有其他工作，所以精力有限，容易造成系统开发时间长、系统维护工作没有保证的情况。因此，进行独立开发，一方面需要大力加强领导，实行“一把手”原则，另一方面可向专业开发人士或公司进行咨询，或聘请他们作为开发顾问。

（二）委托开发

委托开发方式适合于无管理信息系统分析、设计及软件开发人员或开发队伍力量较弱但资金较为充足的单位。双方应签订信息系统开发项目协议，明确新系统的目标和功能、开发时间与费用、系统标准与验收方式、人员培训等内容。委托开发方式的优点是省时、省事，开发的系统技术水平较高。缺点是费用高、系统维护需要开发单位的长期支持。这种开发方式需要使用单位的业务骨干参加系统的论证工作，开发过程中需要开发单位和使用单位双方及时沟通，进行协调和检查。

（三）合作开发

合作开发方式适合于有一定的信息系统分析、设计及软件开发人员，但开发队伍力量较弱，希望通过信息系统的开发建设完善和提高自己的技术队伍，便于系统维护工作的单位。双方共享开发成果，实际上是一种半委托性质的开发工作。优点是相对于委托开发方式而言节约了资金，并可以培养、增强使用单位的技术力量，便于系统维护工作，系统技术水平较高。缺点是双方在合作中沟通易出现问题，需要双方及时达成共识，进行协调和检查。

（四）购买成熟软件产品

目前，软件的开发正在向专业化方向发展。一些专门从事信息系统开发的公司已经开发出一批使用方便、功能强大的专项业务信息系统软件。为了避免重复劳动，提高系统开发的经济效益，也可以购买信息系统的成套软件和开发平台，如财务管理系统、小型企业管理信息系统、供销存管理信息系统等。此方式的优点是节约时间和费用、技术水平较高。缺点是通用软件的专用性较差，需要有一定的技术力量根据用户的要求做软件改善和接口工作等二次开发工作。

总之，不同的开发方式有不同的长处和短处，需要根据使用单位的实际情况进行选择，也可以综合使用各种开发方式。

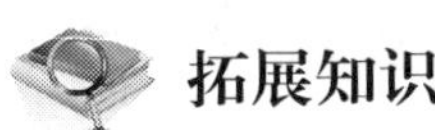

拓展知识

企业资源计划（ERP）

一、ERP 的内涵

企业资源计划（Enterprise Resource Planning，ERP），由国外发展而来，最早由美国的计算机技术咨询和评估机构高德纳公司（Gartner Group Inc.）根据当时信息技术的发展和企业对供应链管理的需求而提出。不同领域对于 ERP 概念的理解也是不同的，所以 ERP 的概念有着比较丰富的内涵和外延。概括来说，ERP 是以信息技术为基础，以信息管理软件为载体，以供应链管理思想为链条，集企业采购、生产、库存、销售、财务、质量管理、业务流程管理、产品数据管理、存货、分销与运输管理、人力资源管理和定期报告系统于一体的企业经营管理平台。ERP 实现了企业所有数据的集成，能够在供应链范围内不断优化企业的资源配置，也方便企业进行绩效的动态监控和管理的持续改善，逐渐成为先进的信息技术与管理思想相融合的现代企业运行模式，在提高企业运行效率的同时，也为企业的管理决策提供更有力的支撑。

二、ERP 的管理思想

ERP 所蕴含的管理思想是 ERP 的灵魂所在，ERP 之所以能做到一经问世就风靡世界、吸引无数企业使用，就是因为其所蕴含的先进管理思想。以下是 ERP 所蕴含的管理思想中较有代表性的几点：

第一，面向供应链的管理思想。所谓供应链，简要来说，是指将企业的生产经营活动进行了前伸和后延，是从采购原料开始到销售产品终止的企业价值增值过程。ERP 的核心管理思想就是供应链思想。ERP 将企业看作整个社会供应链中的一环，而不是一个单独的个体，它要求企业把客户和供应商作为重要因素融入自身的生产经营当中，充分地协调三者资源，通过供应链上的信息交互达到自身生产经营各项工作安排的有效性，降低企业的经营风险。

第二，成本实时控制的管理思想。计划是 ERP 的主线条，在 ERP 系统管理中，也融入了准时制生产方式（JIT）和全面预算管理等思想，这些管理方式都要求企业不仅能做到事前计划、事中监控，还要做到事后分析，在一定程度上体现了 ERP 实时控制的管理思想。

第三，连接企业内外部资源的管理思想。在日益复杂的市场环境下，任何一家企业都不可能具备它所需要的全部资源，所以，企业的资源配置系统并不是一个封闭的体系，而是一个内外部资源统筹、优化的系统。这也是企业在 ERP 环境下供应链管理思想的延伸，将客户需求和供应商的信息资源都纳入企业的 ERP 中，企业内部各个经营环节是内部供应链，同时，企业也是整个社会供应链中的一个节点，企业必须在做到内部供应链协调一致的基础上，将其镶嵌到社会大供应链中去。大数据时代，企业要想取得更高的利润，就必须整合和掌握更多的内外部信息资源，便于更好地协调企业自身的工作。

三、ERP 的功能模块构成

ERP 系统的功能覆盖了企业管理业务运营的各个方面。概括来说，ERP 主要由财务管理、生产管理、物流管理和人力管理四大模块构成。不同的 ERP 系统会有不同的模块设置。如 SAP ERP 系统，主要分为财务会计（FI）、管理会计（CO）、人力资源（HR）、物料管理（MM）、项目管理（PM）、销售与分销（SD）、设备管理（PM）、生产管理（PP）及质量管理（QM）等模块。各个模块分管不同的管理任务，会收集整理好各自的数据，处理好各自的信息流，从而使 ERP 系统可以实现这些信息流的对接和共享。

当前，全球较大的 ERP 供应商有 SAP、Oracle、PeopleSoft、J. D. Edward 和 BaaN，在我国，还有用友、神州数码等 ERP 供应商。这些 ERP 软件的应用实施为企业带来了先进的管理思想和模式，重整与规范了企业的业务工作流程，极大地提高了企业的管理效率和水平，为企业创造了价值。

资料来源：张洁．基于 ERP 系统的 Y 新能源企业采购成本管理应用研究．合肥：安徽大学，2017.

实务案例与分析

制造型企业设备信息管理系统开发过程

制造型企业中的设备组成与功能越来越复杂，设备的性能和状态对生产质量及成本的影响也日益增强，设备管理的复杂度和难度也日益增加。A 企业为加强设备管理，实现企业生产现代化，计划开发一套符合实际业务管理需求的信息管理系统，其中设备信息管理系统是子系统之一。它作为生产保障性系统，与其他子系统有机组合在一起，覆盖 A 企业信息管理的各个层面，构成企业级的信息管理系统。

一、系统分析

设备信息管理系统的开发需要从管理流程调研入手，通过业务分析、流程梳理、数据流分析、数据结构设计、代码编写、系统测试、系统实施等环节，最终达成系统建设的目标。在整个系统设计和开发过程中，重点进行以下系统分析工作。

（一）组织结构分析

A 企业设备管理部门机构设置按照组织职能分为管理科、维修科、采购科、技术科。在机构设置中，与设备管理业务直接相关的部门包括：（1）技术科下属的设备组，主要负责设备台账的建立和维护，设备维修项目和设备改造项目的审查、报批和监管，以及维修预算的制定等与设备管理的计划和控制有关的事务；（2）采购科下属的配件部，负责配件的计划、采购、收货、验收等工作；（3）维修科，负责保障设备正常生产所需的所有维修以及润滑工作。这些部门将是设备信息管理系统的主要使用者，负责设备信息管理系统原始数据的提供和维护。

（二）信息关联分析

针对各设备管理部门的职能和职责划分，确定各科室之间的信息交互和往来的内容，通过明确的标识手段，完整记录信息的形式和内容，以保证系统输入和输出环节信息的完整性，为调研过程中全面搜集凭证、单据、统计报表以及其他信息内容提供保障。任何遗漏的信息源和信息流都可能最终造成软件系统在功能上和处理逻辑上的缺陷。

（三）业务流程调研与分析

A 企业设备管理领域业务流程图的绘制使用了传统绘制方法，以体现业务流程中的处理过程和逻辑顺序为核心内容，对设备采购、设备维修、财务管理、申请管理、档案管理、预算管理、技术管理等关键业务流程进行了彻底的分析与绘制，将 A 企业设备管理整个过程及其内在关系完整地体现出来。

（四）数据流程分析

结合计算机处理能力的优势和限制，对业务流程分析结果进行取舍，将可以通过计算机系统实现的处理过程筛选出来，并根据 IT 建设步骤，将已经纳入本期开发计划范围的功能提炼出来，以此完成以数据形式和内容表征为特征的系统分析关键环节——数据流程图的绘制工作。

A 企业设备管理数据流程图的绘制主要集中于处理过程规范性强、可重复性高的信息管理内容，在设备档案管理、采购管理、维修管理等方面可进行明确的信息化开发，这部分内容也是信息系统所要实现的主要功能。

（五）数据库建设

A 企业设备管理系统的数据库设计使用了先进的关系-实体模型（E-R 模型）。以此模型建立的 E-R 图提供了表示实体、属性和联系的方法，用来描述现实世界的概念模型。在对设备管理系统关键数据元素进行真实描述之后，系统功能和处理逻辑实际上就已经确定了。

二、核心功能界定

在完成以上系统分析过程之后，就可以对软件系统的架构和核心功能进行清晰的界定了，主要完成如下工作。

（一）系统总体结构确定

A 企业信息自动化系统体系结构采用浏览器/服务器（B/S）结构，这种结构可以满足低成本、高灵活性、简单易用的需求，是未来企业信息系统的发展方向。

在 B/S 结构中，用户工作界面是通过 WWW 浏览器来实现的，主要事务逻辑在服务器端（Server）实现，而服务器端更可细分为应用层和数据层，形成所谓三层结构。这样就大大简化了客户端计算机载荷，减轻了系统维护与升级的成本和工作量，降低了用户的总体成本。

应用层是由系统管理、生产管理、设备管理、销售管理、财务管理、项目管理与办公业务自动化等七个分系统组成的应用系统服务器，是A企业设备管理系统的核心层。

通过系统集成技术，设备管理系统和企业其他系统一起构成了A企业的信息系统。它是面向整个企业的信息系统，涉及多个部门的管理业务和信息传递，因此，在进行系统分析时，必须从企业全局出发，综合考虑各相关部门的管理业务，统一规划，实现各尽所能、各取所需的统一系统。

（二）功能目标分析

企业设备管理信息系统的开发，将通过对企业设备购置、运行、维修、改进等各种技术活动的规范化管理，最有效地发挥设备效能，提高企业的生产效率和经济效益。

该设备管理信息系统所要实现的功能目标包括：

（1）支持系统运行、维护、报废等管理，对企业内的设备档案、运行状态、维修计划等进行维护、查询，为各级管理部门提供所需的设备统计、数据查询服务。

（2）支持辅助编制设备维修计划功能；提供历次设备维修情况的输入、存储功能；提供反映维修计划、执行情况的相关数据；提供维修分析功能。

（3）通过有效地进行设备运行状态检查以及各类定检，保证设备的安全运行，尽最大可能减少突发性故障次数，延长设备的运行寿命，缩短维修周期，以达到降低成本的目的。

（4）提供设备完好率、设备利用率、设备效率、设备事故等统计数据，以反映设备技术状态和管理水平。

（5）与设备仓库调度管理系统集成，制订合理的备件库存管理计划，灵活把握库存、采购、存储、质检等多角度的管理，动态地进行库存跟踪，在保证维修周期和维修质量的基础上，合理地保持库存量，减少库存积压。

（6）对工作指令和工卡系统进行有效管理，使之在设备维修工作中重复发挥管理、监督和数据归集的作用。

（7）通过有效的数据采集和数据积累，对信息进行趋势分析和判断，更加合理地指导生产和管理。

（8）设备管理系统应将全厂的设备管理部门联系起来，实现数据共享，形成一个完善的设备管理体系，实现整个A企业的设备及设备维修业务的统一管理。

资料来源：李波，王谦．物流信息系统．北京：清华大学出版社，2008.

分析与讨论：

（1）系统分析人员是如何开展对A企业的组织结构分析的？

（2）除案例中提到的B/S结构外，还有哪些体系结构？试分析除B/S结构外，该子系统还可以采用哪种结构，这两种结构的优劣分别是什么。

项目化实务训练

赛勤运输公司物流信息系统分析

一、实训目标

能够根据企业的实际需求，设计赛勤运输公司的组织结构。

根据公司业务现状，绘制出该运输公司业务流程图。

二、实训要求

1. 熟悉赛勤第三方运输软件，操作步骤详见第六章“典型的物流信息系统”（实训项目）。

2. 分析该软件涉及的业务内容。

（1）分析与该运输公司有业务往来的外部单位，一般可以是客户类型和车队。

（2）根据软件操作，画出从订单管理开始到最后环节的运输收入的业务流程草图。

（3）分析该物流公司所需的必要的部门，如市场部、运输部等，分析这些部门的岗位职责，结合第（2）步的业务流程草图，将不同的业务操作归入其对应的部门中。如有必要，可以对公司的部门进行一定的调整，以与各项业务操作相吻合。

（4）画出最后确定好的该公司的组织结构图，并确定每个部门的岗位职责。

（5）画出该公司跨职能业务流程图，建议用 Visio 软件画（从软件模块类别中选择“商务”，选择“跨职能流程图”，即可作图）。

3. 作业提交的形式为 Word 文档：

第一部分为一张组织结构图，后附上每个部门的职责；

第二部分为用 Visio 软件所画的跨职能业务流程图，可直接复制到 Word 上，并用文字简要说明该流程。

三、考核标准（见表 5－2）

表 5－2　项目化实务训练考核标准

项目化实务训练	考核项目	内容	分值
赛勤运输公司物流信息系统分析	组织结构设计	设计赛勤运输公司组织结构	25
		确定各部门职责，要求权责清楚，管理高效	15
	流程设计	根据赛勤软件和设计的组织结构，为赛勤运输公司设计跨职能业务流程图	35
		用文字说明流程与涉及的部门，要求能做到有效衔接	25

课后测试

一、选择题（第 1～5 题为单选，第 6～9 题为多选）

1. ________系统是指物流信息系统接收客户指令或接收交易指令的系统。

A. 管理控制　　B. 决策分析

C. 制订战略计划　　D. 基础信息

2. ________是面向主题的、集成的、稳定的、不同时间的数据集合，用以支持经营管理中的决策制定过程。

A. 数据库技术　　B. 数据仓库

C. 信息资源　　D. 数据

3. ________是早期最简单的信息系统，整个信息系统运行在一台计算机上，由一个用户占用全部资源，不同用户之间不共享和交换数据。

A. C/S体系结构　　B. B/S体系结构

C. 单用户体系结构　　D. P2P体系结构

4. 物流信息系统的分析人员在开始的时候对企业和业务不熟，需要________才能深入了解。

A. 调查　　B. 可行性分析　　C. 立项　　D. 评价

5. ________适合于有较强的管理信息系统分析与设计队伍和程序设计人员、系统维护使用队伍的组织与单位。

A. 委托开发　　B. 合作开发

C. 独立开发　　D. 购买成熟软件产品

6. ________、________、________属于管理控制系统层次的功能。

A. 成本分析　　B. 仓储作业　　C. 顾客服务评价

D. 质量指标分析　　E. 配送处理

7. 物流信息系统的基本组成要素有________、________、________、________、________等。

A. 硬件　　B. 软件　　C. 信息资源

D. 人员　　E. 物流管理思想

8. 开展物流信息系统规划时必须遵循________、________、________原则。

A. 可扩展性　　B. 技术性　　C. 完整性

D. 可靠性　　E. 经济性

9. 物流信息系统项目书内容包括________、________、________、________。

A. 当前系统存在的问题与现状概述

B. 可行性分析报告

C. 新系统应该实现的目标

D. 可提供的开发资源

E. 开发进度的要求

二、判断题（对的打“√”，错的打“×”）

1. B/S体系结构取消了服务器的中心地位，各个系统内的计算机可以通过交换直接共享计算机资源和服务。（　　）

2. 条码系统属于数据自动采集系统。（　　）

3. 系统实施是物流信息系统建设生命周期的第一阶段。（　　）

4. 开发物流信息系统要提出项目，进行立项。开发项目一般由物流企业自己提出，也可以由物流企业的客户提出。（　　）

5. 合作开发方式适合于使用单位无管理信息系统分析、设计及软件开发人员或开发队伍力量较弱但资金较为充足的单位。（　　）

三、简答题

1. 简述B/S与C/S结构的主要区别。

2. 简述系统总体规划的步骤。

第六章　典型的物流管理信息系统

教学目标

● **知识目标**

1. 了解仓储管理信息系统、运输管理信息系统和配送中心管理信息系统的定义。

2. 熟悉仓储管理信息系统、运输管理信息系统和配送中心管理信息系统的组成和结构。

3. 掌握仓储管理信息系统、运输管理信息系统和配送中心管理信息系统的业务流程，以及各模块的功能。

● **技能目标**

能够根据任务，完成仓储管理信息系统、运输管理信息系统和配送中心管理信息系统的操作流程。

案例导入

贰仟家汽车新服务有限公司成立于 2006 年，是一家集货物运输、物流配送、仓储服务、信息管理为一体的现代化、专业化的第三方物流服务企业，是国家 AAAA 级综合型物流服务企业、国家商贸物流标准化专项行动第三批重点推进企业。目前，公司有 20 000m^2 分拣平台、60 000m^2 现代化储运仓库，公司自有运输车辆 500 余辆，挂靠车辆 400 余辆，员工近1 500人，长期客户达 10 万个，物流网络遍布京、津、冀、鲁、苏、皖、鄂、陕、晋等 14 个省（自治区、直辖市），开辟全国物流专线 30 余条，在全国设有 173 家加盟营业部。

由于各行业物流需求的不断增加，公司原先执行的手写开单、人工拣货、人工盘点等传统物流作业方式不仅时效低、安全性差，而且客户体验也差，无法满足客户日益增长的物流需求，更限制了企业效率的提高，从而使企业发展受到影响。

近年来，公司自主研发并实施了具有知识产权的物流信息系统，功能模块包括：仓储信息系统、运输信息系统、配送信息系统、系统财务接口等。物流信息系统实施后效益明显：(1) 所有物流环节更加透亮明晰，大大提高了公司管理和运营水平，节省了大量作业、沟通、调度的时间；(2) 提高了物流运输时效和质量；(3) 提升了客户物流服务体验。

因此，物流信息系统的投入与实施，无形中提升了企业形象和口碑，对企业核心竞争力的提高也起到了极大的推动作用。

资料来源：中国物流与采购网．贰仟家汽车新服务有限公司：信息化应用案例．(2018-07-27)[2019-03-20]. http://www.chinawuliu.com.cn/information/201807/27/333267.shtml.

第一节 仓储管理信息系统

什么是仓储管理信息系统？仓储管理信息系统由哪几部分组成，各部分的结构是怎样的？仓储管理信息系统的功能模块有哪些？仓储管理信息系统的应用如何？

一、仓储管理信息系统概述

广义的仓储管理信息系统（WMS）是物流信息系统的重要组成部分，主要涉及仓储基础信息管理、库存水平管理、仓库作业、拣货线路、人员与工作任务安排、估计产品可得率、仓库设施设备维护和保养等管理内容。仓储管理信息系统可以包含订单系统、出入库作业系统、库内管理系统等多个子系统，也可以作为一个独立运行的系统。狭义的仓储管理信息系统，是一个实时的计算机软件系统，它能够按照运作的业务规则和运算法则，对信息、资源、行为、存货和分销运作进行更加完美的管理，使其满足最大化有效产出和精确性的要求。仓储管理系统能有效地对仓库作业流程和空间进行管理，全面控制并实现批次管理、快速出入库、动态盘点等，以先进的仓储管理理念，以仓储运作流程为核心，以物流信息技术为依托，通过信息管理的人机交互系统，实现物流仓储信息的收集、储存、加工、转换及辅助决策，从而提高仓储空间的利用率，以及管理的质量和效率。

二、仓储管理信息系统的组成

仓储管理信息系统由计算机管理软件系统、硬件和物流设施设备组成。

计算机管理软件系统组织结构按功能可分为：基础信息管理、入库管理、库内管理、出库管理、信息查询、费用结算等，如图 6-1 所示。

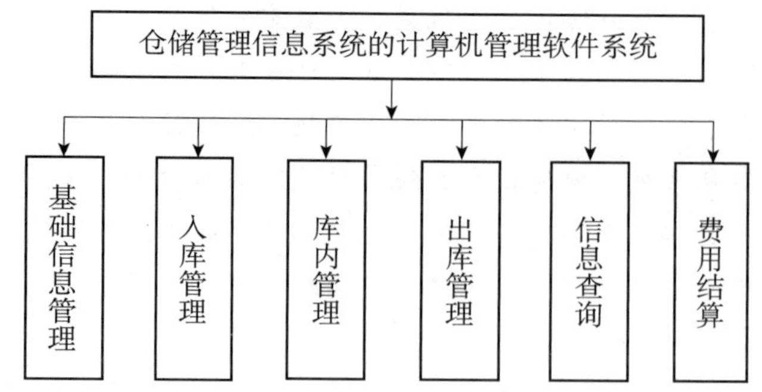

图 6-1 仓储管理信息系统的计算机管理软件系统结构

仓储管理信息系统的硬件和物流设施设备组织结构如图 6－2 所示。

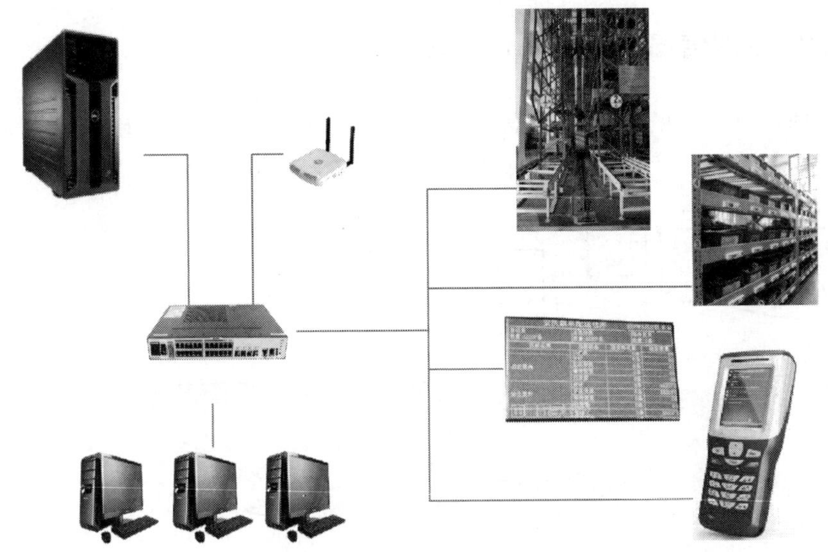

图 6－2　仓储管理信息系统的硬件和物流设施设备组织结构

三、仓储管理信息系统的功能模块

仓储管理信息系统在各类仓库中应用时，由于仓库的类型不同，如公共仓库、生产仓库和配送中心仓库等，所使用的仓储管理信息系统也会有所不同，其功能模块主要有以下四个。

（一）基础信息管理

在仓储管理信息系统中，基础信息是一切作业的根本，如部门、人员、货品、供应商、客户、仓库、区域、储位、叉车、托盘、货架、电子标签等为仓储管理作业提供各类基础信息，使得各项作业都能有数据支持。

（二）出入库管理

在出入库作业时，仓储管理信息系统能按照出入库的既定流程，对作业进行信息流传递，保障作业的实物流顺利完成。当作业中人员沟通出现阻碍时，仓储管理信息系统能起到良好的信息传递和交流作用，使得出入库作业能有效地完成。

（三）库存管理

仓储管理信息系统可以根据出入库的物动量，经过大数据分析，对货物实行移库、转仓、补货、退货、报损等作业，对仓库的使用进行科学的管理，改善库存环境，从而有效地提高仓库的使用率。

（四）绩效管理与决策

通过仓储管理信息系统的查询功能，可及时了解仓库的库存、物动量等信息，辅助管理层对仓库资金流的管理，以及通过数据分析，完成仓库高效管理的决策。

※ 四、仓储管理信息系统的操作流程

仓储管理信息系统的操作流程根据仓储作业可分为四部分：基础信息填制、出入库管理（如图 6－3、图 6－4 所示）、库内管理和查询与决策管理。

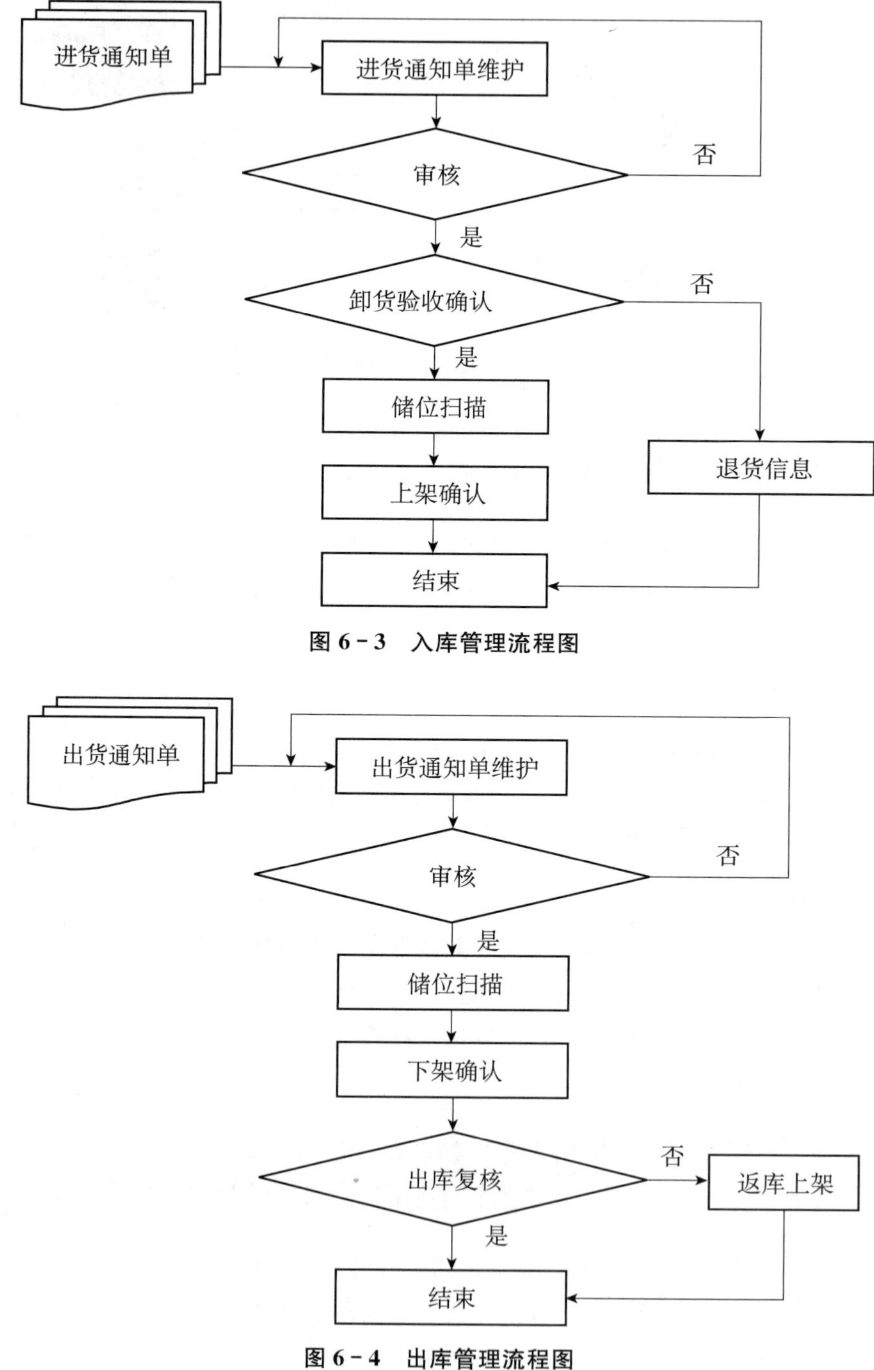

图 6－3　入库管理流程图

图 6－4　出库管理流程图

※ 五、仓储管理信息系统的应用

仓储管理信息系统（WMS）是仓储管理信息化的具体形式，已经被广大企业认同和接受，其在我国的应用主要有三种方式：（1）使用市场上比较成熟的 WMS 软件，但由于企业特点不同，所应用的模块或功能也不同；（2）企业根据自身的情况，通过外包的方式，请软件公司量身定制，但由于软件公司对企业业务流程不太了解，所以在开发上很难做到精细化，在实际业务处理中经常会出现一些问题；（3）企业参与软件开发，或自身有软件开发能力，自行研发，这类系统往往比较适合企业自身情况，应用情况也比较理想。

随着现代化仓储技术的发展和规模化，仓储管理信息系统逐渐被各企业所采用，以下介绍三款常见的仓储管理信息系统。

（一）SAP 仓储管理系统

SAP 是世界领先的企业管理软件公司，SAP 仓储管理信息系统可以实现对企业仓储过程的高效管理。其主要职能有：（1）定义和管理仓库中的存储区和仓位；（2）处理所有的记账和事务，例如收货、发货、转储等；（3）监控库存变动情况；（4）按仓位进行存储；（5）确保存储管理系统与仓库实际库存信息一致；（6）与材料管理系统、产品计划系统、质量管理系统、销售与分销系统集成。利用 SAP 仓储管理系统，可以实现对企业各区域的复杂库存结构的管理，包括可用存储、闲置存储、冻结存储等，以及生产供应、发货和收货等区域。

（二）用友 ERP 仓储管理系统

用友 ERP 是国内领先的企业管理软件，其仓储管理信息系统在国内也有着较为广泛的应用。从业务流程上看，用友 ERP 仓储管理信息系统主要包括原材料和产成品编码、ERP 入库、生产加工单的生成、ERP 出库等流程；从业务功能上看，主要包括仓库档案建立、入库业务、出库业务、调拨业务、盘点业务、形态转换业务、库存与存货对账、月末结账、报表查询等模块。用友 ERP 仓储管理信息系统基本涵盖了企业仓储管理信息系统的方方面面，并且实现了与生产制造、账务、人力资源、销售等其他企业资源计划子系统的集成与联结。

（三）诺思仓储管理系统

诺思仓储管理系统可以对不同地域、不同属性、不同规格、不同成本的仓库资源实现集中管理，它采用条码、射频等先进的物流技术设备，对出入仓货物进行联机登录、存量检索、容积计算、仓位分配、损毁登记、简单加工、盘点报告、租期报警和自动仓租计算等仓储信息管理，支持包租、散租等各种租仓计划，支持平仓和立体仓库等不同的仓库格局，并可向客户提供远程的仓库状态查询、账单查询和图形化的仓储状态查询。

以上三款仓储管理信息系统各有各的特点，仓储企业可以根据自己的需求，选择适合自身业务需要的 WMS。

项目化实务训练

赛勤仓储管理信息系统

一、实训目的

了解WMS在生产企业与物流活动实际中的应用，熟练运用WMS系统，并能完成具体实训项目，完成率在95%以上，正确率在90%以上，时间在40分钟以内。

二、实训要求

（一）基础信息

现在你的角色是第三方物流公司仓储部的仓储管理员。人员代码为CC加学号，如张大明的人员代码为CC31211601。仓库、仓库区域信息及仓库储位信息如表6-1、表6-2、表6-3所示。

表6-1 仓库信息表

仓库编码	仓库名称	仓库类型	地址
0001	高沙1号库	普通仓库	杭州下沙学林街1266号
0002	萧山1号库	保税仓库	杭州经十路1308号

表6-2 仓库区域信息表

仓库编号	区域编号	区域名称	区域类型
0001	001	饮料区	储存区
0001	002	卸货区	卸货区
0001	003	备货区	备货区
0002	001	饮料区	储存区

表6-3 仓库储位信息表

仓库编号	区域编号	储位编号	容积（m^3）	长×宽×高（m）
0001	001	01	1.2	1.2×1×1
0001	002	02	3	2×1.5×1
0001	003	03	3	2×1.5×1
0001	001	02	1.2	1.2×1×1
0002	001	01	1.2	1.2×1×1

公司信息如下所示：

（1）客户编号：KH001；客户名称：杭州牛牛食品有限公司；简码：NNSP；城市：杭州；国家：中国；地址：杭州市下沙经济技术开发区15号路368号；邮编：310018；联系部门：销售部；联系人：蒋星星；电话：0571-86738338；传真：0571-86656899；主页：www.niuniu.com.cn；E-mail：zjun@niuniu.com。

（2）客户编号：KH002；客户名称：杭州联华华商集团有限公司；简码：LHHS；城市：杭州；国家：中国；地址：杭州市下城区青春路86号；邮编：310003；联系部门：销售部；联系人：姚定远；电话：0571-87251201；主页：www.zjlianhua.com。

其他需要的信息，请自行填补完整。

（二）任务背景

现接到杭州牛牛食品有限公司的进货通知单，收货方是杭州联华华商集团有限公司，其中货品信息如表6－4所示。

表6－4　货品信息表

货品编号	货品名称	型号	类别	数量	单价
BLC001	牛牛冰绿茶	500ml×24	饮料	64箱	84元
BHC001	牛牛冰红茶	500ml×24	饮料	64箱	84元

（三）具体任务

任务1：将牛牛冰绿茶入库到0001仓库001区域01储位，牛牛冰红茶入库到0001仓库001区域02储位。

任务2：将其中的10箱牛牛冰红茶货物出库。

任务3：将10箱牛牛冰绿茶从0001仓库001区域01储位转移到0001仓库001区域02储位。

任务4：将12箱0001仓库001区域01储位的牛牛冰绿茶转至0002仓库，形成转仓单。

任务5：发现在0001仓库001区域01储位的6箱牛牛冰绿茶马上就要过期，所以对其进行退货处理。

任务6：发现在0001仓库001区域01储位的2箱牛牛冰绿茶已过有效期，所以进行报废处理。

任务7：对0001仓库的牛牛冰绿茶完成库内盘点，要求生成盘点单，实际盘存数据与账面一致，即没有盘亏盘盈，并审核结转后盘点单。

任务8：进行货品库存查询。

（注：项目化实务训练中的数据仅供参考。）

三、评分标准（如表6－5所示）

表6－5　项目化实务训练评分标准

考核大类	具体内容	评分标准	分值
基础数据录入（30分）	部门、工种职务、雇员分组、人员、货品、公司、仓库类型、仓库、区域和仓库储位等信息录入	每项信息完全录入正确得3分；基本录入正确得2分；录入情况欠佳得1分；完全没有录入得0分	30
入库操作（15分）	进货通知单	能够正确填写进货通知单的基本信息，完成货物的选择，并且能填对进货数量	4
	打印卸货单	能够正确查询卸货单，并且打印	3
	入库操作	能够正确选择卸货指定区，并选择相关货物和确定数量	4
	入库指派	能够正确填写单号，并将货物放入指定的储位中	4

续前表

考核大类	具体内容	评分标准	分值
出库操作（15分）	出库通知单	能够正确填写出库通知单的基本信息，完成货物的选择，并且能填对出货数量	4
	打印拣货单	能够正确查询拣货单，并且打印	3
	出库备货	能够正确选择出库备货区，并且选择好出库的区域和储位	4
	出库	能够正确选择单号，并对出库数量作出确认	4
转储操作（3分）	转储单维护	能够正确选择货主编号、货品名称以及转入和转出的储位地址	3
转仓操作（5分）	转仓单维护	能够正确选择两个仓库地址和具体的转仓区域储位地址	3
	转仓单审核	能够正确对转仓单进行审核	1
	转仓单结转	能够正确对转仓单进行结转	1
退货操作（5分）	退货单维护	能够正确选择退货商品的货品编号、货品名称、所在储位位置以及具体退货原因	3
	退货单审核	能够正确对退货单进行审核	1
	退货单结转	能够正确对退货单进行结转	1
报废操作（5分）	报废单维护	能够正确选择报废商品的货品编号、货品名称、所在储位位置以及具体报废原因	3
	报废单审核	能够正确对报废单进行审核	1
	报废单结转	能够正确对报废单进行结转	1
盘点操作（7分）	生成盘点单	能够正确查询盘点单，并按要求对具体位置和货品进行盘点单生成	3
	确定实际盘存数量	能够正确对实际的盘存数量进行确定	2
	审核盘点单	能够正确对生成的盘点单进行审核	1
	盘存差异结算	能够正确对生成的盘点单进行盘存差异结算	1
库存查询（5分）	具体查询操作	能够正确查询相关货物对应的仓库位置和数量情况	5
完成时间（10分）	考核时间要求	能够在40min内完成实训操作的得10分；每超5min扣2分	10

四、实务操作参考

（一）基础数据设置

基础数据包括部门信息、工种职务、雇员分组、人员信息、货品信息、公司信息、仓库类型、仓库基本信息、区域信息表、仓库储位等。

1. 部门信息

依次点击“基础数据”“部门”，在部门菜单里填入部门编号（BM001）和部门名称（仓储部），点击保存按钮，然后退出。

2. 工种职务

依次点击“基础数据”“工种职务”，在工种职务菜单里填入工种职务编号（GZ001）和工种职务名称（仓储管理员），点击保存按钮，然后退出。

3. 雇员分组

依次点击“基础数据”“雇员分组”，在雇员分组菜单里填入雇员分组编号（GY001）和雇员分组名称（仓储部一组），点击保存按钮，然后退出。

4. 人员信息

依次点击“基础数据”“人员信息”“人员信息维护”，填入如下信息：人员编号——CC31211601；姓名——张大明；性别——男；出生日期——1975 年 8 月 15 日；部门选择下拉菜单中的“仓储部”；分组选择下拉菜单中的“仓储部一组”；职务选择下拉菜单中的“仓储管理员”。然后点击保存按钮并且关闭。

5. 货品信息

依次点击“基础数据”“货品信息”“货品信息维护”，在货品信息维护菜单里填入两种货物的货品编号、货品名称、型号、类别和单价，点击保存按钮并且关闭。

6. 公司信息

依次点击“基础数据”“公司信息”“公司信息维护”，在公司信息维护菜单里填入上述两个公司的具体信息，点击保存按钮完成操作。

7. 仓库类型

依次点击“基础数据”“仓库类型”“仓库类型维护”，在仓库类型维护菜单里填入基本资料，分别填入两种仓库类型：CKLX01 普通仓库、CKLX02 保税仓库，如图 6－5 所示。

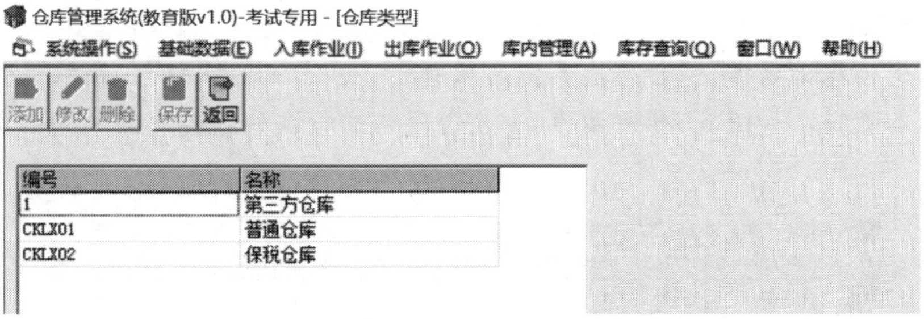

仓库管理系统(教育版v1.0)-考试专用 - [仓库类型]

系统操作(S)　基础数据(E)　入库作业(I)　出库作业(O)　库内管理(A)　库存查询(Q)　窗口(W)　帮助(H)

添加　修改　删除　保存　返回

编号	名称
1	第三方仓库
CKLX01	普通仓库
CKLX02	保税仓库

图 6－5　添加两种仓库类型

8. 仓库基本信息

依次点击“基础数据”“仓库基本信息维护”“仓库信息维护”，在仓库信息维护菜单里填入两个仓库的基本资料，如图 6－6 所示为高沙 1 号库的添加。

9. 区域信息表

依次点击“基础数据”“仓库基本信息维护”“区域信息维护”，在区域信息维护菜单里填入基本资料，如图 6－7 所示为 001 号区域的添加，其他区域的添加步骤与此相同。

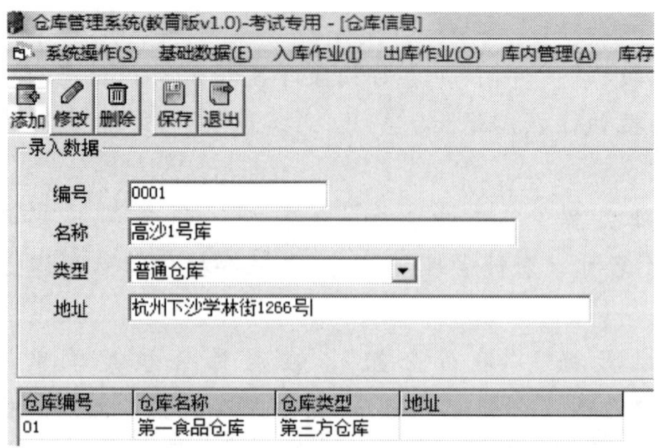

图 6-6　添加仓库基本信息

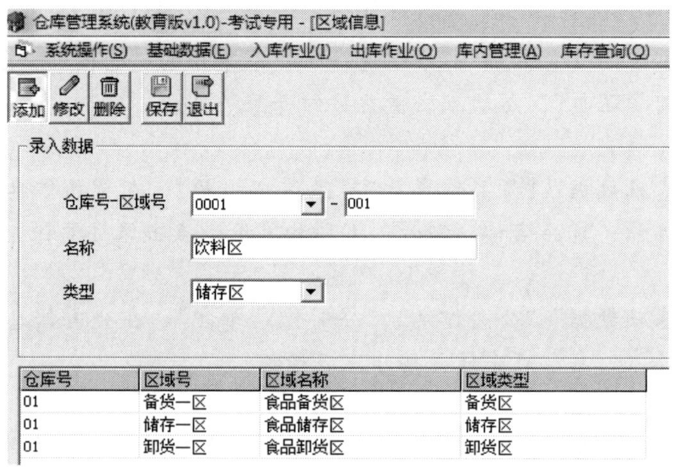

图 6-7　添加区域信息表

10. 仓库储位

依次点击“基础数据”“仓库基本信息维护”“储位信息维护”，在储位信息维护菜单里填入基本资料，如图 6-8 所示为 01 号仓库储位的添加，其他储位的添加步骤与此相同。

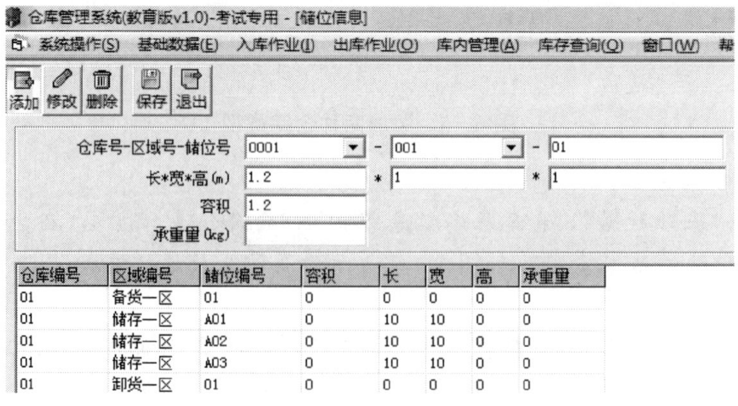

图 6-8　添加仓库储位

（二）入库操作

1. 填写进货通知单

依次点击“入库作业”“进货通知单”，在弹出的界面中，填入相关信息，如图 6－9 所示，完成后点击保存按钮。

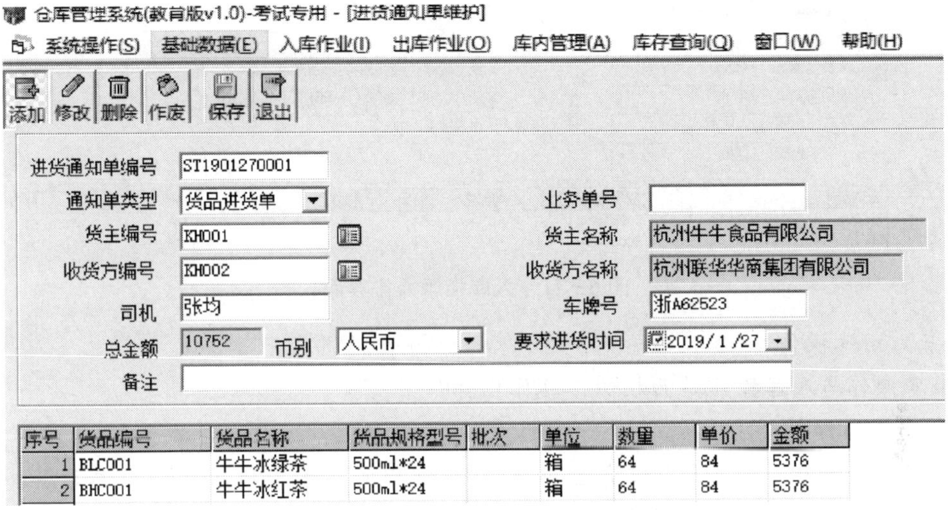

图 6－9 填写进货通知单

2. 打印卸货单

依次点击“入库作业”“打印卸货单”，点击查询按钮，选择入库时间，点击确定按钮后，在出现的界面中选中两张单号，点击“打印”即可。

3. 入库

依次点击“入库作业”“入库”，选择和填入相关信息，完成后点击保存按钮，如图 6－10 所示。

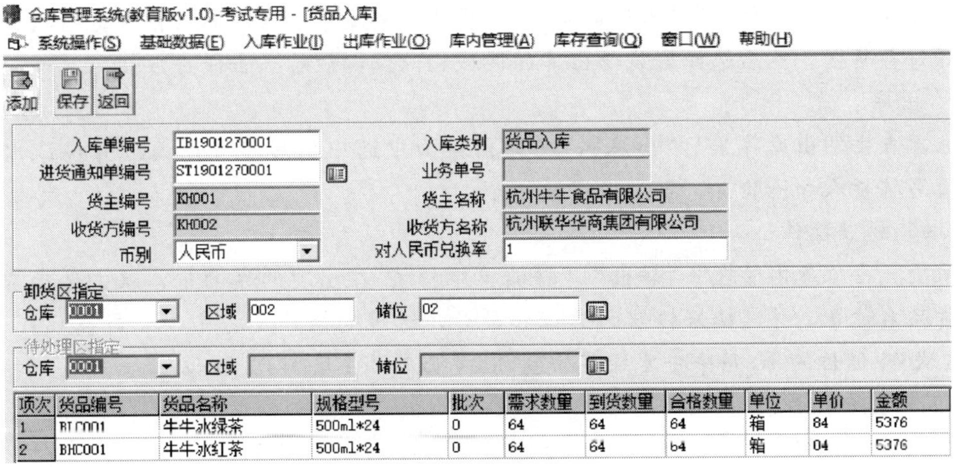

图 6－10 入库操作界面

4. 入库指派

依次点击“入库作业”“入库指派”，选中刚才那张单号，在下方的位置选择好两种货物放入的指定位置，点击保存按钮，如图 6－11 所示。

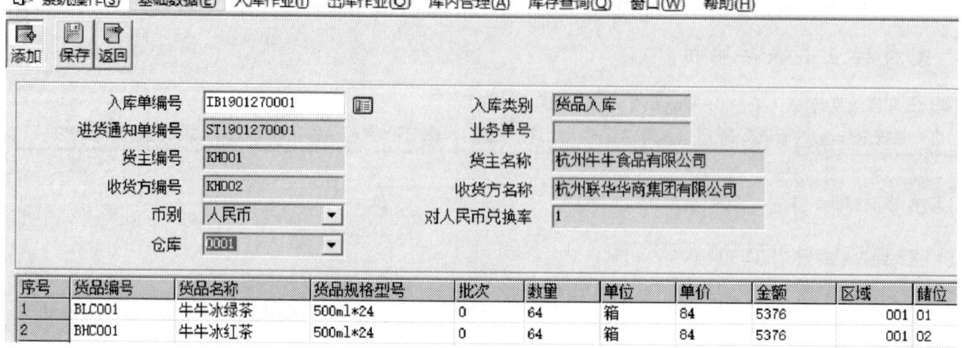

图 6－11　入库指派操作界面

（三）出库操作

出库操作与入库操作界面相似，具体操作如下。

1. 出货通知单

依次点击“出库作业”“出货通知单”，在弹出的界面中填入相关信息，其中货主编号和收货方编号分别在后面的小框中进行选择，选中牛牛公司和联华华商，要求出货时间改为表中所规定的日期。在底下部分，双击空白处，调出冰红茶，并按要求填上数量 10 箱，系统会自动结算出金额。同时填入司机的相关信息，最后点击保存按钮。

2. 打印拣货单

依次点击“出库作业”“打印拣货单”，点击查询按钮后，选中单号进行拣货单的打印即可完成操作。

3. 出库备货

依次点击“出库作业”“出库备货”，出货通知单编号可在后面的框中进行选择，另外选择好备货区，然后选择好货物出库的区域和储位，最后点击保存按钮。

4. 出库

依次点击“出库作业”“出库”，在弹出界面中选中出库单号，填好并确认出库数量，填写拣货人和检验员，点击保存按钮。

（四）转储操作

依次点击“库内管理”“转储”“转储单维护”，在出现的界面中，双击选择货主编号、货品名称等，并选择好转储的储位和数量，这里的操作是将牛牛公司在 0001 仓库 001 区域 01 储位的 10 箱牛牛冰绿茶转到 0001 仓库 001 区域 02 储位。

（五）转仓操作

1. 转仓单维护

依次点击“库内管理”“转仓作业”“转仓单维护”，选择转出仓库为 0001 仓库，转入仓库为 0002 仓库，将 0001 仓库 001 区域 01 储位 12 箱牛牛冰绿茶转移到 0002 仓库 001 区域 01 储位，如图 6－12 所示。

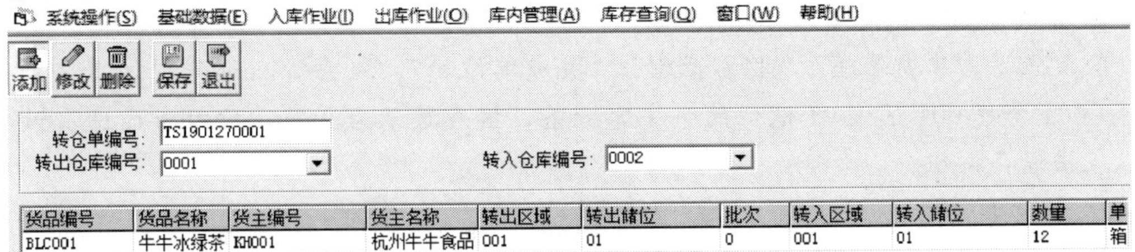

图 6-12　转仓单维护

2. 转仓单审核

依次点击“库内管理”“转仓作业”“转仓单审核”，在出现的界面中双击下方的转仓单编号，会出现转仓单号，点击审批按钮完成审核操作，如图 6-13 所示。

图 6-13　转仓单审核

3. 转仓单结转

依次点击“库内管理”“转仓作业”“转仓单结转”，双击转仓单编号，点击结转按钮完成结转操作，如图 6-14 所示。

图 6-14　转仓单结转

（六）退货操作

1. 退货单维护

依次点击“库内管理”“退货管理”“退货单维护”，双击货品编号、货品名称等，选择 0001 仓库 001 区域 01 储位的牛牛冰绿茶，退货数量为 6 箱，原因为马上要过有效期，最后点击保存按钮。

2. 退货单审核

依次点击“库内管理”“退货管理”“退货单审核”，选择退货单编号，点击确定按钮，然后退出。

3. 退货单结转

依次点击“库内管理”“退货管理”“退货单结转”，选择退货单编号，点击确定按钮，然后退出回到主界面完成退货的所有操作。

（七）报废操作

1. 报废单维护

依次点击“库内管理”“报废管理”“报废单维护”，双击货品编号、货品名称等，选择 0001 仓库 001 区域 01 储位的牛牛冰绿茶，报废数量为 2 箱，原因为已过有效期，最后点击保存按钮。

2. 报废单审核

依次点击“库内管理”“报废管理”“报废单审核”，选择报废单编号，点击确定按钮，然后退出。

3. 报废单结转

依次点击“库内管理”“报废管理”“报废单结转”，选择报废单编号，点击确定按钮，然后退出回到主界面完成报废的所有操作。

（八）盘点操作

1. 生成盘点单

依次点击“库内管理”“盘点”“生成盘点单”，点击“查询盘点内容”，在仓库栏里输入 0001 仓库，如图 6－15 所示。

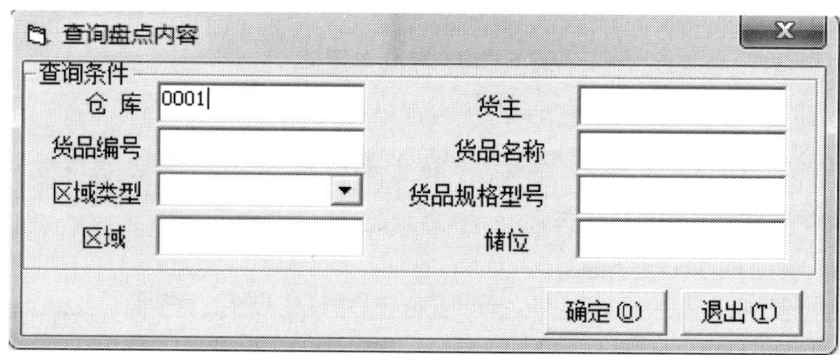

图 6－15　盘点内容查询

点击确定后，选中界面中 0001 仓库的牛牛冰绿茶，点击保存按钮，如图 6－16 所示。

仓库管理系统(教育版v1.0)-考试专用 - [新建盘点单]

系统操作(S)　基础数据(E)　入库作业(I)　出库作业(O)　库内管理(A)　库存查询(Q)　窗口(W)　帮助(H)

添加　删除　保存　退出

盘点单编号：C01901270001

备注：

选择盘点范围：查询盘点内容(Q)

序号	仓库	区域	储位	货品编号	货品	货品规格号	货主	区域类型	批次	数量	单位
☑1	0001	001	02	BLC001	牛牛冰绿茶	500ml*24	KH001	储存区	0	10	箱
☐2	0001	001	02	BHC001	牛牛冰红茶	500ml*24	KH001	储存区	0	54	箱
☑3	0001	001	01	BLC001	牛牛冰绿茶	500ml*24	KH001	储存区	0	34	箱

图 6－16　具体盘点货物清单

2. 实际盘存数据录入

依次点击“库内管理”“盘点”“实际盘存数据录入”，点击盘点单编号右边的小框，选择好单号后，填好实际盘存数量，点击确定完成操作，如图 6-17 所示。

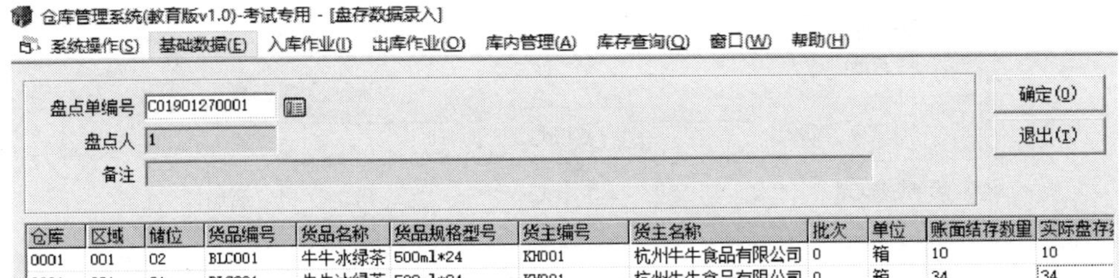

图 6-17　实际盘存数量确定

3. 审核盘点单

依次点击“库内管理”“盘点”“审核盘点单”，在出现的盘点单审批菜单中，选择盘点单右边小框里的单号，点击审批按钮完成审核，然后点退出按钮返回主界面，如图 6-18 所示。

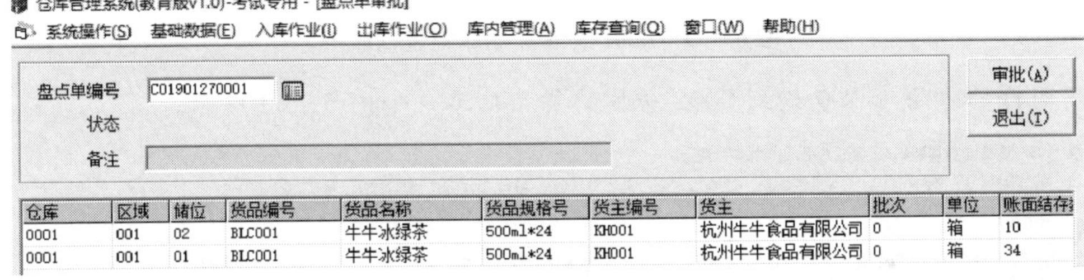

图 6-18　盘点单审批

4. 盘存差异结转

依次点击“库内管理”“盘点”“盘存差异结转”，在出现的界面中，双击下方的盘点单编号，上方结转按钮左边的盘点单编号自动填入，同时在下方还会出现相关的盘点仓库信息，如图 6-19 所示。

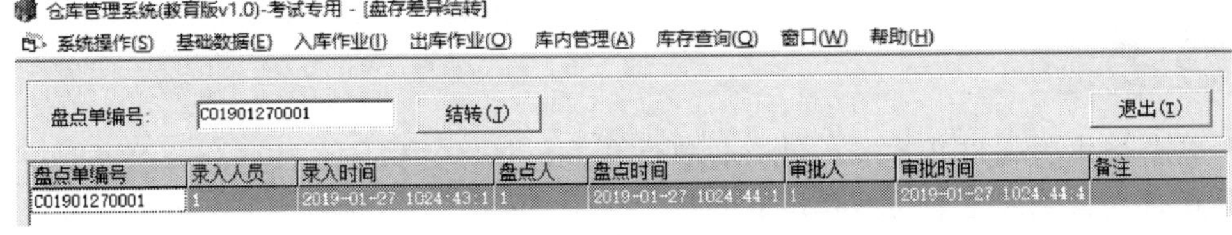

图 6-19　盘存差异结转

点击结转按钮，完成盘点操作，再点击退出按钮，回到主界面。至此完成全部的盘点操作。

（九）货品库存查询

根据相关客户和储位信息进行查询。依次点击“库存查询”“货品库存查询”，然后点击查询按钮，在仓库下拉菜单中选择 0001 仓库进行查询，如图 6-20 所示。

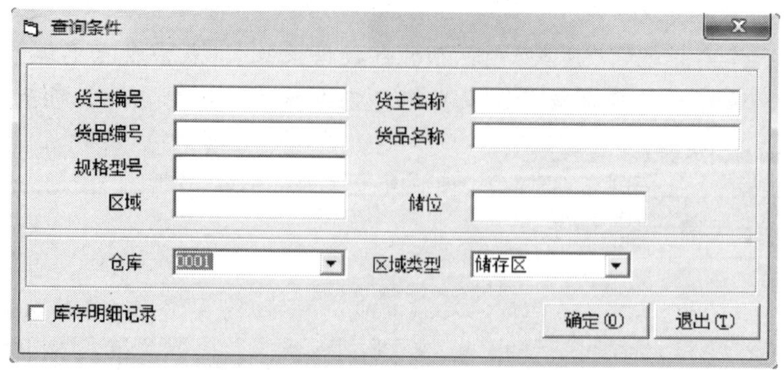

图 6-20　0001 仓库库存查询界面

点击确定按钮，出现查询结果，如图 6-21 所示。

仓库管理系统(教育版v1.0)-考试专用 - [货品库存查询]

系统操作(S)　基础数据(E)　入库作业(I)　出库作业(O)　库内管理(A)　库存查询(Q)　窗口(W)　帮助(H)

查询(Q)　返回(R)

序号	货品名称	规格型号	区域类型	仓库编号	仓库名称	区域	储位	总数量	单位
1	牛牛冰红茶	500ml*24	储存区	0001	普通仓库	001	02	54	箱
2	牛牛冰绿茶	500ml*24	储存区	0001	普通仓库	001	01	34	箱
3	牛牛冰绿茶	500ml*24	储存区	0001	普通仓库	001	02	10	箱

图 6-21　0001 仓库货品库存查询结果

用同样的方法可以查询到 0002 仓库的货品信息，如图 6-22 所示。

仓库管理系统(教育版v1.0)-考试专用 - [货品库存查询]

系统操作(S)　基础数据(E)　入库作业(I)　出库作业(O)　库内管理(A)　库存查询(Q)　窗口(W)　帮助(H)

查询(Q)　返回(R)

序号	货品名称	规格型号	区域类型	仓库编号	仓库名称	区域	储位	总数量	单位
1	牛牛冰绿茶	500ml*24	储存区	0002	保税仓库	001	01	12	箱

图 6-22　0002 仓库货品库存查询结果

第二节　运输管理信息系统

什么是运输管理信息系统？运输管理信息系统根据运输方式可以分为哪几种？各种运输管理信息系统的主要功能模块有哪些？

一、运输管理信息系统概述

运输管理信息系统（TMS）是一套基于运输作业流程的计算机管理信息系统，通过对客户信息、车辆信息、人员信息、货物信息的管理，建立运输决策的基础信息库，起到使整体运营更加优化的作用；通过对运输任务的订单处理、调度配载、运输状态跟踪，确定任务的执行状况；通过对应收应付的管理及运输任务对应的收支核算，生成实时全面的统计报表，能够有效地促进运输决策。

根据运输方式的不同，运输管理信息系统可以分为：公路运输管理信息系统、铁路运输管理信息系统、航空货运管理信息系统和船舶代理管理信息系统等。

※ 二、公路运输管理信息系统

公路运输管理信息系统是指为提高运输企业的运输能力、降低物流成本、提高服务质量而采取现代信息技术手段建立的公路管理信息系统，是多个专门信息系统的集合，从而实现运输方式（或承运人）的选择、路线的设计、货物的整合与优化以及运输车辆线路与时间的选择。公路运输管理信息系统主要进行车辆的运行管理和货物的追踪管理。

（一）公路运输管理信息系统的作业流程

公路运输管理信息系统的作业流程是以运输作业为基础展开的，其具体作业流程如图 6－23 所示。

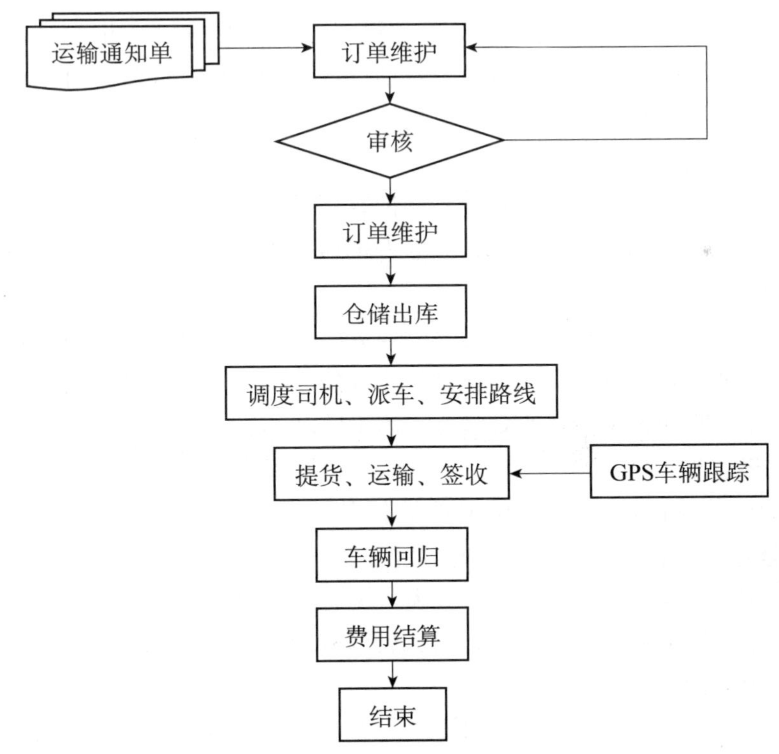

图 6－23　公路运输作业流程

（二）公路运输管理信息系统的功能模块

公路运输管理信息系统的主要功能模块有：车辆信息管理、驾驶员信息管理、运输业务管理、运输计划管理、任务列表管理、运单回场管理、车辆和货物跟踪、监控中心管理、费用结算管理、查询与报表管理等，如图 6－24 所示。

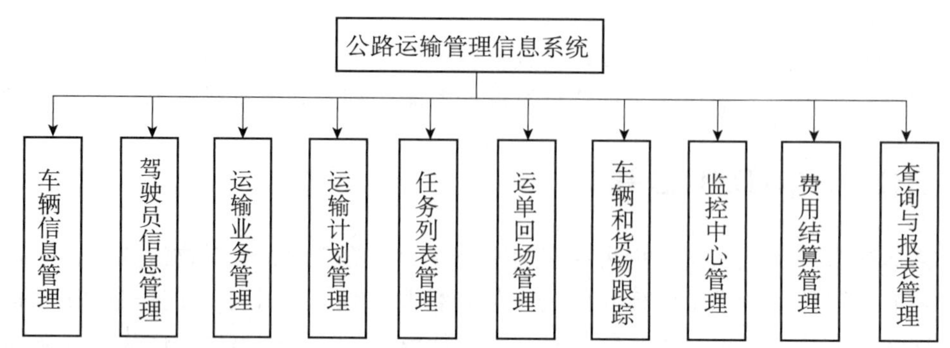

图 6－24 公路运输管理信息系统的主要功能模块

1. 车辆信息管理

对运输车辆的信息进行日常的管理维护，随时了解车辆的运行状况，以确保在运输任务下达时，有车辆可供调配。车辆的基本信息包括载重量、可载容积、运行年限以及随车人员的要求等。为确保车辆的最佳运行状态，应定期或不定期地对车辆进行保养。

2. 驾驶员信息管理

对驾驶员的基本信息进行管理，以随时跟踪驾驶员的情况，并对驾驶员的学习情况、违章记录、事故情况、准驾证件以及其他证件进行管理；同时，可以考核驾驶员的业务素质，以保证驾驶员队伍的稳定和发展。

3. 运输业务管理

运输业务管理始于运输业务的登记，登记客户需要提供运输的货物、运输要求、起运地、目的地、运输交货时间等信息，以便合理地安排运输计划。

4. 运输计划管理

根据客户的要求安排运输计划，客户的业务可每一笔安排一次运输计划，也可安排几次运输计划，这就需要根据实际情况进行合理的安排。运输任务的大小、客户时间要求的限制等，都是安排运输计划所要考虑的因素。

5. 任务列表管理

根据运输计划，将运输任务分解成单笔任务，在安排车辆时就可以根据地点、时间、车班情况优化与组合，同时还要选择最优的运行线路，达到较高的车辆利用率和效益。对已经由计算机自动制作出来的任务表，还可以对一些不合理之处进行修改。根据已经生成的任务表制作派车单，并及时地将派车单交给当班驾驶员，实施运输计划。

6. 运单回场管理

驾驶员把货物送达目的地，车辆回场后，将客户收货确认单带回，录入本次任务执行的一些信息，如实际行程、油耗、货物破损及遗失，以及是否准时到达，这些数据将作为相关业务统计分析的基础。

7. 车辆和货物跟踪

智能化车辆和货物跟踪系统由 GPS 监控中心系统、GSM 无线移动通知系统、车载 GPS 终端系统组成，利用卫星定位系统和无线通信（GPS＋GSM＋GIS＋PDA）及时传输和显示车辆的动态移动信息。监控中心可以通过无线通信联系驾驶员，以实时掌握和监控业务的运行情况。

8. **监控中心管理**

监控中心系统由电子地图、车辆监控调度系统、通信管理系统组成。其中车辆监控调度系统具有以下功能：接收车载设备发回的车辆移动信息（位置、速度、运行状态、预定义的信息）；可向车辆发送调度指令和控制指令（自动回报位置、速度、状态）；设定行驶路线或行驶区域，并作偏离与否的实时监控。

9. **费用结算管理**

费用结算管理系统对每一笔业务所发生的费用进行登记并确认，及时判断业务盈亏状况，主要包括企业财务管理的费用登记、发票制作、应收应付、实收实付的确认和销账，最终形成企业统计分析报表。

10. **查询与报表管理**

此功能包括各种车辆运营情况、派车情况、任务完成情况、费用情况、各种时间段统计报表的处理，反映企业运营分析的全部数据情况。报表具有动态的、可定制的技术特性。

※ 三、铁路运输管理信息系统

铁路运输管理信息系统（Transportation Management Information System，TMIS），是铁道部（2013 年拆分为国家铁路局、中国铁路总公司）为实现铁路运输生产管理现代化而组织实施的重大工程，是第一个覆盖全国铁路的信息系统，也是中国铁路信息化的核心系统。

（一）铁路运输管理信息系统的体系结构

铁路运输管理信息系统的中央处理系统，通过计算机网络实时收集全路列车、机车、车辆、集装箱及所运货物的动态信息，实现列车、机车、车辆、集装箱的节点式实时追踪管理，实现货票信息管理、确报信息管理、车站（包括编组部、区段站、货运站）综合管理、货运营销与技术计划管理及部、局调度系统的计算机管理；为铁路各级运输生产人员提供及时、准确、完整的信息和辅助决策管理方案，实现均衡运输、紧密运输，提高运输效率，提高运输管理现代化水平；为铁路用户和货主提供优质服务，增强铁路在运输市场上的竞争力，并逐步与国际运输管理模式接轨。

铁路运输管理信息系统由 TMIS 集成应用环境和系统基础结构组成。TMIS 集成应用环境是一个庞大的分布式应用系统，主要由应用和支持服务、分布式服务、网络服务和本地操作系统服务等组成，为使 TMIS 应用软件能够适应全路推广的需要，对 TMIS 应用软件体系结构采取了规范化和标准化的措施；TMIS 系统基础结构采用多层次客户机/服务器体系，车站系统则继续沿用两层式的客户机/服务器结构，广泛采用基于 Web 的应用开发技术和以浏览器为主要形式的客户端软件，形成友好、统一的用户界面。

（二）铁路运输管理信息系统的主要功能模块

铁路运输管理信息系统的主要功能模块有：确报系统、货票信息综合应用系统、集装箱管理信息系统、铁路车号自动识别系统、货运营销与生产管理系统和铁路局调度综合管理信息系统等，如图 6－25 所示。

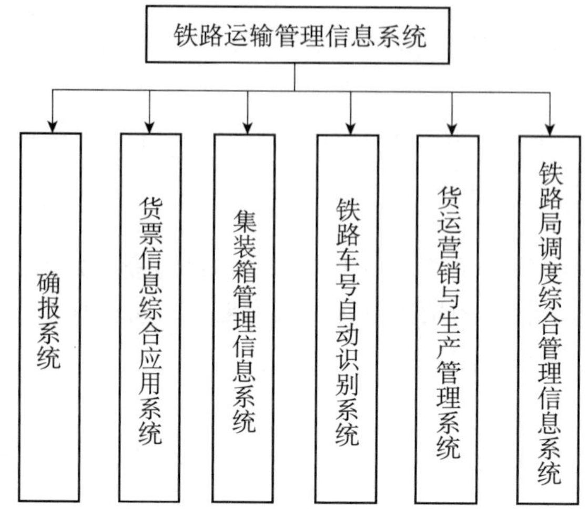

图 6－25　铁路运输管理信息系统的主要功能模块

1. 确报系统

“列车预确报”是铁路运输组织中最重要的基础信息之一，是编组站作业、卸车预报、车流调整等必不可少的信息。现有的“列车预确报”系统主要分为铁路局级转发子系统与车站级确报子系统，车站级确报子系统又是车站信息管理系统的一部分。“列车预确报”系统生成的确报信息是地面识别设备（AEI）产生的数据和现场作业数据双向校验的结果。车站级确报子系统根据车号自动识别系统产生的到达、出发列车编组信息，核对到达、出发确报，对确报信息进行卡控以及必要的编辑。

2. 货票信息综合应用系统

铁路货票信息综合应用系统以货票信息管理系统为基本依托，利用车站财收单、装载清单作为审核和中转依据，对相关货运信息做综合处理，为铁路局等各级业务管理部门和政策部门提供基础数据，以便其进行宏观决策、业务咨询等活动。

3. 集装箱管理信息系统

收集、管理集装箱办理站信息，建立集装箱信息数据库，为运输指挥人员和货主提供集装箱运输动态信息和有关查询统计信息，满足运输管理部门和客户的需要。

4. 铁路车号自动识别系统

铁路车号自动识别系统是一个对全国铁路车辆、列车、机车运行位置信息进行自动采集和报告的系统，目标是在所有机车、货车上安装电子标签，在所有区段站、编组站、大型货运站和分界站安装地面识别设备。

5. 货运营销与生产管理系统

货运营销与生产管理系统所涉及的现行业务是从货主的订货合同或货主与铁路部门签订的货运订单开始直至装车完毕过程中有关车、货流计划的信息管理。

6. 铁路局调度综合管理信息系统

铁路局调度综合管理信息系统是运用计算机网络，以铁路局调度工作为中心，以运输计划为依据，以列车工作、货运工作、机车工作、轮廓计划及日班计划调整、调度命令管理为主要内容的应用系统。

❖ 四、航空货运管理信息系统

航空货运是指一地的货物通过航空器运往另外一地的运输，是现代物流中的重要组成部分。伴随着互联网＋全球化的发展，航空货运已经成为当今国际社会经济发展十分重要的推动力，在用户的要求下其需求量逐步展示出了强劲的上升趋势。

（一）航空货运业务流程

航空货运业务流程可分为国内空运业务流程和国际空运业务流程，而国际空运业务流程又有货物出口流程和货物进口流程，下面主要介绍国际航空货运业务流程。

1. 货物出口流程

航空货物出口流程是指航空货运公司从发货人手中接货到将货物交给航空公司承运出境这一过程所需通过的环节、所需办理的手续以及必备的单证，它的起点是从接受发货人托运受理，终点是货交航空公司并完成费用结算。

其流程为：（1）托运受理；（2）订舱；（3）货主备货；（4）货运代理接单提货；（5）缮制单证；（6）报关；（7）货交航空公司；（8）信息传递；（9）费用结算。

2. 货物进口流程

货物进口流程是指航空货物从入境到提取或转运的整个过程中所需通过的环节、所需手续以及必备的单证。航空货物入境后，要经过各个环节才能从海关监督场所提出，而每经过一道环节都要办理一定的手续，同时出具相关的单证，例如商业单据、运输单据及所需的各种批文和证明等。

其流程为：（1）到货；（2）分类整理；（3）到货通知；（4）缮制单证；（5）报关；（6）提货；（7）费用结算。

（二）航空货运管理信息系统的主要功能模块

根据航空货运业务分析，航空货运管理信息系统的主要功能模块有：网上订舱、制单管理、航班管理、出港配载、进港管理和不正常货物管理等，如图 6－26 所示。

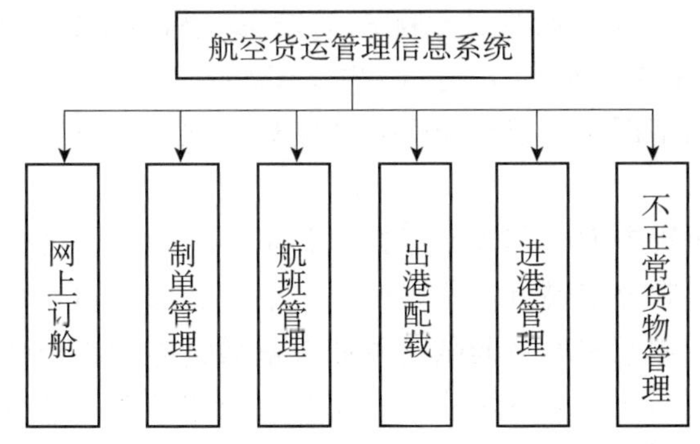

图 6－26　航空货运管理信息系统的主要功能模块

1. 网上订舱

用户可以查询航班舱位量及订舱记录，并进行有运单订舱和无运单订舱。国际货运订舱一般采用有运单订舱，中转订舱和拉货补运订舱也采用有运单订舱。

2. 制单管理

航空货运单由托运人或者以托运人的名义填制，是托运人和承运人之间在承运人的航线上运输货物所订立的运输契约证明。制单管理包括：(1) 国际正式制单，通过此功能进行国际正式制单、入库、打印及作废管理；(2) 国际公务制单，包括制单、入库、打印及作废管理，费率和票面运费为0；(3) 运单查询管理，通过此功能可查询主单、邮件单，查看相应单证的日志信息和不正常信息。

3. 航班管理

日常航班是吨控、配载、到达等各项业务具体操作的对象。日常航班数据可以来源于航班计划，也可以来源于其他外部系统，如客运系统、离港系统、运行控制中心（AOC）系统，同时也可以由用户手工建立日常航班。

系统与AOC现场保障系统做接口，定期、自动从AOC系统中导入航班信息数据。同时提供手动创建航班功能，并支持在某些特殊情况下对航班数据进行修改、作废、删除操作。

4. 出港配载

出港配载主要包括三个部分：

(1) ULD配载。集装器（Unit Load Devices，ULD）主要是指为提高运输效率而采用的托盘和集装箱等成组装载设备。ULD配载包括运单配上ULD、运单拉下ULD、为ULD指定航班。

(2) 航班配载。可以完成预配，包括运单配上航班、ULD配上航班、运单拉下、ULD拉下、舱单查询、正式舱单打印、航班关闭、发送报文。

(3) FFM批量出港。FFM（Flight Freight Manifest）是指航空公司货运舱单。FFM批量出港包括：查询航班的FFM报文信息；检查并输入分批货物的总重量；根据报文信息生成系统数据；根据FFM报文信息进行批量出港配载的操作；正式舱单打印。

5. 进港管理

进港管理主要包括四个部分：

(1) 货物进港操作。对于航段已经配载的情况，从出港配载舱单中提取运单信息（运单基础信息已经存在的情况下），进行货物到达的确认、修改、取消；在无法从出港舱单中提取运单信息的情况下，新建进港运单的基础信息并进行货物到达的确认、修改、取消。

(2) 提货处理。提货查询，即对已经提取和未提取的货物进行查询，以及货物的成批提取；提货操作，即对货物进行提货操作，包括提货信息输入、保存、删除；未提货查询，即根据在查询条件栏中填写的限定条件将未提货的货物查询出来，对货物进行提货操作。

(3) 提货通知。保存向收货货主发出提货通知的信息，可以删除、打印指定的提货通知记录。

(4) 海关货物转港处理。添加、修改、查询进港货物的转港信息。

6. 不正常货物管理

添加、查询和修改不正常登记信息，同时对不正常的类型进行调整，或者添加新类型、重新定义类型等。

※ 五、船舶代理管理信息系统

船舶代理是指在接受船舶经营者的委托的前提下，为经营者办理船舶营运业务，并为其办理诸如单证管理等工作。

(一) 船舶代理

船舶代理的形式通常分为两类：一是国内水运船舶代理，该代理形式的代理单位是各港务管理单位；二是国际海运船舶代理。按其是否承担揽货任务，又分为船舶揽货总代理和不负责揽货船舶代理。船舶代理单位办理的业务包括：货物运输、旅客运输、货物装卸、船舶和船员服务、代办各种手续、代办财务和船舶租赁、买卖，以及商办海事处理和海上救助等业务。

(二) 船舶代理管理信息系统的主要功能模块

船舶代理管理信息系统为内外贸船舶代理企业提供了内外贸进出口业务、中转业务、集装箱管理、船务、商务约价和财务结算等各项业务的综合管理，支持总部对各类型分部的集中管理，为企业的其他信息系统以及海关、港口等协作方提供标准 EDI 接口，同时为船舶代理企业及其客户建立电子商务平台，通过实时在线操作替代传统的手工操作，减少业务环节、优化业务流程并提升工作效率，从而保证了船舶代理企业整个服务网络的一体化高效运作。船舶代理管理信息系统的主要功能模块如图 6-27 所示。

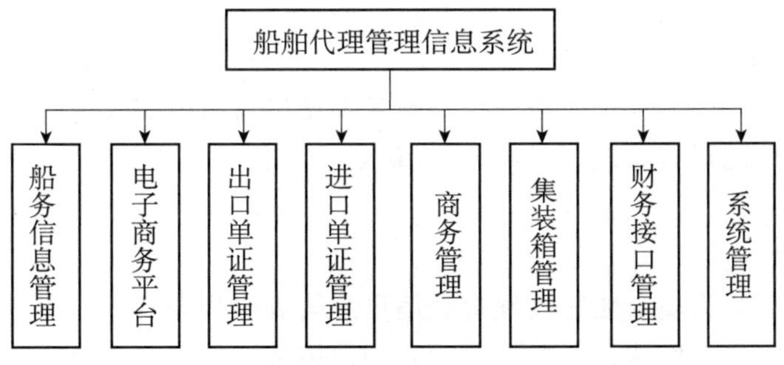

图 6-27　船舶代理管理信息系统的主要功能模块

1. 船务信息管理

船务信息管理包括船务操作、舱位控制、船务报表、船务统计等模块。船务操作模块主要是对船舶基础资料的维护、船期表制作、航线管理、港口管理、维护船舶装卸货情况、跟踪船舶动态、制定各类船务费用和进行舱次结算。舱位控制模块负责根据单证系统中的订舱信息进行舱位分配与调度管理。船务报表模块负责制作各类船务单证与报表、支持多种输出方式。船务统计模块负责根据系统提供的查询条件完成船舶信息或船务操作方面的统计报表，支持多种输出方式。

2. 电子商务平台

电子商务平台包括电子订舱、电子对单、电子提箱、电子装箱、电子对账、网上换单、全程货物跟踪、网上用户管理等模块，实现船舶代理、运输业务的线上操作，提供网上订舱和EDI报文订舱，经客户确认、打印提单，拖车公司根据电子提箱申请后的装箱信息以及EDI装箱报文完成运输业务操作。平台的跟踪模块可对货物实行全程动态跟踪，将信息传递到服务器，便于业务员和客户查询货物运输情况。

3. 出口单证管理

出口单证管理包括订舱、装箱、签单、中转配船、更正、消息管理等功能，实现货物在出口运输业务中的单证信息管理，顺利完成货物的出口运输业务。

4. 进口单证管理

进口单证管理包括单证管理、EDI发送、换单、消息管理等功能，实现EDI进口报文导入、进口业务单证制作和打印，以及进口后运输等服务，提供业务的查询和统计功能。

5. 商务管理

商务管理主要包括约价维护、费用制作、费用审核、对账、开具发票、费用核销、账务统计、消息平台等模块。根据运输业务进行约价、协议、费用方案的制定，完成费用计算、审核、对账流程，开具相应票据，以便运输业务操作后的费用核销、查询、统计等。

6. 集装箱管理

集装箱管理主要包括箱量预配、集装箱提箱管理、箱态管理、集装箱门禁管理、货物担保、集装箱商务管理等模块。根据订舱情况对集装箱进行预配，根据网上提箱申请，制作、打印交接单，完成交接后，跟踪集装箱的动态和门禁刷卡情况，同时，对集装箱内的货物实施担保，记录抵押信息；商务管理模块为集装箱提供计算堆存费、修箱费、滞箱和污箱费等费用的审核、发票开具等服务。

7. 财务接口管理

财务接口是针对船舶代理业务系统与财务系统进行数据交互设计的接口程序。该接口程序与目前通用的财务系统，如用友、金蝶等，有标准接口，支持多种方式的数据传递。

8. 系统管理

系统管理平台是为整个船舶代理管理信息系统提供静态基础数据管理、业务相关动态编码管理、客户与合作伙伴资料管理、公司总体架构维护、系统用户及权限管理、系统操作日志管理和系统运行参数配置等功能的基础平台。

项目化实务训练

赛勤运输管理信息系统

一、实训目的

了解TMS在生产企业与物流活动实际中的应用，熟练运用TMS系统，并能完成具体实训项目，完成率在95%以上，正确率在90%以上，时间在40分钟以内。

二、实训要求

（一）背景资料

在基本信息模块下的用户信息的人员信息中添加自己的相关信息，人员代码为××加学号，如张大明，人员代号为××31211601。

浙江时速物流有限公司的自有车队——时速汽车运输队的基本情况如下：

车队编号：ZJSS；车队名称：时速汽车运输队；性质：私人企业；负责人：李向五；车队地址：浙江省杭州市江干区文津北路501号普洛斯物流园南区B1幢；联系电话：0571-87664899；主要路线：杭州—温州，温州—杭州及多条国内线路（包含省内省外）。

表6-6、表6-7是车队两辆车的信息。

表6-6　浙A568241车辆信息表

牌照	浙A568241	车型	5M
吨位	3	长	6.2
司机	李爽	宽	2
电话	0571-59621548	高	2

表6-7　浙A568242车辆信息表

牌照	浙A568242	车型	3M
吨位	2.5	长	4.2
司机	金慆奉	宽	1.9
电话	0571-59621549	高	1.8

（二）业务流程

××××年×月××日，业务部的业务员开发了一个新客户，马上就要开展业务了。请你以业务员的身份，将有关这个客户的资料整理好，完整完成该客户的第一笔业务。资料如表6-8、表6-9、表6-10所示。

表6-8　新客户登记卡　　编号：CUST1200

客户名称	杭州牛牛食品有限公司			简码	NNSP
地址	杭州市下沙经济技术开发区15号路368号			邮编	310018
联系人	蒋星星	部门	销售部	电话	0571-86738338
账号	6230263059865241			传真	0571-86656899
主页	www.niuniu.com.cn			Email	zjun@niuniu.com
所属类别	委托方（√）　发货方（　）　收货方（　）				
结算方式	月结		货币单位	人民币	
备注					

表6-9　发货方关联客户登记卡　　编号：FCUST1200

客户名称	浙江时速物流有限公司			简码	WL
地址	杭州市下沙经济技术开发区28号大街689号			邮编	310018
联系人	陈福临	部门	仓库部	电话	0571-869738338
账号				传真	0571-884809098

续前表

主页				E-mail	
所属类别	委托方（ ） 发货方（√） 收货方（ ）				
结算方式	月结		货币单位	人民币	
备注					

表 6-10 收货方关联客户登记卡 编号：SCUST1200

客户名称	温州美好配送有限公司			简码	MHPS
地址	温州市秀浦路 1250 号			邮编	200126
联系人	王飞	部门	仓库部	电话	13564809938
账号				传真	0577-86954515
主页				E-mail	
所属类别	委托方（ ） 发货方（ ） 收货方（√）				
结算方式	月结		货币单位	人民币	
备注					

主要货品有三种，具体信息如表 6-11、表 6-12、表 6-13 所示。

表 6-11 牛牛冰绿茶

货品编号	BLC001		名称	牛牛冰绿茶	简码	NNBLC
性质	重货	类型	饮料	包装单位		箱
计划单价（元）	84	重量（kg）	9	体积（m^3）		0.04

表 6-12 牛牛冰红茶

货品编号	BHC001		名称	牛牛冰红茶	简码	NNBHC
性质	重货	类型	饮料	包装单位		箱
计划单价（元）	84	重量（kg）	9	体积（m^3）		0.04

表 6-13 牛牛方便面

货品编号	FBM001		名称	牛牛方便面	简码	NNFBM
性质	泡货	类型	食品	包装单位		箱
计划单价（元）	80	重量（kg）	2.3	体积（m^3）		0.03

某日，公司业务员接到杭州牛牛食品有限公司的运输传真通知，杭州到温州，共 400km，汽车需要行驶 4h，内容如图 6-28 所示。

经公司测算，上述运货通知单应收取的费用如表 6-14 所示。

表 6-14 运输费用表 单位：元

科目	应收	实收	科目	应收	实收
运费	800	800	装卸费	100	100
保险费	324	300	管理费	50	0
押货费	100	100			

（长途）整车运货通知单

发货方：浙江时速物流有限公司
收货方：温州美好配送有限公司
发货日期：××××年×月××日

货品明细如下：
BLC001牛牛冰绿茶 100箱
BHC001牛牛冰红茶 200箱
FBM001牛牛方便面 600箱

杭州牛牛食品有限集团
××××年×月××日

图 6-28 运货通知单

任务：请完成基本信息的录入，并完成通知单录入、配载调度、发货、车辆回归，最后进行收入结算。最终以运量确认为主。

（三）结束

不要退出系统，计算机不需要关机。

（注：项目化实务训练中的数据仅供参考。）

三、评分标准（见表 6-15）

表 6-15 项目化实务训练评分标准

考核大类	考核具体内容	评分标准	分值
基础数据录入（30 分）	部门、工种职务、雇员分组、人员、费用类别、车型、区域、货品性质、货品类型、运输时间参照等信息录入	每一项信息完全录入正确得 3 分；基本录入正确得 2 分；录入情况欠佳得 1 分；完全没有录入得 0 分	30
销售管理部分（24 分）	客户信息维护	能够正确录入委托方、发货方和收货方三张客户信息表；能够正确录入两种商品的货品信息	8
	货品信息维护		8
	订单管理	订单操作完全正确（包括订单时间、委托方和发货方选择、客户货品对照以及数量输入等）	8
外协管理部分（10 分）	车队、车辆信息	能够正确录入车队和车辆相关信息，做到不漏填	10
配载调度部分（8 分）	配载管理	能够正确完成两辆车的装货	8
发货管理部分（9 分）	运量确认	能正确查询任务单，选中车型完成两辆车的运量确认	7
	打印车辆送货单	能够正确通过时间点查询送货单，并进行打印	2

续前表

考核大类	考核具体内容	评分标准	分值
车辆回归和收入结算部分（9 分）	车辆回归	能够正确完成两辆车的车辆回归	4
	收入结算	能够通过时间查询出运输收入，并且金额完全正确	5
完成时间情况（10 分）	实训操作考核时间要求	能够在 40min 内完成实训操作的得 10 分；每超 5min 扣 2 分	10

四、实务操作参考

（一）基础数据设置

基础数据包括部门信息、工种职务、雇员分组、人员信息、费用类别、车型、区域、货品性质、货品类型、运输时间对照等。

1. 部门信息

依次点击“基本信息”“用户信息”“部门信息”，在部门信息菜单里填入部门编号和部门名称，如图 6－29 所示。

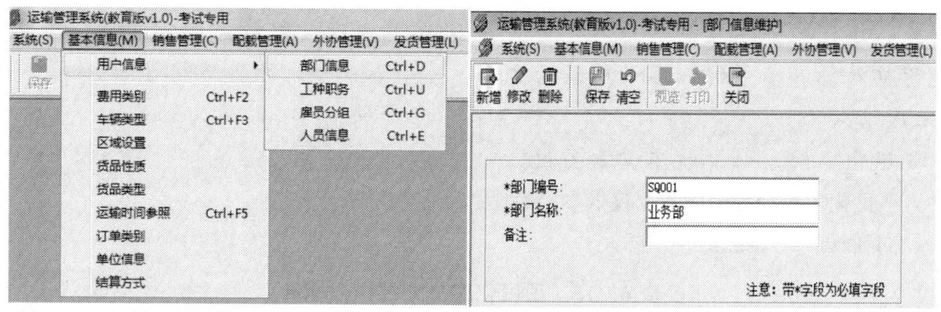

图 6－29　添加部门信息

点击保存按钮，然后退出，完成部门信息的录入。

2. 工种职务

依次点击“基本信息”“用户信息”“工种职务”，在工种职务菜单里填入工种职务编号和工种职务名称，如图 6－30 所示。

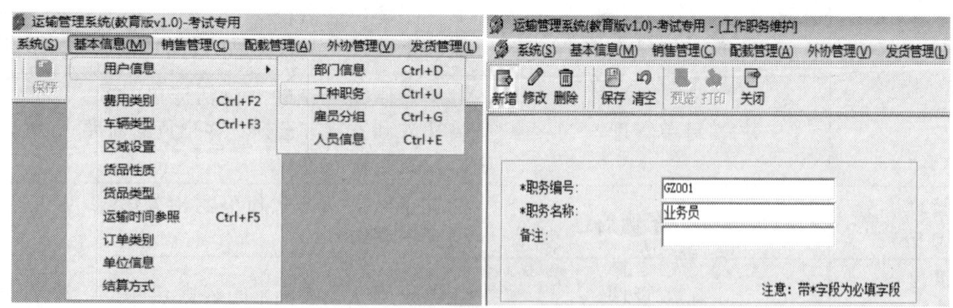

图 6－30　添加工种职务

点击保存按钮，然后退出，完成工种职务信息的录入。

3. 雇员分组

依次点击“基本信息”“用户信息”“雇员分组”，在雇员分组菜单里填入雇员分组编号（GY001）和雇员分组名称（业务一组），点击保存按钮，然后退出，完成雇员分组信息的录入。

4. 人员信息

依次点击“基本信息”“用户信息”“人员信息”，填入如下信息：人员代码——××31211601；姓名——张大明；性别——男；出生日期——1975年8月15日；部门选择下拉菜单中的“业务部”；分组选择下拉菜单中的“业务一组”；职务选择下拉菜单中的“业务员”。然后点击保存按钮并且关闭，完成人员信息的录入。

5. 费用类别

依次点击“基本信息”“费用类别”，在弹出的菜单中选择修改按钮，选中科目编号02，将“保险收入”改为“保险费”，类别修改为“收入和支出”。点击保存按钮，然后关闭回到主界面，完成费用类型的修改。

6. 车型

依次点击“基本信息”“车辆类型”，在弹出的界面中输入新增车辆类型，分别为：车型编号：CX004，车型名称：5M；车型编号：CX005，车型名称：3M。点击保存按钮，就完成了车辆型号的添加。

7. 区域

依次点击“基本信息”“区域设置”，在区域设置菜单里填入基本资料：区域编号：AreaID006；区域名称：温州。点击保存按钮，然后关闭回到主界面。

8. 货品性质

依次点击“基本信息”“货品性质”，在货品性质菜单里填入基本资料：货品性质编号：CK003；货品性质名称：危险品。点击保存按钮，然后关闭回到主界面。

9. 货品类型

依次点击“基本信息”“货品类型”，在货品类型菜单里选择新增按钮，然后填写相关信息：货品类型编号：CT006；货品类型名称：饮料。点击保存按钮，然后关闭回到主界面。

10. 运输时间参照

依次点击“基本信息”“运输时间参照”，在弹出的菜单中点击新增按钮，输入下列信息，如图6-31所示。

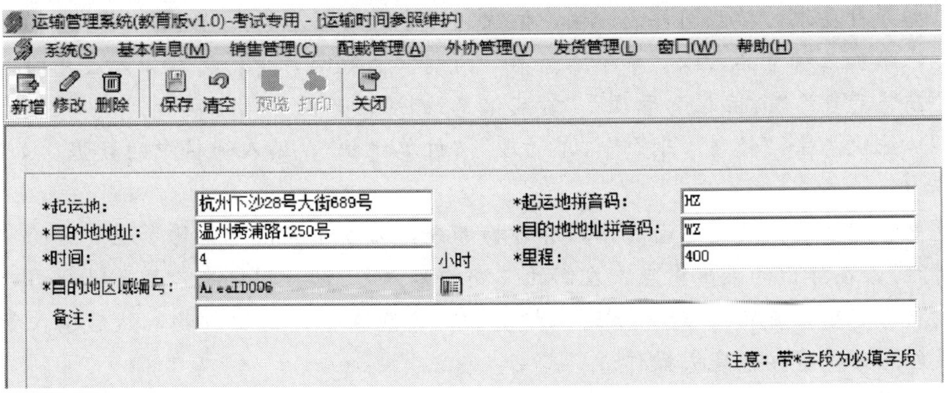

图6-31　添加运输时间参照

点击保存按钮，然后关闭，完成时间参照信息的修改。至此基本信息就全部录入完毕。

（二）销售管理实训

（1）请根据客户卡片将客户添加到系统。依次点击“销售管理”“客户信息管理”“客户信息维护”，如图 6-32 所示。

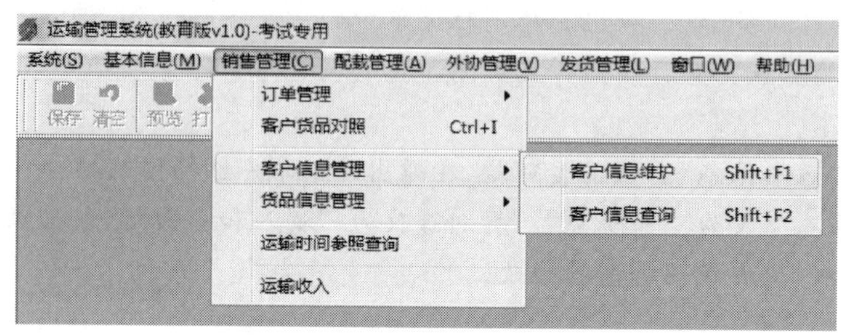

图 6-32　客户信息维护

在弹出的页面里新增客户信息表，如图 6-33 所示。

图 6-33　新增客户信息表

根据题目要求，按照同样的方法，依次可以完成发货方和收货方客户信息表。

（2）添加三种货品，以“牛牛冰绿茶”为例，其他两种货物的添加方法相同。依次点击“销售管理”“货品信息管理”“货品信息维护”，如图 6-34 所示。

（3）依次点击“销售管理”“订单管理”“订单维护”，填入资料中的数据，如图 6-35 所示。

这里特别要注意的是下面具体添加货物部分，必须先点击“销售管理”中的“客户货品对照”，在弹出的菜单中点击左侧的“查询客户”，选杭州牛牛食品有限公司，接着在右侧点击“查询货物”，选中上述三种货物，才能在下方选出货物，然后填入数量即可。最后点击保存按钮完成操作。

（三）外协管理部分

（1）依次点击“外协管理”“车队信息”，根据给定资料，填入相关车队信息即可。

图 6－34　添加货品信息

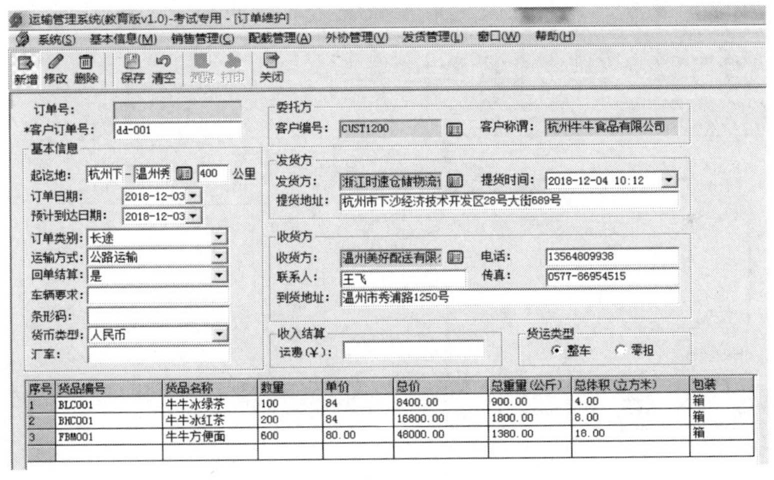

图 6－35　订单维护

（2）依次点击“外协管理”“车辆信息”，根据给定资料，填入两辆车的相关信息即可。

（四）配载调度部分

对牛牛食品有限公司的订单进行配载调度，采用给定两辆车进行调度。具体操作如下：

（1）依次点击“配载管理”“任务单”，在任务单界面中，勾选订单编号，并右键单击订单编号，然后选择“加入”，在下方选择的订单出现三种货物后，选择车辆牌照并且勾选，修改调度时间和选择办事处，如图 6－36 所示。

（2）单击“下一步”，在出现的界面中可以看到车辆牌照信息，根据实训操作要求中的约束条件、两辆车的容积以及预留空间规则，将牛牛冰绿茶 100 箱和牛牛冰红茶 150 箱装在浙 A568242 车中，将牛牛冰红茶 50 箱和牛牛方便面 600 箱装在浙 A568241 车

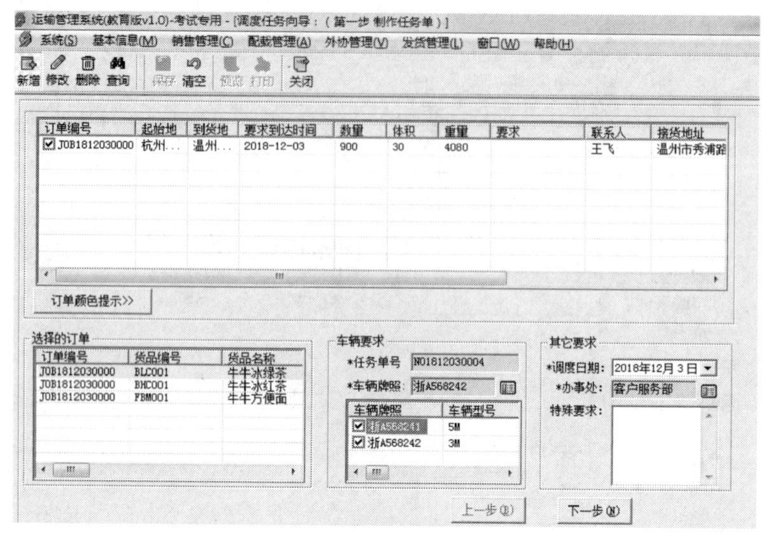

图 6－36　调度任务向导界面

中。具体操作如下，首先选择浙 A568241 这辆车，单击它，可以看到红色字样“当前操作车辆”，出现车牌号后，勾选冰红茶和方便面的订单编号，如图 6－37 所示。用同样的操作完成另外一辆车的装车，最后点击完成按钮就完成了两辆车的配载调度操作。

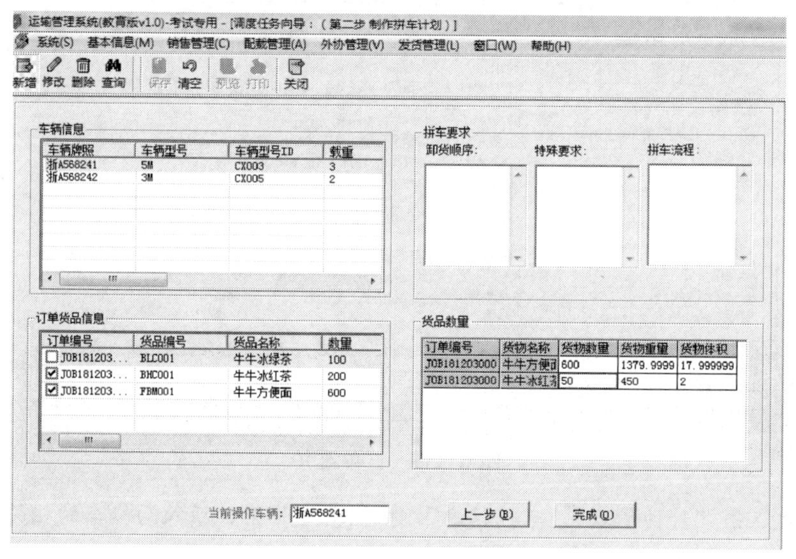

图 6－37　拼车计划（浙 A568241 车辆）

（五）发货管理部分

（1）对刚才配载调度中的两辆车进行运量确认，在实际装车中，第一辆车浙 A568242 装了冰绿茶 100 箱，并装了冰红茶 150 箱；第二辆车浙 A568241 装了冰红茶 50 箱，方便面 600 箱。依次点击“发货管理”“运量确认”，打开运量确认的菜单，点击查询按钮，并且将调度日期设为 2018 年 12 月 3 日，也就是操作当天时间，点击确定按钮，在出现的界面中双击目的地地址下方的白色区域，会在当前任务单里出现单号，单击“下一步”，在出现的菜单中双击白色区域中浙 A568241 的牌照号，会在当前车辆右边出现车辆型号，继续点击“下一步”，按要求将装货时间设为 2018 年 12 月 3 号。点击完成按钮，结束运量确认。然后点“上一步”，去完成另外一辆车的运量确认操作。点完“上一步”后，会发现任务操作单号第一条已经变成绿色，表明已经完成运量确认，现在用鼠标单击另一辆车的牌照号，右上角会出现相应车牌信息，按照同样的方法就可以完成其运量确认了。

（2）依次点击“发货管理”“发货票据”“送货单打印”，在弹出的菜单中点击查询按钮，并修改装车日期为 2018 年 12 月 3 日，点击确定按钮，在弹出的界面中分别勾选任务操作单号就可以进行打印预览和具体的打印任务了。

（六）车辆回归和收入结算

（1）两辆车送货完毕，请对其做好回归标志。具体操作如下：依次点击“外协管理”“车辆回归确认”，在车辆回归确认菜单中勾选回归的车辆，如图 6－38 所示。

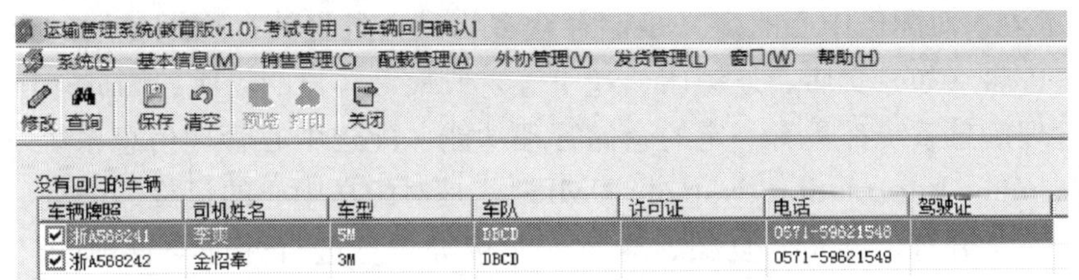

图 6－38　车辆回归操作界面

点击保存按钮，并退出回到主界面。

（2）对刚才发生的业务进行收入结算。依次点击“销售管理”“运输收入”，在运输收入界面中，选择客户牛牛食品有限公司，修改订单日期为 2018 年 12 月 3 日，并点击查询按钮，在杭州牛牛食品有限公司右边的标识处进行勾选，并在下方填入相关结算费用，如图 6－39 所示。

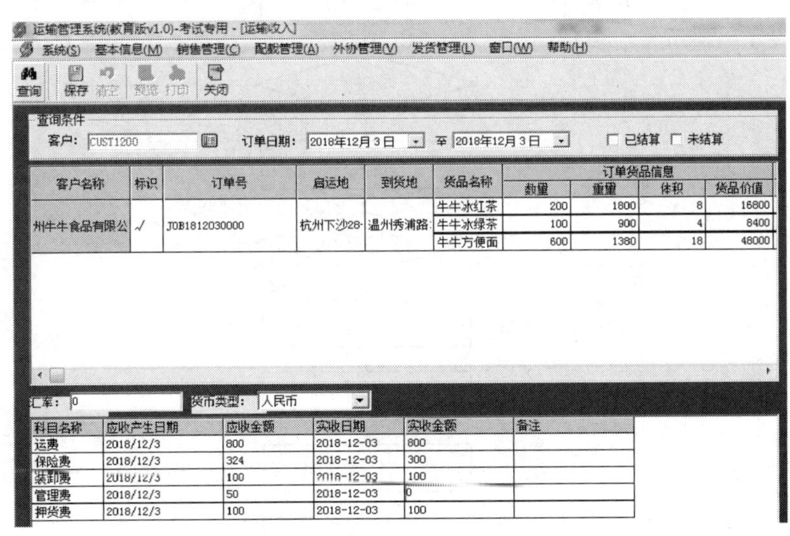

图 6－39　运输收入费用录入

最后点击保存按钮，结束运输收入结算的操作。至此所有操作结束。

第三节 配送中心管理信息系统

什么是配送中心管理信息系统？配送中心管理信息系统的操作流程是什么？配送中心管理信息系统的功能模块有哪些？

※ 一、配送中心管理信息系统的定义

《物流术语》对配送中心的定义是储存众多物品，且将储存周期较短的众多物品配送给众多零售店（如专卖店、连锁店、超市等）或最终客户的场所。因此，配送中心和配送中心管理信息系统都具有一定的仓储管理功能。配送中心管理信息系统（Distribution Management Information System，DMIS），是对配送中心的订货、进货、验收、上架、流通加工、分拣、配货、复核、送货、交接等信息进行处理与管理的计算机软件系统。

※ 二、配送中心管理信息系统的操作流程

配送中心管理信息系统的操作流程是以配送中心业务流程为基础展开的，其仓储管理操作在本章第一节中已经介绍了，在这里主要介绍配送业务的操作流程，见图 6－40。

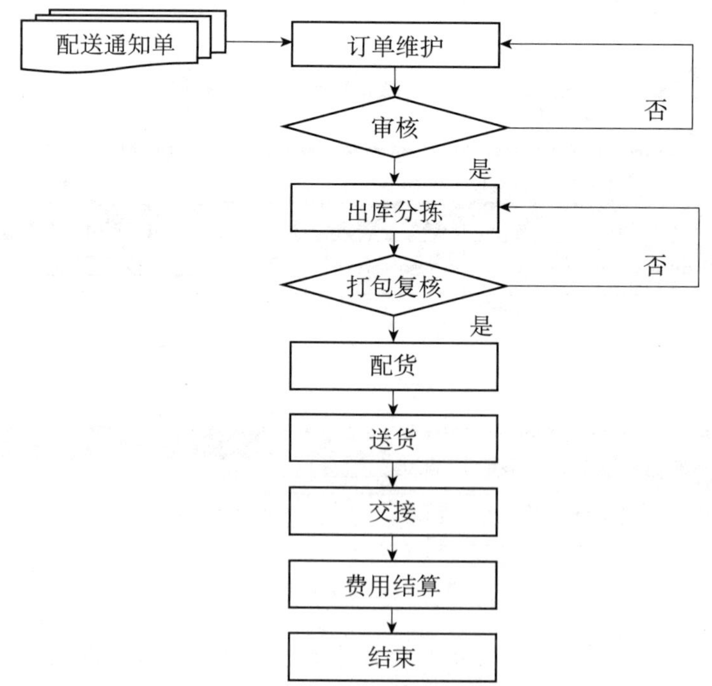

图 6－40 配送业务操作流程图

❖ 三、配送中心管理信息系统的功能模块

配送中心管理信息系统的主要功能模块包括订单管理、入库管理、出库管理、库内管理、配送管理、客户信息服务管理、财务与结算管理和决策与绩效管理等，如图 6－41 所示。

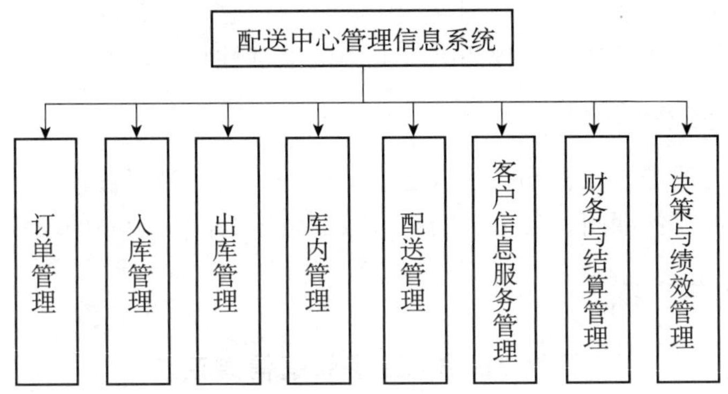

图 6－41　配送中心管理信息系统的主要功能模块

（一）订单管理

配送中心的运作是以客户订单为核心展开的，订单管理对配送中心管理信息系统至关重要，其涉及的业务主要为：客户订单处理、生成出入库计划、EDI 数据转换、订单查询与统计等。

（二）入库管理

入库管理包括通过订单信息下达入库作业任务、制作入库单、卸货验收、分配储位、入库上架。

（三）出库管理

出库管理包括根据出库订单信息下达出库作业任务、制作出库单、下架、分拣、打包、复核等。

（四）库内管理

库内管理是指根据出入库物动量情况，对库内货物存放储位进行合理安排，如转储、转仓、退货和报废等。

（五）配送管理

配送管理是指对配送中心的配货作业、运输资源和送货过程的管理，通过客户订单进行合理的配货、司机和车辆调度、线路规划、跟踪与导航、送货、客户交接等。

（六）客户信息服务管理

客户信息服务管理功能包括：发布在库信息以及发运信息，供客户、收货人、货运公司实时查询；客户服务人员按客户查询条件生成统计报表，保存或指定数据格式，进

而与客户信息系统进行数据交换。

（七）财务与结算管理

财务与结算管理功能包括对出入库所形成的应付、应收账款进行会计操作，同时对配送中心的整个业务与资金进行平衡、测算和分析，编制各业务经营财务报表，并与银行金融系统联网进行转账；充分利用配送中心管理信息系统自动为客户提供各类业务费用信息，减轻结算业务工作量，提高结算业务的准确性和及时性。

（八）决策与绩效管理

决策与绩效管理是指从各部门和流通企业取得信息，制定各种经营政策，并将政策内容和执行方针告知各部门，各部门的执行数据将成为配送中心的绩效依据。

项目化实务训练

百蝶 3D 仿真配送管理信息系统

一、实训目的

了解 DMIS 在生产企业与物流活动实际中的应用，熟练运用 DMIS 系统，并能完成具体实训项目，完成率在 95%以上，正确率在 90%以上，时间在 40 分钟以内。

二、实训要求

（一）任务背景

公司近期漏发错发事件频发，客户投诉率急剧上升，为了提高工作效率，保证各项工作准确无误地进行，百蝶配送中心对工作人员制定了严谨的组织管理办法，要求各岗位人员仔细填写工作日报表。这其中调度员和配载人员的工作记录尤为重要，成为查找问题的重要依据。

（二）任务描述

百蝶配送中心现有 3 个订单要求在 11 月 5 日送达，订单信息已经录入系统，并且货物已经经过拣货准备出库，接下来需要进行运输路线安排、装车配载作业。客户的订单资料如表 6－16、表 6－17、表 6－18 所示。

表 6－16　配送订单 A

订单编号	PS2016110500001	客户名称	百蝶成都路 2 店	
客户地址		上海市黄浦区成都路 703 号		
订单接收时间	2016 年 11 月 5 日	要求送货时间		
货物代码	货物名称	重量（kg）	数量（件）	运费标准
0102003	三辉法式香奶面包		700	0.3 元/kg
0102002	格力高双层百力滋		800	
0603001	250ml 伊利早餐奶（麦香）		700	
1101001	高露洁牙刷		800	
0302002	海天白米醋 450ml		200	
0401002	巧面馆红烧牛肉面		200	
合计			3 400	

表 6-17　配送订单 B

订单编号	PS2016110500002	客户名称	百蝶杭州路 3 店	
客户地址		上海市黄浦区杭州路 655 号		
订单接收时间	2016 年 11 月 5 日	要求送货时间		
货物代码	货物名称	重量（kg）	数量（件）	运费标准
0102002	格力高双层百力滋		200	0.6 元/kg
0102001	130g 达能牛奶饼干		800	
0101003	旺旺雪饼		1 000	
0302002	海天白米醋 450ml		500	
0403002	鲁花菜籽油 1L		50	
合计			2 550	

表 6-18　配送订单 C

订单编号	PS2016110500003	客户名称	百蝶郑州路 5 店	
客户地址		上海市黄浦区郑州路 909 号		
订单接收时间	2016 年 9 月 29 日	要求送货时间		
货物代码	货物名称	重量（kg）	数量（件）	运费标准
0104001	雀巢麦片（高钙）		120	0.4 元/kg
0104002	雀巢麦片（燕麦）		200	
0102001	130g 达能牛奶饼干		500	
0102002	格力高双层百力滋		1 000	
0102003	三辉法式香奶面包		1 000	
合计			2 820	

（注：项目化实务训练中的数据仅供参考。）

（三）任务目标

（1）掌握现代物流配送企业车辆调度与装车配载作业方法；

（2）掌握送货与货物送达交接的作业流程与方法；

（3）能够根据客户订单信息调度合适的车辆；

（4）能够根据送货的先后顺序进行装车配载。

三、评分标准（见表 6-19）

表 6-19　项目化实务训练评分标准

考核大类	具体内容	评分标准	分值
调度操作（包含三张送货单的调度）（30 分）	分配笼车	能够以调度员身份进入，正确进入订单管理，分配笼车	4
	车辆分配	能够正确在配送管理里进行车辆分配	4
	车辆信息图	能够正确显示车辆信息图	3
	调度结果	能够正确显示调度结果	3
	调度线路	能够通过查看路线，显示出车辆行驶线路以及里程数信息	4
	保存调度	能够保存调度，并且打印派车单和送货单	4
	发送导航数据	能够正确发送导航数据	4
	查看所有单据详细信息	能够正确查看三张送货单以及派车单	4

续前表

考核大类	具体内容	评分标准	分值
装车配载 （包含三张送货单的装车配载） （30 分）	到达笼车堆放位置	能够正确切换到配载员角色，并且找到出库口笼车堆放的位置	4
	选择车辆出库	能够正确选择车辆进行出库，并且能够打开车门	5
	装车配载	能够正确进入装车配载界面，显示派车单号采集界面	5
	扫描派车单	能够用 PDA 正确扫描派车单号	4
	送货单号采集	能够用 PDA 正确采集送货单号	4
	扫描笼车条码	能够正确扫描笼车编号，并扫描笼车条码	4
	笼车放置	能够正确将笼车放入指定区域位置	4
送货操作 （包括三张送货单的送货操作） （30 分）	司机上车操作	能够正确将角色切换到货车司机，并且上车启动车辆	4
	按线路图进行配送	能够按显示调度线路 GPS 进行货物配送，到达指定位置	5
	卸货操作	能够正确核对送货地点，并进行卸货操作，将货物放在指定位置	5
	运输作业	能够正确进入运输作业界面，进行派车单扫描、送货单扫描以及笼车编号的采集	8
	客户签字确认	能够正确完成客户签字环节，并且出现货物成功送达提示界面	4
	返回配送中心	完成所有操作后货车司机能够正确按照地图指示回到配送中心，和财务完成交接	4
完成时间情况（10 分）	考核时间要求	能够在 40 分钟内完成实训操作的得 10 分；每超 5 分钟扣 2 分	10

四、实务操作参考

（一）调度操作

（1）进入平台选择“练习任务八、配送运输作业”任务，点击“进入任务”，选择调度员角色，点击“确定”进入三维仓储仿真环境。

（2）仓库管理员走进“调度室”，在电脑前按 Alt 键操作电脑。坐下后打开虚拟电脑桌面上的“管理系统”，执行“订单管理”“配送订单”，勾选所有订单后，点击按钮“分配笼车”，如图 6－42 所示。

（3）执行“配送管理”“车辆分配”，界面上显示“调度主界面”，另外还有“调度结果调整”和“运输距离矩阵”两个板块，如图 6－43 所示。

勾选所有订单后，选择车辆，每辆车都注明了属性、载重量、最多装载笼车数、固定成本、变动成本等信息。由于任务中三个订单总共有六个笼车，因此三个订单选择一辆车即可。根据订单信息选择合适的车辆，安排出库月台，点击“增加调度”按钮，这

图 6－42　分配笼车

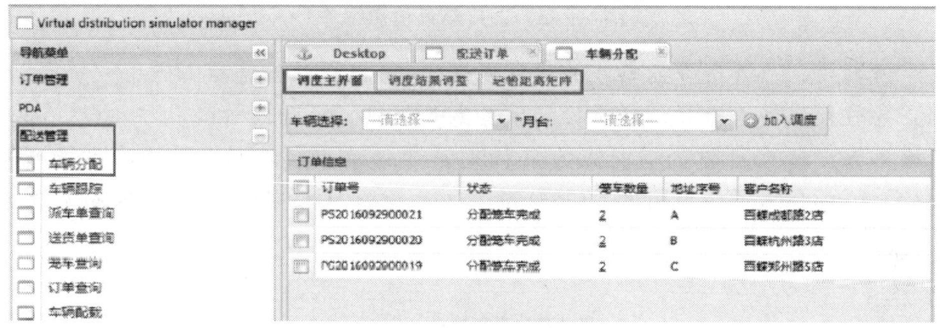

图 6－43　车辆分配界面

时“调度结果信息”一栏中生成一条调度结果，如图 6－44 所示。点击“查看路线”，会显示出车辆行驶线路以及行驶里程数。

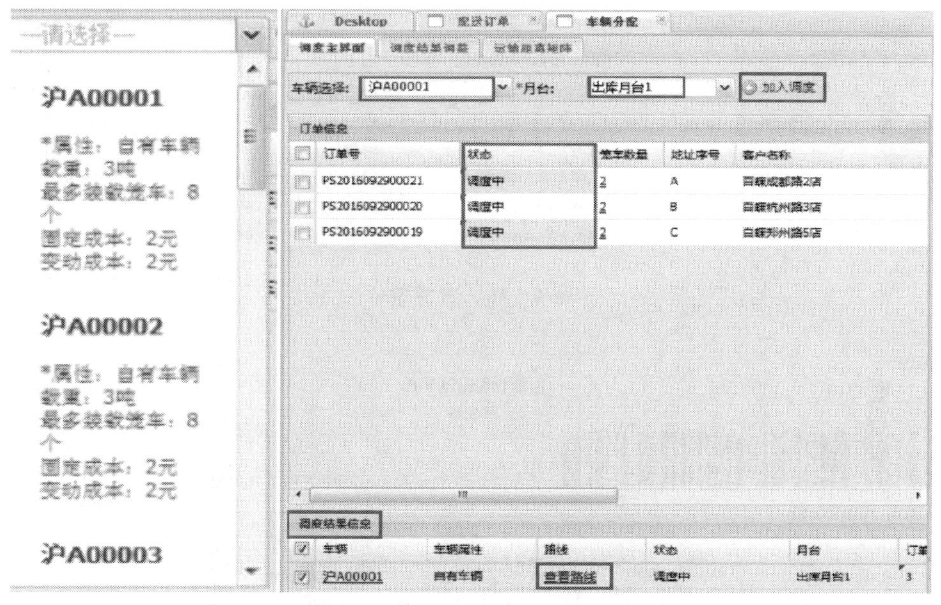

图 6－44　车辆信息和调度结果

勾选调度结果信息，依次点击下方的“保存调度”“提交”“打印派车单和送货单”按钮，如图 6－45 所示。(确定执行操作前调度结果为勾选状态。)

点击右侧地图中调度线路状态下方的“发送导航数据”按钮（若有多条调度线路需

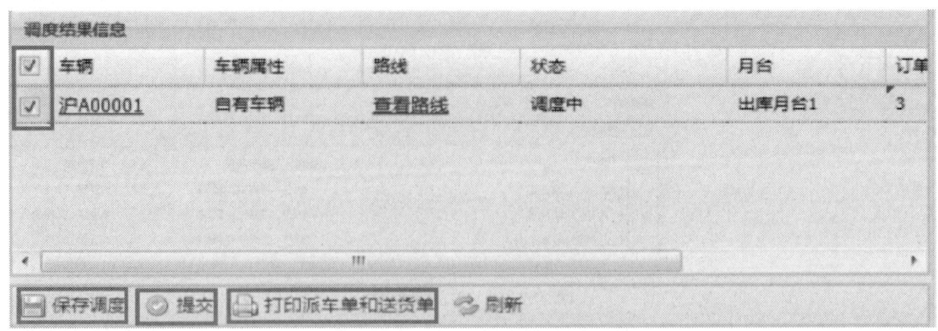

图 6－45　调度结果信息操作

要发送导航数据，应逐条查看路线并逐条发送），弹出提示信息框，点击“确定”。

（4）导航数据发送后，调度员按 Alt 键离开电脑，走到门口的打印机前，移动鼠标光标对准单据，按 Ctrl 键的同时点击鼠标左键拿起单据。单据拿起后，查看所有单据的详细信息，如图 6－46、图 6－47 所示。（送货单 B 和送货单 C 的界面与送货单 A 相似。）

百蝶物流配送中心

送货单

客户名称: 百蝶成都路2店　　单号:SH2016092900009

送货地址: 成都路703号　　订单编号: PS2016092900021

编号	笼车号码	货物名称	包装规格	数量	备注
1	LC2016092900060	250ml伊利早餐奶(麦香)	Each	700	
2	LC2016092900060	格力高双层百力滋	Each	321	
3	LC2016092900060	海天白米醋450ml	Each	200	
4	LC2016092900060	巧面馆红烧牛肉面	Each	200	
5	LC2016092900061	三辉法式香奶面包	Each	700	
6	LC2016092900061	高露洁牙刷	Each	800	
7	LC2016092900061	格力高双层百力滋	Each	479	

图 6－46　送货单 A

百蝶物流配送中心

派车单

车辆: 沪A00001　　车型：厢式货车 3吨

装载量(kg): 2329　　装载率:77.62%

订单数量: 3　　月台:出库月台1

序号	送货单号	客户	地址	质量(kg)	体积(m3)	指定时间	出发地
1	SH2016092900009	百蝶成都路2店	成都路703号	934.00	0.11		百蝶物流配送中心
2	SH2016092900008	百蝶杭州路3店	杭州路655号	682.00	0.09		百蝶物流配送中心
3	SH2016092900007	百蝶郑州路5店	郑州路909号	712.50	0.09		百蝶物流配送中心

图 6－47　派车单

（二）配载操作

（1）调度结束后，切换角色为配载员，如图 6－48 所示。配载员走到 1 号出库口，待配送的笼车如图 6－49 所示。

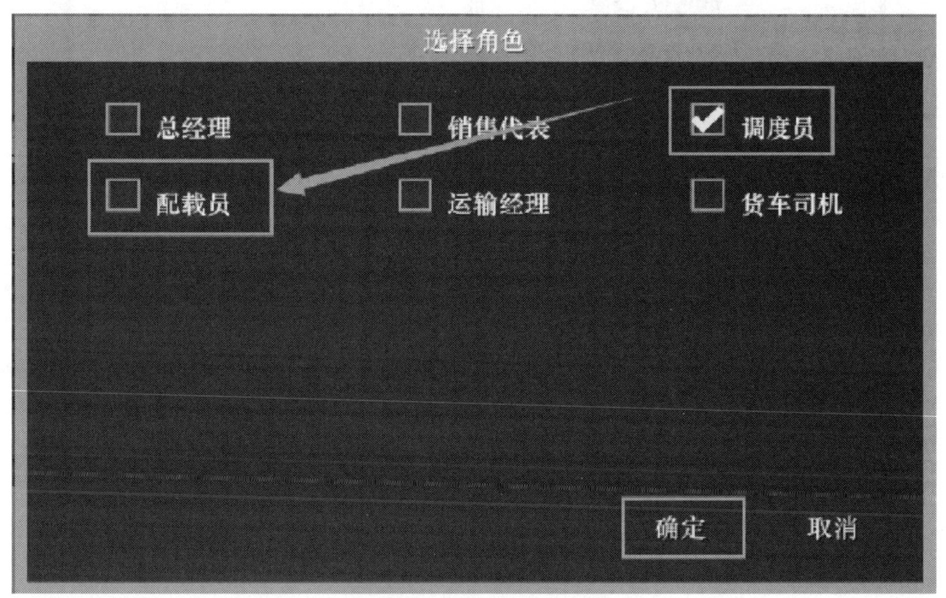

图 6－48　切换角色

图 6－49　笼车堆放界面

（2）配载员走至 1 号出库月台，看到一辆车牌号为沪 A00001 的厢式卡车停在出库口，走至车辆尾部，鼠标光标指向车辆尾部的门，按键盘上的↓键打开车门，车门打开后，可以看到车内标出的蓝色方格，表示笼车的堆放位置。

（3）配载员按 Q 键取出手持 PDA，点击“进入管理系统”进入主菜单界面，选择“装车配载”，点击后显示派车单号采集界面，如图 6－50 所示。

打开派车单，移动鼠标光标到派车单左上角的条码处，出现眼睛状标记时，按 Alt 键的同时点击鼠标左键扫描派车单，如图 6－51 所示。

PDA 读取到派车单号信息后，界面跳转至送货单号采集界面，可直接勾选下方列

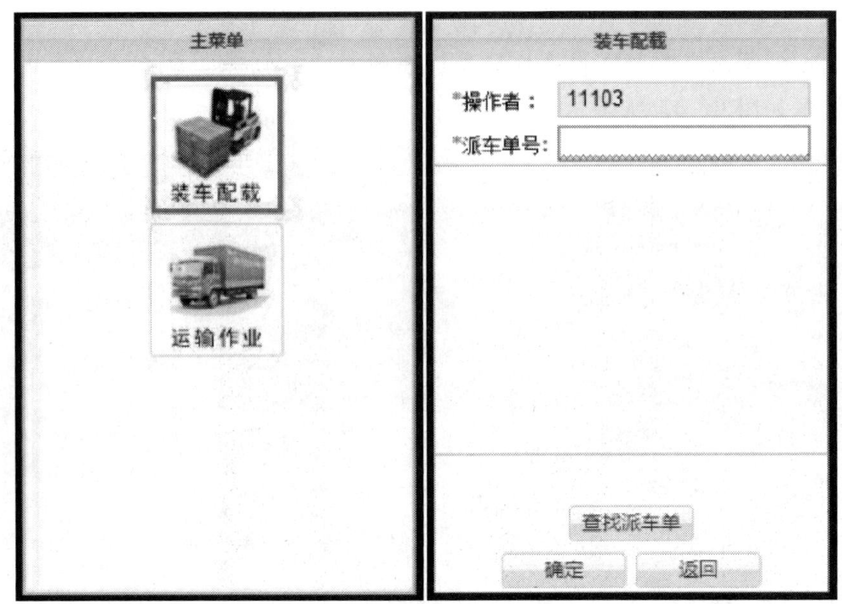

图 6-50　派车单号采集界面

百蝶物流配送中心

派车单

车辆: 沪A00001　　车型：厢式货车 3吨

装载量(kg): 2329　　装载率:77.62%

订单数量: 3　　月台:出库月台1

序号	送货单号	客户	地址	质量(kg)	体积(m3)	指定时间	出发地
1	SH2016093000003	百蝶成都路二号店	成都路703号	934.00	0.11		百蝶物流配送中心
2	SH2016093000002	百蝶杭州路四号店	杭州路655号	682.00	0.09		百蝶物流配送中心
3	SH2016093000001	百蝶郑州路三号店	郑州路909号	712.50	0.09		百蝶物流配送中心

图 6-51　扫描派车单

表中的送货单号，或打开送货单进行扫描。勾选 SH2016093000001 送货单后，界面跳转至笼车编号采集界面，如图 6-52 所示。

图 6-52　送货单号扫描录入框和笼车编号扫描录入框

配载员走至笼车跟前，十字光标对准笼车上的标签时变为眼睛状，并显示笼车编号。确认笼车编号是需要扫描的编号后，按住 Alt 键，光标变为扫描图标，点击鼠标左键进行扫描，如图 6-53 所示。

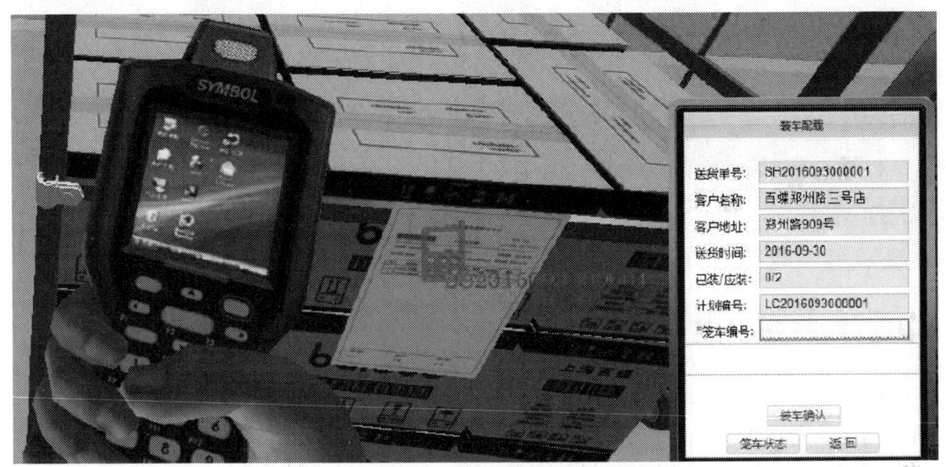

图 6-53 扫描笼车条码

扫描 LC2016093000001 笼车后，PDA 界面直接跳转至下一个笼车扫描界面。配载员走至笼车 LC2016093000002 跟前，十字光标对准笼车上的标签时变为眼睛状，并显示笼车编号。确认笼车编号是需要扫描的编号后，按住 Alt 键，光标变为扫描图标，点击鼠标左键进行扫描，如图 6-54 所示。扫描笼车条码后，PDA 界面跳转至装车配载的主界面，显示 SH2016093000001 送货单完成装车。

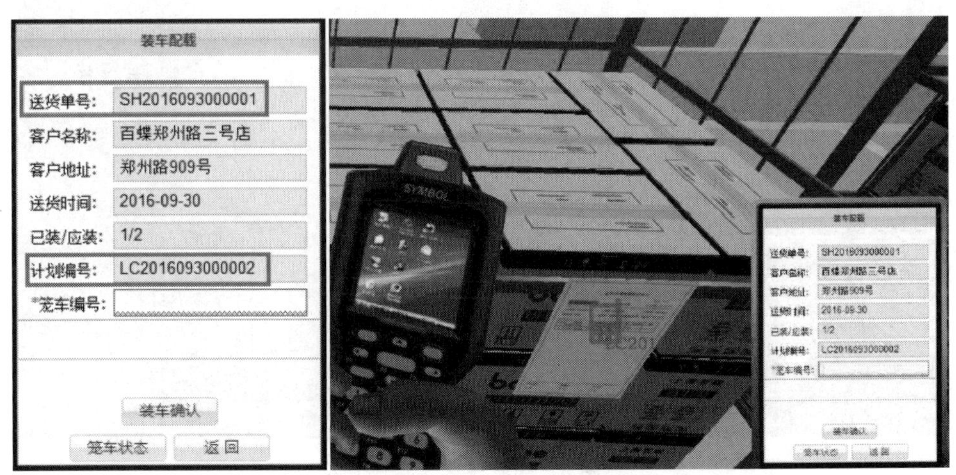

图 6-54 笼车编号扫描录入框和扫描笼车条码界面

(4) 按 Q 键收起 PDA，配载员走近笼车 LC2016093000001，按 Alt 键抓住笼车后将笼车推至月台的车中，当车内框线由蓝色变为绿色时，表示笼车放好，如图 6-55 所示。

接着配载员走近笼车 LC2016093000002，按 Alt 键抓住笼车后将笼车推至月台的车中，当车内框线由蓝色变为绿色时，表示笼车放好。

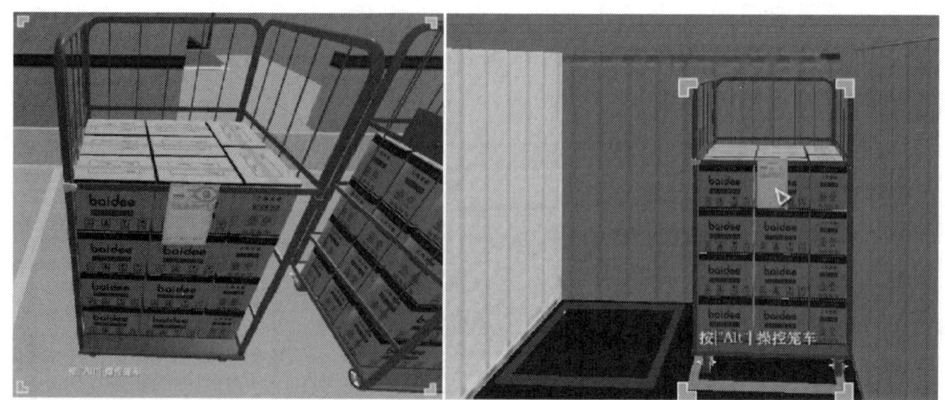

图 6-55　推笼车

用同样的方法可以依次完成 SH2016093000002 送货单对应的 LC2016093000003、LC2016093000004 笼车放置以及 SH2016093000003 送货单对应的 LC2016093000005、LC2016093000006 笼车放置。

（三）送货操作

（1）配载员装车结束后，进行货物送达作业，此时切换角色为货车司机。司机走近驾驶室，根据提示按 Alt 键驾驶车辆。

司机上车后按 T 键启动车辆，然后按 M 键，界面显示调度线路 GPS，如图 6-56 所示。

图 6-56　车内示意图

（2）按照图中的线路驾驶车辆前往客户点，按 W、A、S、D 键控制车辆。到达目的地后，核对店名和地址，此时签收人员在门口等待卸货，紫色圆圈为卸货点，打开送货单查看地址是否正确。

（3）司机下车后走至车辆后部，移动鼠标光标至门上，按键盘上的↓打开车门，再按一次↓装卸台降落，司机走上装卸台，如图 6-57 所示。按键盘上的↑，走至车厢中按 Alt 键推出笼车，按键盘上的↓键装卸台降落至地面。

图 6－57　司机走上装卸台

将笼车推至圈中，紫色圈变为黄色，表示货物正确，但还有其他笼车需卸车。用同样的方法将另一个笼车卸车，黄色圈变为绿色，表示卸车完成，如图 6－58 所示。

图 6－58　送货正确但未完成和送货正确完成界面

（4）按 Q 键取出 PDA，在主菜单中选择“运输作业”，界面显示扫描派车单号，打开派车单号，扫描后读取到派车单信息，点击“进入”。

进入后显示送货单号采集界面，打开送货单进行扫描或者选择下方的送货单号，点击“执行作业”。执行作业后进入笼车编号采集界面。与装车操作相同，扫描完所有的笼车。按 Q 键收起 PDA。

（5）司机走至签收人员跟前，按照界面提示打开送货单，双击鼠标左键进行签字操作。签字后，界面提示货物成功送达，点击确定。此时绿色圈再次变为紫色，表示该客户点货物已送达。

按 Q 键取出 PDA，点击“确认签收”，界面跳转至确认单号扫描界面。此时打开送货单，单据上盖有红色的“已签收”字样，扫描送货单条码。扫描送货单号后，界面显示该送货单为“签收确认”，表示该配送点送货完成。按Q键收起PDA。

（6）走到车的尾部，移动鼠标光标至升降台上，按键盘上的↑收起升降台，再按一下↑键关上门。然后上车，按照地图上的GPS线路驾驶车辆前往第二个客户点，到达目的地后，核对店名，打开送货单查看地址是否正确。

（7）按Q键取出PDA，选择第二个送货单号，并点击“执行作业”，跳出扫描笼车编号的界面。参考上一客户点的操作方法进行扫描，并确认签字。

（8）再上车，按照地图上的GPS线路驾驶车辆前往第三个客户点，到达目的地后，核对店名，打开送货单查看地址是否正确。

（9）按Q键取出PDA，选择第三个送货单号，并点击“执行作业”，跳出扫描笼车编号的界面。参考上一客户点的方法进行扫描，并确认签字。

（10）关上车门，司机再次上车，按M键打开地图，返回配送中心。

（11）司机下车后走向配送中心的财务办公室，财务办公室位于门口第一个房间。司机走到财务人员跟前，界面提示“打开送货单并双击左键，请财务人员签字”。

依次取出三个送货单，按操作要求让财务人员签字后界面出现提示信息，点击“确定”，此次配送作业完成。

拓展知识

生产制造企业物流信息系统

生产制造企业物流信息系统作为生产制造企业业务系统的一个子系统，在物理上与其他子系统集成，在逻辑上与其他子系统独立，同时起到联络其他业务子系统的作用。它通过对系统内外信息的收集、存储、加工处理，获得物流管理中有用的信息，并以表格、文档、报告、图形等形式输出，以便管理人员和决策者有效地利用这些信息，组织物流活动，协调和控制各作业子系统的正常运行。

一、生产制造企业物流信息系统的概念

生产制造企业物流信息系统以管理信息系统（MIS）为骨架，将重点放在企业物流的组织、计划、管理、控制和监督上。它综合运用计算机技术、信息技术、管理技术、决策支持系统，同现代化的管理方法、手段结合起来，辅助管理和决策，包括生产管理、物流调配、计划布置、决策分析等。该系统以信息为对象，以物流为主线，以控制为目的，为企业的经营管理、重大决策提供数据和理论依据。企业生产物流管理与控制过程中存在许多不确定的因素，及时而准确的信息系统能减少这种不确定因素的影响。随着企业生产规模和经营范围的扩大，信息收集、处理和传递的工作量大幅增加，数据处理也更趋于复杂化，没有物流信息系统的现代化生产制造企业是不可想象的。

二、生产制造企业物流信息系统的体系结构

生产制造企业物流信息系统是把生产制造过程中各种功能的物流活动联系在一起的纽带，处于物流系统中不同管理层次上的物流部门或人员，需要不同类型的物流信息，一个完整的企业物流信息系统，根据其处理的内容及决策的层次可分为数据管理、业务处理、计划控制、决策分析四层，如图6－59所示。

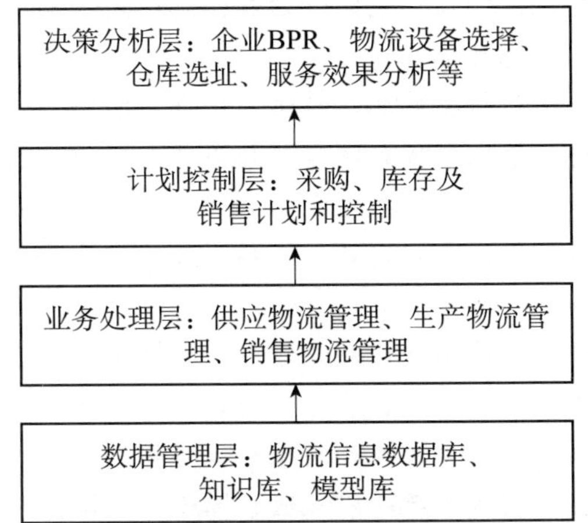

图 6－59　生产制造企业物流信息系统的层次结构

（一）数据管理层

数据管理层有效地保存企业物流的有关数据，并对这些数据进行分类管理，为以上三层提供原始数据。

（二）业务处理层

业务处理层主要支持企业的日常物流运作，解决日常业务中遇到的物流问题，其主要功能为数据登录、查询、统计以及对数据的适当处理。

（三）计划控制层

计划控制层主要帮助决策层领导进行决策分析，为中长期目标服务。

（四）决策分析层

决策分析层主要帮助决策层领导进行决策分析，为中长期目标服务。

三、生产制造企业物流信息系统的功能模块

生产制造企业物流信息系统的主要功能模块包括：商品计划子系统、库存管理子系统、采购管理子系统、仓库管理子系统、劳务管理子系统、物流作业子系统、生产管理子系统、决策支持子系统、物资调度子系统、资料传输子系统、综合信息发布子系统，如图 6－60 所示。

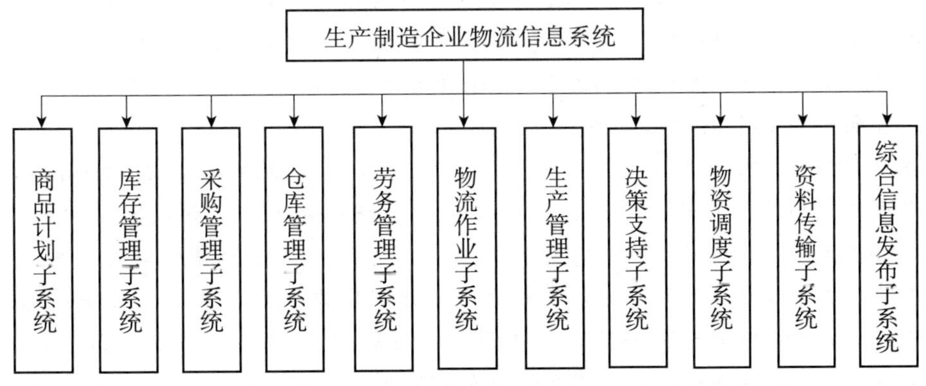

图 6－60　生产制造企业物流信息系统的主要功能模块

(1) 商品计划子系统，包括制订采购计划和销售计划，是对材料和产品的实物流动做出预先的计划，制定一定的目标。

(2) 库存管理子系统，包括决定库存的水平和进货的频率、库存预警、库存成本。

(3) 采购管理子系统，包括订货和决定付款条件、交货时间、交货地点等。采购是供应链上的第一个环节，它的质量直接决定了后续环节的实现程度。

(4) 仓库管理子系统，包括存货地点、产品入库、存储、分配的管理。

(5) 劳务管理子系统，包括劳务工作量计划、质量监督、出勤率等的管理。

(6) 物流作业子系统，是对物流作业管理中产生的信息的管理，包括所有商品的信息、拣货安排、客户商品的分类、集货装箱、包装乃至货物装卸顺序、配送路线、车辆安排、运输方式、交货时刻表、运输工具的跟踪和监督、装载量计划等。

(7) 生产管理子系统，包括生产计划管理、工艺管理等。

(8) 决策支持子系统，包括数据查询、筛选、统计、分析等。

(9) 物资调度子系统，包括人员、生产设备、运输车辆、原材料等的调度。

(10) 资料传输子系统，包括企业间和内部的资料传送、转入、转出、处理以及回传统计等。

(11) 综合信息发布子系统，用于发布企业的产品信息。

生产制造企业物流信息系统最终能达到的效果是所有的商品物流供应和服务的有关功能都能在网上提供，并能在参加交易的贸易伙伴之间进行协调，所有的商品物流供应和服务的有关信息都能够及时准确地获得，并能在相关部门或企业之间快速流动。

实务案例与分析

京东物流仓储管理信息系统——玄武系统

随着电子商务行业的不断发展，如何提升物流的运行效率和用户体验已成为全行业关注的重要问题。京东作为中国领先的自营式电商企业，自建物流体系毫无疑问是其核心竞争力之一。京东商城日处理数百万订单，大促销期间上千万单，数十万操作人员在这个物流网络中服务，信息化、智慧化的物流系统已经成为迫切需求。从 2009 年开始启动 1.0 系统的开发，到 2016 年集多种自动化物流设备于一体的智慧物流仓储 5.0 系统的问世，京东打造了一套兼容并蓄、融会贯通的仓储管理信息系统——玄武系统。京东成为全球唯一拥有中小件、大件、冷藏冷冻仓配一体化物流设施的电商企业。截至 2016 年 9 月 30 日，京东物流在全国 54 座城市运营 254 个大型仓库，超过 550 万 m^2 仓储设施，生鲜仓覆盖全国核心区域。

京东仓储管理人员清醒地知道仓储作业的痛点：(1) 拣货效率低、打包错误率高；(2) 单量呈指数级增长，作业系统急需突破改善；(3) 分仓部署导致的维护工作量大、开仓成本高、数据存储分散不利于数据抽取；(4) 自动化设备的应用与系统集成度低。

玄武系统的功能包括：(1) 支持自动化设备，代替原有全仓纸单作业；启用 C/S 架构，引入电子标签复核、输送线合流等设备。(2) 实施 JIT、拣货路径优化、离线生产、离线发票打印、新内配、入库预约、库内盘点、移库、无纸化等操作。(3) 采用 SOA 服务化、功能定制化，支持集中/分仓部署双重模式，并且接入物流开放平台外单。（4）引入提升机、堆垛机、分拣机、输送线等高度智能化、自动化设备，以及 WCS 子系统，可根据系统策略灵活调动自动化设备，高度智能化。（5）兼容自动化设备与非设备、自营与开放业务、单货主与多货主、人工与机器人等。

京东玄武系统，以大数据处理技术作为基础，利用仓储信息系统把人和设备更好地结合起来，让人和设备能够发挥各自的优势，达到系统最佳的状态，服务于物流仓储、配送，降低物流成本，提高物流效率。

未来京东将构建一个以云计算、人工智能、机器人技术为核心的智能化商业体系，京东仓储信息系统将进入无人仓的研发和应用，建立亚洲一号、机器人仓库等项目。视觉识别、自动码垛设备、搬运机器人、AGV、AS/RS、货架穿梭机、分拣机器人、自动包装设备、复核打包设备等将应用于京东仓储及其管理信息系统之中。

资料来源：中国物流与采购网．京东物流：京东物流仓储管理玄武系统．(2018-12-07) [2019-02-20]. http://www.chinawuliu.com.cn/information/201812/07/336949.shtml.

课后测试

一、选择题（第 1～4 题为单选，第 5～8 题为多选）

1. 仓储管理信息系统由________、硬件和物流设施设备组成。

A. 正向信息　　　　B. 计算机管理软件系统

C. 逆向信息　　　　D. 同行信息

2. 根据运输方式的不同，运输管理信息系统可以分为：________、铁路运输管理信息系统、航空货运管理信息系统和船舶代理管理信息系统等。

A. 仓储运输管理信息系统　　　　B. 高速运输管理信息系统

C. 公路运输管理信息系统　　　　D. 飞机运输管理信息系统

3. 公路运输管理信息系统主要进行车辆的运行管理和货物的________管理。

A. 监控　　B. 辅助　　C. 追踪　　D. 定位

4. 航空货运业务流程可分为________空运业务流程和国际空运业务流程。

A. 城市　　B. 城际　　C. 国内　　D. 世界

5. 公路运输管理信息系统主要功能模块有：车辆信息管理、________、运输业务管理、________、运单回场管理、________、________、费用结算管理、查询与报表管理等。

A. 驾驶员信息管理　　　　B. 运输计划管理

C. 车辆和货物跟踪　　　　D. 监控中心管理

6. 仓储管理信息系统的计算机管理软件系统组织结构按功能可分为：基础信息管理、________、________、出库管理、信息查询、________等。

A. 入库管理　　B. 车辆运输　　C. 库内管理　　D. 费用结算

7. 船务信息管理包括：________、________、________和________等模块。

A. 船务操作　　B. 舱位控制　　C. 船务报表　　D. 船务统计

8. 配送中心管理信息系统（Distribution Management Information System,

DMIS)，是对配送中心的________、进货、______、上架、流通加工、分拣、______、复核、________、交接等信息进行处理与管理的计算机软件系统。

A. 订货　　　　B. 验收　　　　C. 配货　　　　D. 送货

二、判断题（对的打“√”，错的打“×”）

1. 狭义的仓储管理信息系统，是一个实时的计算机软件系统，它能够按照运作的业务规则和运算法则，对信息资源、行为、存货和分销运作进行更加完美的管理，使其满足最大化有效产出和精确性的要求。(　　)

2. 铁路运输管理信息系统由 TMIS 集成应用环境和系统基础结构组成。(　　)

3. 铁路车号自动识别系统是一个对全国铁路车辆、列车、机车运行位置信息进行自动调度的系统，目标是在所有机车、货车上安装电子标签，在所有区段站、编组站、大型货运站和分界站安装地面识别设备。(　　)

4. 生产制造企业物流信息系统作为生产制造企业业务系统的一个子系统，在物理上与其他子系统集成，在逻辑上与其他子系统独立，同时起到联络其他业务子系统的作用。(　　)

5. 配送中心管理信息系统的运作是以配送管理为核心展开的。(　　)

三、简答题

1. TMIS 的主要子系统有哪些?

2. 船舶代理管理信息系统的主要功能模块有哪些?

3. 配送中心管理信息系统的主要功能模块有哪些，其各模块功能是什么?

第七章　电子商务与物流信息系统

教学目标

● **知识目标**

1. 了解电子商务、电子商务物流的定义、分类和特点。

2. 掌握传统商务与电子商务的区别、电子商务物流的运营模式以及电子商务物流信息系统的应用目标。

● **技能日标**

1. 能够正确区分传统商务和电子商务。

2. 能够分析电子商务物流所采用的运营模式。

案例导入

世界已经进入数字经济时代，从商业到社会正在经历全面的数字化转型。在刚刚结束的2019年达沃斯世界经济论坛上，发展数字经济成为全球共识。中国正在以领先者的姿态步入数字经济时代。2017年中国数字经济总量达到27.2万亿元，同比增长20.3%，对GDP的贡献为55%，数字经济已成为近年来中国经济增长的核心动力。

2019年1月28日，阿里巴巴集团发布了《2018年中国数字经济发展报告》。这份报告不仅是数字经济发展活力的重要印证，也表明数字化成为普惠性发展的重要推动力。其主要表现是：

一、"亿元俱乐部"同比增长近42%，数字经济带来发展新动能

2018年全国网上零售额首次突破9万亿元。以互联网、大数据等为代表的数字经济已经深刻融入经济社会各领域，成为经济发展质量变革、效率变革、动力变革的重要驱动力。报告显示，2018年，数字化成功激发了各省数字经济新能量，广东、浙江、江苏成为领先全国的数字消费三大省份，山西、湖南、河北则成为数字消费增长潜力最大的三大省份。从人均数字消费来看，上海、浙江、北京、江苏、福建分列全国前五名，按城市则是上海、北京、广州、深圳、杭州五城领先全国，苏州、成都、重庆、武汉、南京紧随其后。2018年天猫"双11"期间，全国237家品牌企业单日成交额破亿元，跻身"亿元俱乐部"，同比增长近42%。其中上海拥有全国最多的"亿元俱乐部"成员，30%以上的"双11"交易额破亿品牌注册地位于上海（72家）、广东（56家）和浙江（43家）分列第二、三位。

二、数字化赋能服务消费升级

2018 年全国实现社会消费品零售总额超过 38 万亿元，最终消费支出对经济增长的贡献率达到 76.2%。同时服务消费供给质量不断提升，旅游、文化、教育、养老等服务消费发展迅速。2018 年，餐饮收入市场规模首次超过 4 万亿元，比上年增长 9.5%，餐饮配送及外卖送餐服务增长 18.8%。飞猪平台数据显示，2018 年整体出境游用户同比增速超境内游用户 20%，中国游客脚步遍及全球 192 个国家和地区，其中俄罗斯、柬埔寨、欧洲各国、越南、马来西亚在国人旅行清单上的热度越来越高，年旅行人次增速分列第 1～5 位。三、四线及以下城市出境游用户同比增速高于国内游用户 31%。高铁带动旅行新生活，例如，2018 年年底杭黄高铁开通，两地铁路运输人次已猛增了 30 倍。

三、数字化拉平城乡差距，赋能中小企业，让世界更普惠美好

得益于数字经济发展，欠发达地区迎来发展机遇，巨大的农村消费市场也被激活，成为中国经济增长的一个新引擎。报告显示，2018 年二线城市的消费增速打破“次元壁”，三、四线城市的数字化消费迅速增长，更高品质的产品、更优的服务在数字化赋能下实现了无差别供应，更值得关注的是，农村的数字消费增速全面超越了一线、新一线和二线城市的增长速度。阿里脱贫基金启动一年来，国家级贫困县在阿里平台的网络销售额超过 630 亿元。十个电商脱贫样板县 2018 年在阿里平台的网络销售额增速大幅提升，重庆奉节增长 58.6%，安徽金寨增长 50.8%，内蒙古敖汉旗更是高达 794.4%。

数字经济时代的使命，正是运用数字技术帮助更多人完成数字化转型。

资料来源：中国国际电子商务网．2018 年中国数字经济发展报告发布—数字化推动社会更加普惠美好．(2019-01-30) [2019-03-20]. http: //www.ec.com.cn/article/dsyj/dsbg /201901/36850 _ 1.html.

第一节 电子商务

问题导读

什么是电子商务？电子商务是如何分类的？传统商务与现代电子商务的区别有哪些？

❖ 一、电子商务的定义

电子商务（Electronic Commerce）是以信息网络技术为手段，以商品交换为中心的商务活动，是在因特网开放的网络环境下，基于浏览器、服务器应用方式，买卖双方不谋面地进行各种商贸活动，实现消费者的网上购物、商户之间的网上交易和在线电子支付以及各种商务活动、交易活动、金融活动和相关的综合服务活动的一种新型的商业运营模式。

※ 二、电子商务的分类

电子商务可提供网上交易和管理等全过程的服务，归纳起来，它可提供以下功能：网上订购、网上支付、电子账户、广告宣传、咨询洽谈、服务传递、意见征询、交易管理。

按照不同的标准，电子商务可以分为不同的类型。

（1）按照商业活动的运行方式分类，电子商务可分为完全电子商务和非完全电子商务。

（2）按照开展电子交易的范围分类，电子商务可分为本地电子商务、远程国内电子商务和全球电子商务。

（3）按照使用网络的类型分类，电子商务可分为基于专门增值网络的电子商务、基于 Internet 的电子商务和基于 Intranet（企业内部网）的电子商务。

（4）按照交易对象分类，电子商务可分为企业对企业的电子商务（Business-to-Business，B2B）、企业对消费者的电子商务（Business-to-Consumer，B2C）、消费者对消费者的电子商务（Consumer-to-Consumer，C2C）、企业对政府的电子商务（Business-to-Government，B2G）、消费者对政府的电子商务（Consumer-to-Government，C2G）、政府对政府的电子商务（Government-to-Government，G2G）以及企业、消费者、代理商三者相互转化的电子商务（ABC）等。

商务活动时刻运作在我们每个人的生存空间，因此，电子商务的范围涉及人们的生活、工作、学习及消费等各个领域，其服务和管理也涉及政府、工商、金融及用户等诸多方面。Internet 逐渐渗透到每个人的生活中，而各种业务在网络上的相继展开也在不断地推动电子商务这一新兴领域的昌盛和繁荣。电子商务可应用于小到家庭理财、个人购物，大至企业经营、国际贸易等诸多方面。

※ 三、传统商务与电子商务的区别

电子商务将传统商业活动中物流、信息流、资金流的传递方式利用网络科技进行整合，企业通过全球信息网（WWW）、企业内部网（Intranet）或外联网（Extranet）直接与分布在各地的客户、员工、经销商及供应商沟通重要信息，创造更具竞争力的经营优势。

传统商务活动与现代电子商务的主要区别如表 7－1 所示。

表 7－1　传统商务活动与现代电子商务的主要区别

角度	传统商务	电子商务
交易对象	部分地区	世界各地
交易时间	在规定的营业时间内服务	每天 24 小时服务
营销推动	销售商单方努力	交易双方一对一沟通，是双向的
顾客购物方便度	受限于时间、地点及店主态度	按自己的方式，无拘无束地购物
顾客需求把握	商家需很长时间掌握顾客需求	能快速捕捉顾客的需求并及时应对

续前表

角度	传统商务	电子商务
销售地点	需要销售空间（店铺、货架和仓库）	虚拟空间（提供商品列表和图片）
销售方式	通过各种关系买卖，方式多样	完全自由购买
流通渠道	流通环节复杂，流通成本高	简化了流通环节，降低了流通成本

第二节 电子商务物流

什么是电子商务物流？电子商务物流系统由哪几部分构成？电子商务物流的特点是什么？它有哪些运营模式？

※ 一、电子商务物流的定义

电子商务物流就是在电子商务环境下，依靠计算机技术、互联网技术、电子商务技术以及信息技术等所进行的物流活动。

※ 二、电子商务物流系统的构成

电子商务物流活动产生实物流和信息流两个方面，因此电子商务物流系统主要包括物流作业系统和物流信息系统两个部分。

（一）物流作业系统

针对实物流，在采购、运输、仓储、装卸、搬运、配送等作业环节中使用各种先进技能和技术，并使生产据点、物流据点、运输配送路线、运输手段等网络化，以提高物流活动的效率。

（二）物流信息系统

针对信息流，在保证订货、进货、库存、出货、配送等信息畅通的基础上，使通信据点、通信线路、通信手段网络化，提高物流作业系统的效率。

※ 三、电子商务物流的特点

（1）信息化：物流信息化是电子商务的必然要求；

（2）网络化：表现为信息传输的网络化、物流组织的网络化；

（3）智能化：物流作业过程中，大量运筹和决策问题都需要借助于丰富的知识和经验才能解决。

（4）柔性化：随着市场变化的加快，产品寿命周期正在逐步缩短，小批量、多品种的生产已经成为企业生存的关键；

（5）虚拟化：随着 GPS 的应用，社会大物流系统的动态调度、动态储存和动态运输将逐渐代替企业的静态固定仓库；

（6）绿色化：随着环境资源恶化程度的加深，人类生存和发展所面临的威胁增大，人们对资源的有效利用和环境的保护越来越重视。

※ 四、电子商务物流的运营模式

（一）自营物流

1. 自营物流模式的定义

自营物流模式是指电子商务企业沿用原有的物流系统或自行组建物流系统的模式。目前，采取自营模式的电子商务企业主要有两类：一类是资金实力雄厚且业务规模较大的传统商务公司；另一类是传统的大型制造企业或批发企业经营的电子商务网站，由于其自身在长期的传统商务活动中已经建立起初具规模的营销网络和物流配送体系，在开展电子商务时只需将其加以改进、完善，即可满足电子商务条件下对物流配送的要求。

2. 自营物流模式的优势

自营物流可以使企业对供应链有较强的控制能力，容易与其他业务密切配合，全力服务于本企业运营管理。企业自建物流系统，能够自主控制营销活动。一方面，可以亲自为顾客服务到家，使顾客以最近的距离了解企业、熟悉产品，提高企业在顾客群体中的亲和力，提升企业形象，让顾客切身体会到企业的人文关怀；另一方面，企业可以掌握最新的顾客信息和市场信息，从而根据顾客需求和市场发展动向调整战略方案，提高企业的竞争力。

（二）第三方物流

1. 第三方物流的定义

第三方物流是物流专业化的物流形式，是指物流活动和配送工作由商品供方和需方之外的第三方进行，第三方不参与商品的买卖，而是提供从生产到销售整个流通过程的物流服务，包括商品运输、储存、配送以及包装加工等一系列增值服务，这些服务建立在现代电子信息技术的基础上。

在第三方物流服务中，物流服务提供者需为托运人的物流链提供服务，供求双方在协作中建立交易关系或长期合同关系，这两种关系间还可以有多种不同的选择，诸如短期合同、部分整合或合资经营。物流服务供求双方的关系既可以只限于一种特定产品，如将汽车零部件配送给经销商，也可以包括一组特定的物流活动，甚至还可以有更大的合作范围，如进出库运输、仓储、最终组装、包装票价及管理。

2. 第三方物流的运作模式

第三方物流服务的运作模式，主要包括以下三种：

（1）以提高服务附加值为目标的基础物流服务；

（2）以获取规模效益为目标的定制物流服务；

（3）以培育新的客户群为目标的个性化物流服务。

（三）物流联盟

1. 物流联盟的定义

物流联盟是指电子商务网络、电子商务企业、物流企业等各方面通过契约形成的优势互补、要素双向或多向流动、互相信任、共担风险、共享收益的物流伙伴关系。物流联盟是介于自营和外包之间的物流模式，可降低这两种模式的风险。

联盟是动态的，只要合同结束，各方就又变成追求自身利益最大化的单独个体。狭义的物流联盟存在于非物流企业之间，广义的物流联盟包括第三方物流。

物流联盟的方式一般分为纵向模式、横向模式、混合模式、以项目为中心的管理联盟模式、基于 Web 的动态联盟等。

2. 物流联盟的优势

针对不同企业，物流联盟的优势可以总结为以下三点：

（1）长期供应链关系发展成为联盟形式，有助于降低风险；

（2）企业，尤其是中小企业通过物流服务提供商结成联盟，能有效地降低物流成本，提高企业竞争能力；

（3）第三方物流公司通过联盟有利于弥补在业务范围内服务能力的不足。

（四）第四方物流

1. 第四方物流的定义

第四方物流是指一个供应链集成商调配和管理组织自己的以及具有互补性的服务提供商的资源、能力和技术，以提供一个综合的供应链解决方案的物流形式。通俗地讲，第四方物流是指集成商们利用分包商来控制与管理客户公司的点到点式的供应链运作。

2. 第四方物流的优势

（1）具有对整个供应链及物流系统进行整合规划的优势。

第三方物流的优势在于运输、储存、包装、装卸、配送、流通加工等实际的物流业务操作能力，但在综合技能、集成技术、战略规划、区域及全球拓展能力等方面，第三方物流存在明显的局限性，特别是缺乏对整个供应链及物流系统进行整合规划的能力。而第四方物流的核心竞争力在于具有对整个供应链及物流系统进行整合规划的能力，这也是降低客户企业物流成本的根本所在。

（2）具有对供应链服务商进行资源整合的优势。

第四方物流作为具有领导力量的物流服务提供商，可以通过其影响整个供应链的能力，整合最优秀的第三方物流服务商、管理咨询服务商、信息技术服务商和电子商务服务商等，为客户企业提供个性化、多样化的供应链解决方案，为其创造超额价值。

（3）具有信息及服务网络优势。

第四方物流公司的运作主要依靠信息与网络，其强大的信息技术支持能力和广泛的服务网络覆盖支持能力是客户企业开拓国内外市场、降低物流成本所极为看重的，也是取得客户的信赖、获得大额长期订单的优势所在。

（4）具有成本优势和服务质量优势。

由于第四方物流不是物流的“利益方”，它不会成为客户企业的竞争对手，因而才可能成为利益共享的合作伙伴。所以，第四方物流可以利用其专业化的供应链物流管理运作能力和高素质的物流人才，制定出以顾客为导向、快捷、高质量、低成本的物流服务方案，从而大幅度降低企业物流成本，改善物流服务质量。

第三节　电子商务物流信息系统

电子商务物流信息系统的功能有哪些？电子商务物流信息系统由哪几部分组成？其应用目标是什么？

一、电子商务物流信息系统的功能

在互联网的应用引发的信息流、资金流、物流和商流的新经济浪潮里，电子商务环境下的物流信息系统可以为物流客户的业务提供更适当的软件平台和执行软件的应用集成，突出以信息流整合商流、物流、资金流的思想，面向业务需求和企业间协同作业，建立多数据源的数据交换能力、数据接口和组件应用技术，其核心技术是大型企业数据交换和处理平台。因此，电子商务物流信息系统的功能包括以下几方面：

（1）实现和其他商业伙伴的系统对接，以减少人工数据录入和提高信息传递效率。

（2）通过条形码及扫描技术，根据其全球信息网络对每日来往于世界各地的货物进行实际电子跟踪。

（3）实现对订单执行状态的跟踪，提供适时的货物跟踪信息，提供货物的仓储、运输信息，并且可以根据客户的需求定义，提供通过 App、短信、E-mail、SMS 等的通知和警报功能。

（4）实现在线订单下达，可通过身份校验客户的网上下单，通过互联网进行订单的审核、确认。

（5）通过虚拟仓库提供网上的库存查询，提供多个异型的 WMS 系统的动态库存数据，提供一致的库存查询界面，根据要求提供单点库存查询，或多个仓库的汇总查询。

（6）实现在线客户管理与服务，拉近与客户的距离，提高客户的服务体验满意度。

二、电子商务物流信息系统的组成

在电子商务环境下，制造商、供应商和现代物流企业在电子商务平台上完成交易作业，其业务流程是物流、资金流、商流、工作流的一个错综复杂的集合，因此，电子商务物流信息系统由以下三部分组成。

（一）综合门户

综合门户建立基于开放性技术和标准的门户框架，用于提供门户界面的定制服务，通过个性化、交互式、多渠道的访问方式，为电子商务中的商户、客户、物流服务商、认证机构、银行和政府机构提供访问信息的集中门户，实现不同系统的复合应用。

（二）电子商务与物流信息动态集成系统

电子商务与物流信息动态集成系统对电子商务和现代物流集成业务中所涉及的认证信息、支付信息、交易信息、物流信息的要素、属性和彼此关系进行建模，动态集成和协调对业务执行和决策至关重要的信息，屏蔽底层数据源的位置、类型等物理特性，以统一的视图和接口提供给上层应用，使跨系统的业务流程能够基于一致的信息和知识来运行。

（三）业务流程管理与监控系统

业务流程管理与监控系统对业务协同过程的主要环节，如采购、管理、运输与配送、库存、订单处理和销售、供应商关系、认证以及支付等，分析逻辑运行关系，控制流程运行，实现业务流程管理，在业务流程执行过程中，提供各流程节点的操作提示和系统通知、预警等信息。

电子商务与物流信息系统集成框架支持跨系统、跨平台、跨区域甚至跨行业的不同类型的电子商务与物流信息服务。框架不仅有服务平台的通用协同功能，如电子交易、货物跟踪、电子支付、信息认证等，实现统一的信息发布、及时的业务作业点信息查询、透明的单证跟踪，同时也将电子商务交易中商户、客户、物流服务商、认证机构、银行和政府机构的数据与业务有机地集成到一个统一的平台上，支持交易信息、物流信息、支付信息的认证、交换与集成，支持电子商务、物流服务及相关业务系统和信息资源的综合集成与业务协同。在此基础上，实现对业务流程的管理与监控。

※ 三、电子商务物流信息系统的应用目标

电子商务环境下物流信息系统的总体目标是：缩短物流通路的长度，提高系统的透明度和规范性，并促进供应链中各环节的有效整合，建立供应链的快速响应机制，从而提高物流效率及服务品质，控制并降低成本。其应用目标具体包括以下七个：

（1）利用信息技术使数据在物流作业网络内实现共享和相互传输，并可利用电子商务手段实现与其他企业物流信息系统间的相互传输。

（2）通过网络传输、激光扫描、人工输入等方式的结合来实现原始物流数据信息的采集作业。

（3）建立相对应的数据库对不同性质的数据信息进行数据库管理，同时具有定期备份、集中存储、统一处理、联机查验等功能。

（4）对采集到的数据作业基础数据源，用不同的统计分析工具进行分析，从而为上级决策提供科学依据。

（5）利用电子商务手段进行物流业务情况查询、跟踪、协调等工作。

（6）通过多种手段对物流作业的信息流程、作业流程、表格样式、单据样式进行规范管理。

（7）对物流作业中的待运信息、车辆信息、发货计划、物品库存状态、指令状态等各种数据信息进行监测管理，并针对不同的情况采取不同的解决措施。

因此，电子商务下的物流信息系统可以利用计算机网络进行全平台的数据交换和数据共享，实现企业不同地点仓库间和企业间的信息集成，实现运输的网络化、信息化、数字化管理。

拓展知识

协同物流商务信息平台

当前，大量的支持物流企业联盟及第三方物流的商业软件已经出现，包括运输管理、客户关系管理、仓储管理等，几乎物流企业运作的各个信息处理环节都有相应的信息处理系统。协同物流商务（Collaborative Logistics Commerce，CLC）是一种新的软件和服务策略，它将上述信息单元集成在一起，并且利用 Internet 技术将物流企业的市场、服务、客户等统一在一个全球知识网中。

协同物流商务信息平台已经超出了传统的管理信息系统的内涵，也超越了普通意义上的网站，成为物流企业管理信息系统与电子商务两大应用的结合点。它是电子商务的一种综合实现模式，同时又是一个基于 Web 的应用系统，通过与企业其他信息系统的集成，使企业员工、客户、供应商和合作伙伴能够从单一的渠道访问其所需要的个性化信息。

一、协同物流商务信息平台的商业模型

协同物流商务信息平台的一个关键属性是数据和应用的松散耦合集成，即一个不依赖于具体数据源的统一数据模型。这个数据模型对应着 Internet 知识系统元框架中的本体模型。事实上，协同物流商务是 Internet 商务模式的一种具体实现，它的关键部件就是按照本体论建立起来的元框架模型。因为它起到了多种离散系统互连的作用，所以在商业上称为 E-Hub。

协同物流商务信息平台的另一个关键属性是所有的信息仓库都具有 Internet 可视性并且可被全局存取。一个协同物流商务信息平台用户通过标准浏览器，可以在一定权限控制下从物流企业信息系统中任意浏览所需数据。从这个意义上说，协同物流商务增加了商务流转过程的透明度，打破了企业之间的地理位置鸿沟。随着商业智能技术的不断发展，融合了数据仓库、数据挖掘技术的智能 E-Hub 已经演变成为商业智能的标准成分。

建立协同物流商务信息平台就是要为第三方物流企业建立企业信息门户。协同物流商务信息平台可以让物流企业管理货物的全方位信息，并让企业与其他合作伙伴，尤其是与货物的供应商和客户通过 Internet 共享这些信息。

二、协同物流商务信息平台的结构模型

最初的企业信息平台，由于当时各方面技术的限制，通常采用 C/S 结构和结构化编程技术，应用范围也局限在企业内部。近几年，出现了多层分布式结构和 Web 机制的网络化信息平台，编程技术也从以前的结构化编程发展为完全的面向对象技术，采用的数据库从关系型过渡到了对象关系数据库。

当前基于 Internet 的企业信息平台普遍采用 Web 技术及大量业界标准。协同物流商务系统体系结构整体可分为五层：底层服务层、核心服务层、应用组件层、集成应用层和实施理念层。

（一）底层服务层

底层服务层主要指异构分布的计算机硬件环境、操作系统、网络与通信协议、数据库、中间件等支撑环境。Windows 由于成本低廉、界面友好，成为许多厂商的首选操作系统平台。由于协同物流商务系统庞大的数据量和较高的性能要求，因此底层数据库都采用 Oracle、Microsoft SQL Server、Sybase 等大型数据库。

（二）核心服务层

核心服务层实际上就是一组对象模型，它主要具备三个功能：

（1）向下连接并操纵数据库；

（2）向上为协同物流商务信息平台应用组件提供基本服务；

（3）为应用软件提供应用编程接口（API），以集成应用软件。

（三）应用组件层

协同物流商务信息平台应用组件实际上是由调用基础服务的一组程序组成，并能够完成一定应用功能的功能模块。各物流信息平台开发厂商都不断丰富自己的应用组件，并将统一的用户界面归入了应用组件层。目前，几乎所有的物流信息系统都支持 Web 方式的访问和操作，以 Web 浏览器为客户端的 B/S 结构也已经十分普遍。

（四）集成应用层

集成应用层主要包括各种账务领域软件、Word 等办公用软件以及所有协同物流商务信息平台以外的其他应用软件。

（五）实施理念层

协同物流商务信息平台归根结底不是企业的经营管理模式而只是一种软件工具。这种软件工具只有在先进的企业运作模式下才能发挥作用，因此，协同物流商务信息平台的实施几乎都离不开 SCM、JIT 等先进的管理理念和质量标准的支持。只有在这些先进思想的指导下，协同物流商务信息平台的实施才能确保成功并发挥较大的作用。

实务案例与分析

2018 年 6 月 4 日晚，国家邮政局发布《2017 年邮政行业发展统计公报》，数据显示，2017 年邮政行业业务总量突破9 000亿元，快递业务量突破 400 亿件。同城快递业务量与异地快递业务量分别同比增长 25%、28.9%。民营快递企业业务量市场份额为 92.2%，业务收入市场份额为 85.6%。

快递业的蓬勃发展，离不开电子商务的庞大市场，两者相辅相成。伴随着电商的发展和日益成熟，物流成为各个电商企业竞争强有力的筹码，物流的配送速度和质量也成为衡量企业的重要指标。很显然，第三方物流快递公司已经远远不能满足电商企业的庞大订单量，以及对于配送的高标准和高要求。因此，很多电商企业打破传统快递的牢笼，通过自建物流来满足日益增长的快递需求。

成立于 2007 年的京东物流在行业内可以说是一个非常典型的自建物流案例。其实在早期，京东物流的发展也是一波三折，很多业内人士对此争论不休，但现在其发展状况稳定向好。目前京东物流已经在上百个城市实现了当日达，并提供京准达、211 限时达、极速达、夜间配等多种个性化服务。

对于电商企业来说，除提防“偷快递”现象外，企业自建物流最根本的原因有以下四点：

（1）随着电商业务的不断扩大，第三方快递物流公司已不能满足日渐增长的快递配送需求；

（2）时间上有保障，配送速度快，更能把握好时间点；

（3）服务意识强，避免快递调包、对快递随意乱丢等现象；

（4）能够大幅提升用户的消费体验，增加用户的黏性，增强信任感。

快递物流咨询网首席顾问徐勇表示，从电商与快递物流行业的市场规则到付款周期，再到对快递物流行业的罚款名目上来看，相较第三方快递物流公司而言，电商企业自建物流具备一定优势：电商企业本身掌握货源，可以利用上游商品的利润补贴快递的配送价格；电商自建的物流企业往往采取直营模式，在物流配送体系标准化上更胜一筹；电商自建的物流企业对自家商品配送的掌握能力更强，可以避免因为第三方物流快递公司休假而产生的无人送货的情况，实现节假日无休配送，用户体验更好。

自建物流有利也有弊，它在给企业带来福利的同时，也具有一定的杀伤力，甚至会拖垮企业。因为自建物流并不是企业的主要经济来源，且它的前期投入非常大，要求非常高：第一，需具备雄厚的资金和技术实力；第二，企业管理能力要非常强。

据 IT 前沿信息报道，京东虽然已经上市，但近期才开始扭亏为盈，在之前很长一段时间里，京东处于亏损状态。原因是京东商城赢利，京东物流亏损，京东商城赚来的钱都用在了京东自建物流上。海尔、苏宁、国美、美的等这些企业的自建物流，依靠企业雄厚的资金和技术、管理能力的支持，发展相对比较好。沱沱工社早期也是自建物流，然而出于成本考虑，采用了自建物流＋第三方快递物流公司结合的柔性供应链，但因自营农场后期运营问题，后来就完全采用第三方快递物流公司来负责业务配送了。2014 年年初成立的半成品净菜电商青年菜君，初期的取货模式是在地铁口取件，后因地铁口人流量大、管理混乱、成本高，就转变发展模式，改成社区自提柜和宅配送的模式，蔬菜的利润口虽大，但仓储和物流成本都太高，最终青年菜君因融资脱节不得不以悲剧告终。

自建物流从配送和服务用户的角度来看，可圈可点，但从经济和运营来看，则不利于市场竞争。受快递物流企业面临的成本压力影响，随着“共享经济”蓬勃发展，未来电商自建物流企业与第三方快递物流企业或将在末端配送、干线运输等环节实现业态融合。因此，不同的电商企业应立足于电商物流特性，考虑综合成本因素，才能让物流能力成为企业发展的利器，在激烈的行业竞争中找到出路。

在 2018 全球智慧物流峰会上，菜鸟总裁万霖表示，“五年时间里面我们整个行业的包裹量已经从 90 亿达到今年要突破 500 亿的规模，每年都会有百亿级的突破”。

在这样的大势下，电商自建物流成必然趋势，未来会有更多的电商加入自建物流体系当中，并且电商物流已有发展为第三方物流的征兆。2012 年苏宁物流从苏宁的内部服务体系中剥离出来，转型成为第三方物流公司。现如今，京东正在打造独立于京东现有物流体系的物流公司，它与京东现在所经营的业务板块完全区分开来，双向发展，拓展业务线。就连表示“绝不建立快递公司”的马云也建立了自有物流落地配送体系“喵递”。

可见，电商开放或剥离物流发展会成为电商物流业务线之一，未来在金融方面也会是一个发展方向，电商、物流、金融将成为三个协同发展的业务线。最终三流合一，重构流通体系，优化供应链，打造生态闭环。

电商自建物流逐渐开放后，将会与第三方快递物流企业展开直接竞争，在服务上自建物流更具多样性、时效性。这时，顺丰、“三通一达”等第三方物流公司，该如何与电商企业在“竞合中掌握生存的平衡”依然是一个有待时间检验的命题。

资料来源：亿欧网．深度分析：电商自建物流 PK 第三方物流，谁更胜一筹？．(2018-06-19)[2019-03-25]. http://baijiahao.baidu.com/s?id=1603670612137579260&wfr=spider&for=pc.

分析与思考：

1. 电子商务环境下的物流模式有哪几种？其代表企业是哪几家？
2. 你认为未来第三方物流公司与电商自建物流会不会重新洗牌？为什么？

项目化实务训练

典型电子商务模式调查与体验

一、项目目的

了解电子商务的典型模式，如 B2B、B2C、C2C，通过电子商务网站，掌握各典型模式的页面设置、功能和区别。掌握这三种典型模式物流的信息流流程，完成一次网上交易、信息跟踪与在线支付体验。

二、项目要求

1. 根据本章学习内容，查找纸质和电子资料，完成电子商务的三种典型模式——B2B、B2C、C2C 的功能与特征描述。

2. 选择三种典型电子商务模式中的一种，完成一次网上交易、信息跟踪和在线支付，并撰写一份完整的体验记录。

三、考核标准（见表 7-2）

表 7-2 项目化实务训练考核标准

项目化实务训练	考核项目	内容	分值
典型电子商务模式调查与体验	实例调查的真实性、完整性	实例有来源或出处；叙述调查情况完整、全面；内容、数据可靠，无窜改、无编造等	40
	调查与体验的描述和总结	调查与体验的描述和总结独立完成、观点正确、论据真实、由浅入深，不生搬硬套、无直接拷贝等	50
	实例表述	文字说明有条理、思路清晰、结构合理等	10

课后测试

一、选择题（第1～3题为单选，第4～7题为多选）

1. 电子商务（Electronic Commerce），是以________为手段，以商品交换为中心的商务活动。

A. 计算机技术　B. GPS技术　C. 信息网络技术　D. 条码技术

2. 按照商业活动的运行方式分类，电子商务可分为________和非完全电子商务。

A. 完全电子商务　B. 部分电子商务
C. 多数电子商务　D. 少数电子商务

3. 电子商务是实现消费者的网上购物、商户之间的网上交易和在线电子支付以及各种商务活动、交易活动、金融活动和相关的综合服务活动的一种新型的________。

A. 商业运营模式　B. 电子商务运营模式
C. 物流运营模式　D. 信息管理运营模式

4. 按照交易对象分类，电子商务可分为________、________、________、B2G、________、G2G以及ABC等。

A. B2B　B. B2C　C. C2C　D. C2G

5. 电子商务物流的特点有：________、________、________、智能化、虚拟化和绿色化。

A. 信息化　B. 网络化　C. 个性化　D. 柔性化

6. 电子商务物流的运营模式：________、________、________和________。

A. 自营物流　B. 第三方物流　C. 物流联盟　D. 第四方物流

7. 电子商务下的物流信息系统可利用计算机网络进行全平台的______和______，实现企业不同地点仓库间和企业间的信息集成，实现运输的网络化、信息化、数字化管理。

A. 数据交换　B. 货物跟踪　C. 数据存储　D. 数据共享

二、判断题（对的打“√”，错的打“×”）

1. 电子商务物流就是在电子商务环境下，依靠计算机技术、互联网技术、电子商务技术以及信息技术等所进行的物流活动。（　　）

2. 电子商务物流系统主要包括物流作业系统和物流流程系统两个部分。（　　）

3. 物流联盟是电子商务网络、电子商务企业、物流企业等各方面通过契约形成优势互补、要素双向或多向流动、互相信任、共担风险、共享收益的物流伙伴关系。（　　）

4. 第四方物流是指一个供应链集成商调配和管理组织自己的以及具有互补性的服务提供商的资源、能力和技术，以提供一个综合的供应链解决方案的物流形式。（　　）

三、简答题

1. 简述传统商务与现代电子商务的区别是什么。

2. 简述电子商务物流信息系统的应用目标有哪些。

第八章　互联网+物流信息管理

教学目标

● **知识目标**

1. 了解物联网、智慧物流、云计算、云物流和物流公共信息平台的定义。

2. 熟悉物联网、智慧物流、云计算、云物流和物流公共信息平台的功能、层次、特点和关键技术。

3. 掌握物联网、智慧物流、云计算、云物流和物流公共信息平台的应用状况。

● **技能目标**

1. 能够正确分析物联网、智慧物流、云物流的实际应用情况。

2. 能够选择合适的物流公共信息平台结构与运营机制。

案例导入

山东盖世国际物流集团是一家以物流产业为核心的大型综合性企业集团，荣获中国5A级物流企业、山东省重点服务业园区和山东省物流信息化示范单位等称号。经过十余年的发展，集团探索并创立了储运、流通、综合服务三大功能园区互为依托、优势互补的运作模式，充分体现了系统管理、集约发展、整合资源的现代物流管理理念。目前，集团资产总额达到210亿元，占地面积约470万m^2，拥有仓储面积150万m^2，基本实现全国各省市无盲点覆盖，成为全国规模最大的综合性物流园区之一，能提供完善的区域性、现代化的综合物流服务平台。

一、智慧物流系统实施前园区存在的问题

（一）基础信息资源未实现全园共享

盖世集团各园区、各业务部门没有统一的数据中心，在各业务部门间不能及时地互通、互联和共享信息，因此，无法为客户提供更好的服务。

（二）对信息化建设的重要性和作用认识不足

在信息化建设方面不理解、不支持，有些部门不清楚如何实现信息化，有些部门对信息化所产生的经济效益以及对企业自身发展的重要性缺乏足够的认识，有些部门对信息化所必需的投入心存疑惑等，没有真正把信息化建设放到集团战略层次来考虑，不知道信息化能给企业带来的益处。

（三）没有信息化顶层的架构设计，信息孤岛间数据无法整合

集团各园区、各部门在信息化和系统建设方面都存在各自为政的局面，每个部门都

想独立发展自己的信息化。没有统一的规划，无法建立统一的平台，没有顶层设计架构，因此产生了很多问题，造成了数据间的隔阂。

二、基于互联网＋的智慧物流园区建设

（一）总体设计

从盖世集团物流园区发展战略出发，结合本园区实际情况，智慧物流园区的总体设计包括：(1) 全面感知，信息采集；(2) 建立智慧化物流园区信息资源库；(3) 应用支撑平台；(4) 业务应用与服务；(5) 便捷的多服务渠道。

（二）主要内容

盖世集团智慧化物流园区的主要建设内容包括：信息基础设施优化、智慧办公系统、智慧物业系统、产业服务系统、生活服务系统、生态环保系统、产业发展服务系统等。智慧物流园区系统建设实现了：园区无线网全覆盖；综合信息门户，支持可公开信息网站、短信、WAP、微信等跨平台发布，支持特定对象分类信息的智能推送；深化供应链管理(SCM)、商业智能（BI)、合同信息查询等的企业集成应用，促进物联网、云计算等新兴信息技术和工业机器人等先进制造技术在物流园区的融合创新；与云服务体系完美对接，具有融合、开放、协同等特性，与省、市及其他智慧物流云服务平台实现信息共享与数据共用。

（三）关键技术

智慧物流园区建设涉及众多的关键技术，主要有数据交换技术、云计算技术、物联网技术等。集团与省内多所高校建立了长期战略合作伙伴关系，并由专业软件开发咨询公司提供物流智慧园区的规划、设计、建设以及运行的维护等服务。

三、智慧物流系统的应用对企业的影响

智慧物流系统投入使用后，对企业可以达到以下四个效果：

(1) 重组物流流程，提升管理水平，降低物流成本，提高园区综合竞争力；

(2) 支撑战略发展与业务扩张；

(3) 吸引更多的优质客户；

(4) 实现互联网＋的信息化网络管理，能搜索并及时了解终端市场的动态变化。

盖世集团通过智慧物流系统的建设和引导，带动了物流园区的长足发展，实现了更透彻的感知、更全面的互联、更深入的智能，实现了物流、金融、商贸、加工和信息五大产业在园区内的协调发展，创新物流产业发展模式，再造物流新体系，真正实现了物流园区的智能化、人性化、机械化和信息化。

资料来源：中国物流与采购联合会．山东盖世国际物流集团有限公司：智慧化物流综合服务平台．(2018-03-14) [2019-03-25]. http://www.chinawuliu.com.cn/xsyj/201803/14/329400.shtml.

第一节　物联网

什么是物联网？物联网的层次、关键技术有哪些？物联网的应用状况如何？

当前互联网经济深刻影响着我们的生活和工作，以“互联网+”为驱动的新技术、新业态、新模式，已经成为社会经济发展的新引擎。而近年来，中国物联网的飞速发展，使得中国的物联网影响到了全球供应链。

※ 一、物联网的定义和层次

（一）物联网的定义

物联网是新一代信息技术的重要组成部分，也是信息化时代的重要发展阶段，其英文名称是“Internet of Things（IoT）”，即物联网是物物相连的互联网。其包含两层意思：一是物联网的核心和基础仍然是互联网，它是在互联网基础上延伸和扩展的网络；二是其用户端延伸和扩展到了任何物品之间，在物品之间进行信息交换和通信，也就是物物相息。

物联网通过智能感知、识别技术与普适计算等通信感知技术，广泛应用于网络的融合中，也因此被称为继计算机、互联网之后世界信息产业发展的第三次浪潮。物联网是互联网的应用拓展，与其说物联网是网络，不如说物联网是业务和应用。因此，应用创新是物联网发展的核心，以用户体验为核心的创新是物联网发展的灵魂。

物联网常用的简明定义是通过射频识别、红外感应器、全球定位系统、激光扫描器等信息传感设备，按约定的协议，把任何物品与互联网相连接，进行信息交换和通信，以实现智能化识别、定位、跟踪、监控和管理的一种网络。物联网概念的演进如表8-1所示。

表8-1 物联网概念的演进

时间	物联网相关议题
1995年	比尔·盖茨《未来之路》一书中提及物联网概念
1999年	美国麻省理工学院（MIT）EPC系统的物联网构想； 美国Auto-ID中心提出基于物品编码、RFID技术和互联网的物联网概念
2005年	国际电信联盟（ITU）发布了《ITU互联网报告2005：物联网》报告，正式提出了物联网概念
2008年11月	IBM提出智慧地球概念，即“互联网+物联网=智慧地球”，以此作为经济振兴战略
2009年1月	奥巴马在和工商领袖举行的圆桌会议上，对包括物联网在内的智慧型基础设施建设给予积极回应，将新能源和物联网列为振兴经济的两大武器
2009年	欧盟发表了*Internet of things—An action plan for Europe*的物联网行动方案； 韩国通过了《物联网基础设施构建基本规划》； 日本制定了《i-Japan战略2015》
2009年8月	温家宝同志在无锡提出“感知中国”的战略构想
2010年6月	胡锦涛同志在两院院士大会上指出要加快发展物联网技术
2014年2月	习近平同志在中央网络安全和信息化领导小组第一次会议上提出，把我国建设成为网络强国
2017年6月	李克强同志在第十一届夏季达沃斯论坛表示：中国“互联网+”战略面向全球

（二）物联网的层次

综合国内各权威物联网专家的分析，可以将物联网系统划分为三个层次：感知层、网络层和应用层。

1. 感知层

感知层由各种传感器以及传感网关构成，主要包括二氧化碳浓度传感器、温度传感器、湿度传感器、二维码标签、RFID 标签和读写器、摄像头、GPS 等感知终端。感知层的作用相当于人的眼、耳、鼻、喉和皮肤等神经末梢，其主要功能是识别物体，采集信息。

2. 网络层

网络层由各种私有网络、互联网、有线和无线通信网、网络管理系统和云计算平台等组成，相当于人的神经中枢和大脑，负责传递和处理感知层获取的信息。网络层涉及各种通信网络和互联网相互融合，通过网络的可靠传递实现物体信息的共享。

3. 应用层

应用层是物联网和用户（包括人、组织和其他系统）的接口，它与行业需求结合，实现物联网的智能应用。应用层以实现人与人、物与物、物与人的全面感知、互联互通和信息智能利用为特征，以物联网、云计算、3D 等新一代信息技术为基础，涉及智能电网、智能交通、智慧物流、智慧医疗、智慧工业、智慧农业等诸多领域。

❖ 二、物联网的关键技术

（一）传感器技术

传感器是指能感知预定的被测指标并将感知到的信息转换成可用信号的器件或装置。它通常由敏感元件或转换元件组成。传感器的种类很多，可以按照用途、材料、输出信号类型、制造工艺等方式进行分类。

物联网中的传感器节点由数据采集装置、数据处理装置、数据传输装置和电源构成。节点具有感知能力、计算能力和通信能力，也就是在传统传感器的基础上，增加了协同、计算、通信功能，构成了传感器节点。

（二）RFID 技术

RFID 技术是一种非接触式的自动识别技术，通过射频信号自动识别对象并获取相关数据，详见第二章第二节。

（三）智能技术

智能技术是能够代替人的脑力劳动的一种技术，即由计算机代替人的重复性的脑力劳动，也称为人工智能。人工智能是一门极富挑战性的科学，从事这项工作的人必须懂得计算机知识、心理学和哲学。人工智能是内容十分广泛的科学，涉及不同领域，如表 8－2 所示。

表 8－2 不同应用领域的物联网智能技术

应用领域	具体的智能技术
生产物流技术	ERP 技术、自动控制技术、专家系统技术
大范围社会物流技术	数据挖掘技术、智能调度技术、优化运筹调度技术
以仓储为核心的智能技术	自动控制技术、智能机器人技术、智能信息管理系统技术、移动计算技术、数据挖掘技术
物流方面的智能技术	智能计算技术、云计算技术、数据挖掘技术、专家系统技术等智能技术

（四）纳米技术

纳米科学与技术，简称纳米技术，主要研究结构尺寸在 0.1～100nm 范围内的材料的性质和应用。纳米技术是一门交叉性很强的综合学科，研究的内容涉及现代科技的广阔领域。

（五）嵌入式系统技术

嵌入式系统是一种完全嵌入受控器件内部，为特定应用而设计的专用计算机系统。嵌入式系统技术是集计算机软硬件、传感器技术、集成电路技术、电子应用技术于一体的复杂技术。经过几十年的演变，以嵌入式系统为特征的智能终端产品已随处可见，小到人们身边的 MP3，大到航空航天的卫星系统。

※ 三、物联网的应用

物联网把新一代 IT 技术充分运用在各行各业之中，如智能交通、环境保护、政府工作、公共安全、平安家居、智能消防、工业监测、老人护理、个人健康、花卉栽培、水系监测、食品溯源、敌情侦查和情报搜集等多个领域。

（一）智能交通

智能交通（ITS）是未来交通系统的发展方向，它是将先进的信息技术、数据通信传输技术、电子传感技术、控制技术及计算机技术等有效地集成运用于整个地面交通管理系统而建立的一种在大范围内全方位发挥作用的，实时、准确、高效的综合交通运输管理系统。智能交通可以有效地利用现有交通设施，减少交通负荷和环境污染，保证交通安全，提高运输效率，因而日益受到各国的重视。

（二）智能电网

在传统电网的基础上建设而成的智能电网，其传输拓扑网络更加优化，以满足更大范围的各种用电状况，如在用电量低的时段给电池充电，然后在高峰时反过来给电网提供电能。智能电网具有利用超导传输线减少电能的传输损耗和集成新能源（如风能、太阳能等）的功能。当电能充足时，工厂可以在任何时间段进行其生产过程。在电能需求的高峰期，它可以关闭一些非必要的电器来降低需求。

（三）智能家居

智能家居产品融合自动化控制系统、计算机网络系统和网络通信技术于一体，通过智能家庭网络实现各种家庭设备，如音视频设备、照明系统、窗帘控制系统、空调控制系统、安防系统、数字影院系统、网络家电等的自动化。用户可以通过中国电信的宽带、固定电话和移动无线网络，实现对家庭设备的远程操控。

（四）智能物流

利用智能物流可以打造集信息展现、电子商务、物流配载、仓储管理、金融质押、园区安保、海关保税等功能为一体的物流园区综合信息服务平台。物流园区综合信息服务平台以功能集成、效能综合为主要开发理念，以电子商务、网上交易为主要交易形式，可以为园区客户及管理人员提供一站式综合信息服务。

（五）智能医疗

智能医疗系统借助简易实用的家庭医疗传感设备，对家中病人或老人的生理指标进行检测，并将生成的生理指标数据通过固定网络或移动无线网络传送给护理人或有关医疗单位。根据客户的需求，信息服务商还提供相关增值业务，如紧急呼叫救助服务、专家咨询服务、终生健康档案管理服务等。

（六）智能安防

智能安防技术的主要内涵是其相关内容和服务的信息化、图像的传输和存储、数据的存储和处理等。一个完整的智能安防系统主要由门禁、报警和监控三大部分组成，包括防盗报警系统、保安人员巡更报警系统、GPS 车辆报警管理系统和 110 报警联网传输系统等子系统。

第二节　智慧物流

什么是智慧物流？智慧物流的功能、作用有哪些？智慧物流体系包含哪几个层次？智慧物流的建设实施应注意什么？

一、智慧物流概述

（一）智慧物流的定义

继 2008 年 IBM 提出“智慧地球”后，2009 年奥巴马提出将“智慧地球”作为美国国家战略。2009 年 8 月，温家宝同志在无锡提出“感知中国”，物联网被正式列为国家五大新兴战略性产业之一，并写入政府工作报告。目前，美国、欧盟等都在投入巨资深入研究探索物联网。考虑到物流业是最早接触物联网的行业，也是最早应用物联网技术，实现物流作业智能化、网络化和自动化的行业，2009 年，中国物流技术协会信息中心、华夏物联网、《物流技术与应用》编辑部率先在行业内提出“智慧物流”的概念。

智慧物流是一种以信息技术为支撑，在物流的运输、仓储、包装、装卸、搬运、流通加工、配送、信息服务等各个环节实现系统感知、全面分析、及时处理及自我调整功能，从而实现物流规整智慧、发现智慧、创新智慧和系统智慧的现代综合性物流系统。

（二）智慧物流的功能与作用

1. 感知功能

运用各种先进技术，能够获取运输、仓储、包装、装卸、搬运、流通加工、配送、信息服务等各个环节的大量信息；实现实时收集数据，使各方能准确掌握货物、车辆和仓库等的信息，初步实现感知智慧。

2. 规整功能

继感知之后把采集的信息通过网络传输到数据中心，用于数据归档，并通过对数据和流程的标准化，推进跨网络的系统整合，实现规整智慧。

3. 智能分析

运用智能的模拟器模型等手段分析物流问题；在运行中，系统会自行调用原有经验数据，随时发现物流作业活动中的漏洞或者薄弱环节，实现发现智慧。

4. 优化决策

结合特定需要，根据不同的情况，评估基于概率的风险，进行预测分析，协同制定决策；提出最合理有效的解决方案，使做出的决策更加准确、科学，实现创新智慧。

5. 系统支持

互通有无、共享数据、优化资源配置，从而为物流各个环节提供最强大的系统支持，使得各环节协作、协调、协同，实现系统智慧。

6. 自动修正

在前面各个功能的基础上，按照最有效的解决方案，系统自动遵循最快捷有效的路线运行，并在发现问题后自动修正，且记录在案，方便日后查询。

7. 及时反馈

反馈是实现系统修正、完善必不可少的环节。反馈贯穿于智慧物流系统的每一个环节，为物流相关作业者了解物流运行情况、及时解决系统问题提供强大的保障。

智慧物流可以发挥以下作用：降低物流成本，提高企业利润；加速物流产业的发展，成为物流业的信息技术支撑；为企业生产、采购和销售系统的智能融合奠定基础；使消费者节约成本，轻松、放心购物；提高政府部门工作效率，有助于政治体制改革；促进当地经济进一步发展，提升综合竞争力；等等。

❖ 二、智慧物流的层次结构

按照服务对象和服务范围划分，智慧物流体系可以分为企业智慧物流、行业智慧物流、国家智慧物流三个层次。

（一）企业智慧物流

企业智慧物流是指物流企业深入推广信息技术与智能技术在物流企业中的应用，主要体现在智慧仓储、智慧运输、智慧装卸等各个环节，从而实现整个供应链的智慧化。

（二）行业智慧物流

行业智慧物流建设主要包括智慧区域物流中心、区域智慧物流行业以及预警和协调机制的建设三个方面。

（1）智慧区域物流中心。建立智慧区域物流中心，关键是要搭建区域物流信息平台，这是区域物流活动的神经中枢。它连接着物流系统的各个层次、各个方面，将原本分离的商流、物流、信息流和采购、运输、仓储、代理、配送等环节紧密联系起来，形成一条完整的供应链。

（2）区域智慧物流行业。如在快递行业中重视新技术的开发与利用，通过自动报单、自动分拣、自动跟踪等信息系统的应用，不仅使运件的实时跟踪变得轻而易举，而且大大降低了服务的成本。

（3）预警和协调机制。加强监测和管理，对一些基础数据进行开拓和挖掘；做好统计数据和相关信息的收集，及时反映相关问题，建立相应的协调和预警机制。

（三）国家智慧物流

国家智慧物流旨在打造一体化的效能同制、规划同网、铁路同轨、乘车同卡的现代物流支持平台，以制度协调、资源互补和需求放大效应为目标，以物流一体化推动整个经济的快速增长；与此同时，着眼于实现功能互补、错位发展，着力构建运输服务网络，如“水陆配套、多式联运”的港口集疏运网络，“客货并举、以货为主”的航空运输网络，“干支直达、通江达海”的内河货运网络。

◈ 三、智慧物流的建设实施

智慧物流的实施有三种模式：第三方物流企业运营模式、物流园区模式和大型制造企业模式。智慧物流系统的创建一般要经过以下八个步骤：建立基础数据库；推进业务流程优化；重点创建信息采集跟踪系统；实现车辆人员智能管理；做好智能订单管理；积极推广战略联盟；制定危机应对机制；将更多物联网技术集成应用于智能物流。

在智慧物流系统的建设实施过程中，应把握以下六点。

（一）信息网络是智慧物流系统的基础

智慧物流系统的信息收集、交换共享、指令下达都要依靠一个发达的信息网络。没有准确的、实时的需求信息、供应信息、控制信息做基础，智慧物流系统也就无法对信息进行筛选、规整和分析。

（二）网络数据挖掘和商业智能技术是实现智慧物流系统的关键

对海量信息进行筛选规整、分析处理，提取其中有价值的信息，实现规整智慧、发现智慧，从而为系统的智慧决策提供支持，必须依靠网络数据挖掘和商业智能技术。

（三）良好的物流运作和管理水平是实现智慧物流系统的保障

实践证明，如果没有良好的物流运作和管理水平，盲目发展信息系统，不仅不能改善业绩，反而会适得其反。良好的物流运作和管理水平相结合，才能实现智慧物流的系统智慧，发挥协同、协作、协调效应。

（四）需要专业 IT 人才与熟知物流活动规律的经营人才的共同努力

物流业是一个专业密集型和技术密集型的行业，如果没有人才，大量信息的筛选、分析乃至应用，将无从入手，智慧技术的应用与技术之间的结合也无从进行。

（五）必须实现从传统物流向现代物流的转换

智慧物流所要实现的产品智能可追溯网络系统、物流过程的可视化智能管理网络体系，智能化的企业物流配送中心和企业的智慧供应链必须建立在“综合物流”之上，如果传统物流业不向现代物流业转变，则智慧物流只能是局部智能而不是系统的智慧。

（六）将物流技术与智慧技术结合

只有将物流技术与智慧技术相结合，人们才能实现智慧物流的感知智慧、规整智慧、发现智慧、创新智慧、系统智慧。这些技术主要包括新的传感技术、EDI、GPS、RFID、条码技术、视频监控技术、移动计算技术、无线网络技术、基础通信网络技术和互联网技术。

第三节 云计算与云物流

什么是云计算？什么是云物流？云计算的特点是什么？云物流服务平台可划分为哪三类？云物流的优势有哪些？

❖ 一、云计算

（一）云计算的定义

云计算（Cloud Computing）是基于互联网相关服务的增加、使用和交付模式，通常涉及通过互联网来提供动态易扩展且虚拟化的资源。云是网络、互联网的一种比喻。狭义的云计算指 IT 基础设施的交付和使用模式，指通过网络以按需、易扩展的方式获得所需资源；广义的云计算指服务的交付和使用模式，指通过网络以按需、易扩展的方式获得所需服务，这种服务可以是 IT 和软件、互联网的相关服务，也可以是其他服务。

提供资源的网络称为“云”。“云”中的资源在使用者看来是可以无限扩展的，而且可以随时获取、按需使用、随时扩展、按使用付费，就像使用水、电一样使用 IT 基础设施。通过使计算分布在大量的分布式计算机上，而非本地计算机或远程服务器中，企业数据中心的运行将与互联网更相似。这使得企业能够将资源切换到需要的应用上，根据需求访问计算机和存储系统。

云计算的服务模式可以分为以下三种：基础设施即服务（IaaS）、平台即服务（PaaS）和软件即服务（SaaS）。云计算一般包括社区云、私有云、公有云、混合云、移动云和行业云等。

（二）云计算的特点

（1）超大规模。“云”具有相当的规模，谷歌（Google）云计算已经拥有100多万台服务器，亚马逊（Amazon）、IBM、微软、雅虎（Yahoo）等的“云”均拥有几十万台服务器。

（2）虚拟化。云计算支持用户在任意位置使用各种终端获取应用服务。所请求的资源来自“云”，而不是固定的和有形的实体。

（3）高可靠性。“云”使用了数据多副本容错、计算节点同构可互换等措施来保障服务的高可靠性，使用云计算比使用本地计算机更可靠。

（4）通用性。云计算不针对特定的应用，在“云”的支撑下可以构造出千变万化的应用，同一个“云”可以同时支撑不同的应用运行。

（5）高可扩展性。“云”的规模可以动态伸缩，满足应用和用户规模增长的需要。

（6）按需服务。“云”是一个庞大的资源池，可按需购买，像自来水、电、燃气一样。

（7）低成本。因为“云”的特殊容错措施，可以采用极其廉价的节点来构成“云”，所以“云”的自动化集中式管理使大量企业无须负担日益高昂的数据中心管理成本。

❖ 二、云物流

（一）云物流的定义

云物流（Cloud Logistics）是指基于云计算应用模式的物流平台服务，即为了满足政府、工商企业、物流企业和普通用户等对物流信息的要求，围绕从生产要素到消费者之间时间和空间上的需求，能够处理制造、运输、装卸、包装、仓储、加工、拆并、配送等各个环节中产生的各种信息，使信息能够通过物流信息平台快速准确地传递给现代物流供应链上所有相关的企业、物流公司、政府部门及客户或代理公司。

在云平台上，所有的物流公司、代理服务商、设备制造商、行业协会、管理机构、行业媒体及法律机构等都集中融合构成云资源池，各种资源相互展示和互动，按需交流、达成意向，从而降低成本、提高效率。

（二）云物流的平台架构

通过对物流行业各方面的基础需求的分析，以及对现阶段国内物流行业的信息化现状的把握，可以把云物流服务平台划分为三类：

（1）物流公共信息平台。针对客户服务层，拥有强大的信息获取能力。

（2）物流管理平台。针对用户作业层，可以大幅度地提高物流及其相关企业的工作效率，甚至可以拓展出更大范围的业务领域。

(3) 物流园区管理平台。针对决策管理层，帮助物流枢纽中心、物流园区等管理辖区内的入驻企业，帮助它们进行规划和布局。

(三) 云物流的优势

(1) 社会化。快递公司、派送点、代送点等终端成千上万，云物流服务平台能充分利用这些社会资源。

(2) 节约化。每个公司都建立一个小型云计算平台非常浪费，集中建设能享受规模效应。

(3) 标准化。运单流程、服务产品、收费价格、售后服务以及保险等都能做到标准、透明。

第四节 物流公共信息平台

问题导读

什么是物流公共信息平台？物流公共信息平台的基本特征、分类、功能和结构有哪些？物流公共信息平台有哪些运营机制？

❖ 一、物流公共信息平台的定义

根据2008年发布的国家标准《物流公共信息平台应用开发指南　第2部分：体系架构》(GB/T 22263.2—2008) 中的定义，物流公共信息平台是指基于计算机通信网络技术的，提供物流信息、技术、设备等资源共享服务的信息平台。通过该平台可以将包括运输、仓储、包装、配送、流通加工等多个环节的物流活动，将铁路、公路、航空、水运、管道等多种运输方式，将供应链上的各个伙伴、各个环节联结成一个整体，从更广阔的范围整合和利用社会资源，实现信息的交互和共享，降低物流成本，提高物流运作的效率，提升物流服务的质量。

物流公共信息平台是一个物流信息化、网络化与物流信息网络建设实践相结合的产物，通常被看作物流网络的前端窗口，把与物流过程有关的政府、物流企业、物流业务需求方等众多参与者联结在一起，为各类物流过程提供相关信息资源的查询、发布、传递、交换、处理和交易等物流信息服务。

❖ 二、物流公共信息平台的发展

2009年3月，国务院出台了《物流业调整和振兴规划》，将“物流公共信息平台”列为九大重点工程之一，提出“加快建设有利于信息资源共享的行业和区域物流公共信息平台项目，重点建设电子口岸、综合运输信息平台、物流资源交易平台和大宗商品交易平台。鼓励企业开展信息发布和信息系统外包等服务业务，建设面向中小企业的物流信息服务平台”。

2009年7月，山东、浙江、上海、江苏、黑龙江、安徽、福建、青海、四川、内蒙古、宁夏等11省（区、市）道路运输负责人在杭州签订《省际物流公共信息平台共建协议》。此后，湖南等5省也与浙江省签订了共建协议，16省（区、市）通过建立联席会议制度、成立茶陵办公室、开展项目试点、联合建设和推广等共建机制，共同推进省际物流公共信息平台建设，当省际公共信息平台发展到一定程度时，全国性的物流公共信息平台便应运而生。

2014年，国务院发布的《物流业发展中长期规划（2014—2020年）》（国发〔2014〕42号）中提出重点任务之一——要建设智能物流信息平台，形成集物流信息发布、在线交易、数据交换、跟踪追溯、智能分析等功能为一体的物流信息服务中心，加快推进国家交通运输物流公共信息平台建设。

❖ 三、物流公共信息平台的基本特征

（一）公共性

主要提供基础性公共服务，核心是实现物流信息的交换与共享。

（二）开放性

向全社会提供服务，不局限于特定行业、特定作业环节和特定服务对象。

（三）共享性

实现不同部门、不同行业、不同地区、不同物流信息系统间的信息交换与共享，减少信息孤岛和重复建设。

❖ 四、物流公共信息平台的分类

根据物流公共信息平台的应用主体、服务范围、运作方式，物流公共信息平台可划分为以下三种类型。

（一）行业物流公共信息平台

行业物流公共信息平台主要用于企业内部以及企业供应链上下游之间的信息共享，协调各行业间信息的处理，负责提供具有行业特点的物流监管、供求信息以及相关的商业化开发和增值服务。按不同的标准分类，行业物流公共信息平台可划分为不同的类型。

（1）按运输方式分类，可分为铁路物流公共信息平台、航空货运公共信息平台、水运公共信息平台、公路运输公共信息平台。

（2）按产业分类，可分为钢铁物流、医药物流、农产品物流、家电物流以及其他运输与服务方式的公共信息平台。

（二）区域物流公共信息平台

区域物流公共信息平台是区域物流活动的神经中枢，它是利用现代计算机技术和通信技术，把物流活动中的供、需双方和运输业者以及管理者有机联系起来的一个信息系统支撑体系。从应用的角度来讲，省级、国家级物流信息平台也属于区域物流公共信息平台，只是应用的地理范围较大。

（三）以特定物流服务功能为基础的物流公共信息平台

在这类物流公共信息平台中，互联网为物流企业和供货方提供能力与需求的自动匹配与优化，整合供方与需方的信息，优化资源配置。

按服务对象分类，这类物流公共信息平台可划分为两种类型：公共型，提供单纯的信息服务；商务型，有业务支撑，以信息服务为手段，提供相关实体物流服务，包括公路货运、国际海运货代等信息平台。

❖ 五、物流公共信息平台的主要功能

（一）综合信息服务

物流公共信息平台需要连接全国的物流企业、企业物流部门以及政府管理部门等相关职能部门的信息系统，是物流信息交换和汇集的中心，也是国外物流信息平台和国内物流信息平台连接的窗口。综合信息服务平台应具有信息发布和查询功能，要满足不同物流信息主体的信息需求和功能需求。

（二）异构数据交换

物流公共信息平台来自不同的系统和不同的地区，如各企业的物流信息系统、各行业的物流信息系统、相关政府部门的物流信息系统以及各个地方的物流信息系统。这些系统的数据可能采用不同的数据结构和类型，信息平台的数据交换功能则可以将各个信息系统的数据标准化、规范化，对重复的数据进行融合。

（三）物流业务交易支持

电子商务时代要求电子化物流与之相适应。物流公共信息平台应该支持各个物流实体的在线物流交易，提高物流运作效率。电子化物流业务交易支持平台的主要功能包括物流综合信用认证、安全认证、网上采购招标、电子订舱、电子支付与结算、网上保险、网上报关、网上交税、网上出入境商品检验检疫等。

（四）货物跟踪

物流企业和客户可以通过 GPS/GIS 等一系列跟踪技术，对货物及运输车辆进行实时跟踪，从而提高物流作业的准确率和安全性，也大大加强物流运作对客户的透明性，减少货物的损失和延时。物流公共信息平台为物流企业提供货物跟踪支持功能，各物流企业只需购买 GPS/GIS 智能车载单元即可为客户提供高质量的物流状态跟踪服务。

（五）行业应用托管服务

物流公共信息平台不仅为大型物流企业实现物流一体化搭建桥梁，还应承担为中小物流企业提供物流信息化服务的职责。我国众多中小物流企业无力投资建设完善的信息系统，导致整体服务质量不高。应用服务提供商（ASP）为中小企业提供物流应用软硬件设施租赁服务，与 ASP 合作搭建物流行业应用服务平台是实现中小企业物流信息化的有效途径。

※ 六、物流公共信息平台的结构

根据目前的物流管理体制和物流信息系统的建设状况，可以将物流公共信息平台分为五层体系结构。整个物流公共信息平台的体系结构自下而上地分为物流基础设施层、公共物流管理信息平台层、物流信息公共交换平台层、物流行业信息系统层和物流企业信息系统层五个层次。

（一）物流基础设施层

国家公共信息网络基础设施是支撑物流信息平台建设的物理层基础，主要包括通信网络基础设施，如电信交换网、光纤宽带网、无线通信网等，以及计算机硬件设施等。随着信息化建设的发展，信息基础设施建设将得到进一步发展，势必对公共物流信息平台起到良好的支撑作用。

（二）公共物流管理信息平台层

公共物流管理信息平台层连接各个行业、各种物流运作设施及物流企业的信息系统。它既是物流资源的连接中心，也是国内外各种企业和人员了解物流资源的窗口，通过该平台连接相关行业、企业和物流运作设施的物流信息系统，可实现功能共享。它主要承担一个地方物流信息资源门户、公共物流信息发布、社会物流资源整合、政府相关政务职能提供和面向企业的信息服务等职能，是物流行业及相关政府部门、企业进行公共物流信息查询和办理相关物流业务的窗口。

（三）物流信息公共交换平台层

物流信息公共交换平台层可以汇集来自港航 EDI、空港 EDI、各大物流运作设施信息系统，以及各相关行业、各类物流企业和政府相关部门等各类信息系统的信息。为了实现信息资源的共享和整合，各物流信息系统之间需要不断地进行信息的交换与传输。信息公共交换平台作为物流信息平台的组成部分，将担负起物流信息系统中公用信息的采集、加工、中转、发送，以及不同用户之间信息交换的数据规范、格式转换等职能。因此，信息公共交换平台主要用来实现不同行业和企业之间、政府各职能部门与企业之间进行的 EDI 及各类数据信息交换过程中的标准化转换，以便更好地支持异构系统互联，以及不同行业和不同格式数据之间的相互交换与分离，真正打破物流信息共享的瓶颈，实现物流信息的无障碍交换与传输。

（四）物流行业信息系统层

物流行业信息系统层主要由两类信息系统构成：一类主要由相关行业和一些大型物流中心的信息系统组成，主要包括港航 EDI、空港 EDI、铁路综合管理、公路枢纽指挥、物流园区、配送中心、交易中心等信息系统，这类行业系统中的大部分往往能够自成体系；另一类主要指与物流相关的政务职能系统，如海关报关通关、出入境商品检验、税务管理、保险、银行结算、工商注册等系统，这些系统是为提高对物流企业和工商企业的综合服务效率而设置的。

（五）物流企业信息系统层

物流企业信息系统层主要由物流的供方企业（运输、仓储企业等）、物流需方企业（生产企业、制造企业、商贸企业等）、专业物流企业和一些物流中介（专业货代、物流咨询企业）等构成，这些不同类型的企业将在公共信息平台和数据交换平台的支持下，完成本企业的物流运作与管理，以及与相关企业之间数据信息的交换和查询，从而实现企业内部信息系统与外部信息资源（供需信息）的无缝衔接，做到物流管理的全程无纸化。同时中小企业为了减少自身信息系统建设的庞大投资，还可以通过物流公共信息平台获取 ASP 模式的信息管理服务。

※ 七、物流公共信息平台的运营机制

（一）物流公共信息平台的信息共享机制

物流公共信息平台要根据参与者的不同功能、需求及权限提供共享信息，共享机制主要有三种。

1. 分类共享

不同的参与者，其对信息的需求程度不同，同时为了确保参与者的利益不受损害，对信息和信息共享程度有必要进行分类管理，即对不同的用户，分配不同的权限，共享相应层次的信息。

2. 分层支持

物流公共信息平台除要对相关公共信息进行存储和发布外，更为重要的是通过该平台的建设实施，为城市物流的进一步发展壮大提供强大的信息支撑功能，如网上交易、身份认证等电子商务支持功能，为城市物流管理信息化的深入发展提供基础。

3. 多样化服务

根据用户的不同要求和不同的数据类型，提供多样化的服务方式，这里的服务方式包括数据传输方式、数据表现方式，如文本、Web 界面、数据库、图形格式、电子地图等。

（二）物流公共信息平台的信息运营机制

物流公共信息平台建设应由政府作为主要的管理控制者，协调各个方面，投入相应的主要设施与设备，建立统一的数据与通信标准。因此，应采取政府引导、行业约束、

企业自主的市场运营模式，整合社会资源，组建统一的运营主体，负责物流公共信息平台的建设和运营。物流公共信息平台应面向企业，通过政府相关政策和行业协会制度的制约，引入行业准入机制和会员制管理方式。对于加入平台的企业会员，平台可通过收取会费、用户服务费、广告费等方式进行市场运作的自主经营，提供有偿服务。

拓展知识

大数据与物流

一、大数据的概念

大数据通常用于形容一个公司创造的大量非结构化数据和半结构化数据，这些数据在下载到关系型数据库用于分析时会花费过多时间和金钱。大数据分析常和云计算联系在一起，因为实时的大型数据集分析需要像 MapReduce 一样的框架来向大量的计算机分配工作。

麦肯锡全球研究所给出的大数据的定义是：一种规模大到在获取、存储、管理、分析方面大大超出传统数据库软件工具能力范围的数据集合，具有海量的数据规模、快速的数据流转、多样的数据类型和较低的价值密度四大特征。

从技术上看，大数据与云计算的关系就像一枚硬币的正反面一样密不可分。大数据必然无法用单台的计算机进行处理，而必须采用分布式架构。它的特色在于对海量数据进行分布式数据挖掘，但它必须依托云计算的分布式处理、分布式数据库和云存储、虚拟化技术。

二、大数据对物流的影响

大数据时代给物流企业信息化建设带来的最大挑战是，如何通过大数据分析提升自身的物流服务水平。物流行业与材料供应商、产品制造商、终端消费者是紧紧地联系在一起的，所涉及的数据量极大且具有一定的经济价值。

大数据作为一种新兴的技术，它给物流企业带来了机遇，也带来了挑战，合理地运用大数据技术，将对物流企业的管理与决策、客户关系维护、资源配置等起到积极的作用。

三、互联网＋物流

“互联网＋物流”以计算机网络和信息技术为重要支撑，以供应链管理为核心，充分利用物流网络节点汇集信息，以有效延伸和放大传统物流的功能，将原本分离的商流、物流、信息流和采购、运输、仓储、装卸、加工、代理、配送等环节有机结合起来，为用户提供多功能、一体化、综合性和个性化的物流服务。

实务案例与分析

中铁物流集团（CRLG）成立于 1993 年 3 月，是国内知名的大型现代综合物流企业，业务涵盖电商服务、仓储、整车、零担、公路、铁路、金融、冷链、代理报关报检、贸易、国际快件等。2014 年，集团确定以仓配一体化的综合解决方案为核心产品，打造现代综合物流运营商，推出仓储加盟模式，组建了国内首个仓储连锁平台，并购重组“搜沃电商”，集团旗下拥有快运、快线、仓储园区、公路港等多张全国性实体网络，为打造多平台联动的产品服务提供了基础支撑，全力推动了网络化、平台化、产品化的战略布局。集团在美国、加拿大、英国、韩国、尼泊尔、印度尼西亚等多个国家及地区设有境外分支机构和海外仓，为全球客户提供方便、快捷、安全的物流综合服务。

一、企业面临的主要问题

中铁物流集团核心业务系统包括TMS、PDA、TMS网站和API平台等，之前这些业务系统主要部署在线下的互联网数据中心（IDC）机房。随着中铁物流业务量以及未来预期业务的增加，原有IT系统，特别是数据容量方面，实际上已经无法满足业务高速增长的需求。集团业务数据总量已经接近2TB，每日新增数据上万条，每年的数据增量达到TB级别，传统的关系型数据库在I/O性能和容量方面已经很难适应其业务场景，所以需要更优质的解决方案介入。另外，考虑到建设成本等因素，原有业务系统主要采用集中式部署，一旦业务量突增，系统的弹性扩展能力会受到限制，数据备份与容灾能力也将成为未来的瓶颈，急需突破。

二、菜鸟物流“云”方案——“两地三中心”

经过全面的调研、测试和应用系统改造，菜鸟物流为中铁物流业务系统特别策划并实施了“两地三中心”的解决方案。依托于阿里云底层优势，借助阿里遍布全球的数据中心、服务器和网络资源等方面的优势，此解决方案在保证中铁物流现有业务不受影响的同时，为未来业务提供了足够优秀的应用场景。

（一）多地部署，系统高可用

菜鸟将中铁物流生产系统部署在上海地区的两个数据中心内，利用云上负载均衡（SLB）和云上数据库（RDS）等产品支持多地部署的特性，使客户以极低的成本实现了IT系统的高可用，整体服务等级协议（SLA）达到了99.95%以上，有效控制了各类有计划及无计划的宕机。

（二）提升预警，实现数据零丢失、零中断

菜鸟将灾备系统部署在华北区域的专属数据中心内，通过高速通道与生产系统环境连同，利用数据传输工具（DTS）实现数据级别的同步。当生产系统发生计划外停机时，业务系统可以在数分钟内切换到灾备系统，这表示恢复时间目标（RTO）已达到分钟级，整体恢复点目标（RPO）控制在秒级，在短时间内就可以恢复几秒之前的数据，确保数据的完整性。

（三）数据采用“分层存储”方案部署云系统

在新业务场景的产生和数据容量几何式增长的现状下，传统架构的数据库逐渐暴露出容量小、备份慢、性能差、可用性与扩展性不好等弊端；另外，集团原有数据库系统主要采用Microsoft SQL Server，新型数据库支持较少。集团计划未来建设数据仓库和大数据平台，实现对历史数据的分析和挖掘。

（四）数据备份的“云”模式

应用服务器的备份通过云服务器（ECS）自带的快照功能保留某个时间点上的磁盘数据状态，数据的备份则使用云数据库（RDS）自带的备份功能来实现，以全量备份—增量备份—增量备份为循环周期按天进行备份。相比原来的线下备份方式，减少了数据备份的频率，降低了对计算资源和存储资源的消耗，同时在物流云上的资源也保证了整体系统99.95%的可用性。

（五）"云"安全方案的实施

采用云盾做了全方位安全保障，云盾是阿里巴巴集团多年来安全技术研究积累的成果，结合云计算平台强大的数据分析能力，提供安全漏洞检测、网页木马检测以及面向云服务器用户的主机入侵检测、防分布式拒绝服务攻击（DDOS）等一站式安全服务，并可以提供效益分析与评估。

三、效益分析与评估

（一）经济收益

借助菜鸟物流云集群资源的规模优势，中铁物流的核心业务系统以较低的成本获得了99.95%的可用性，并且实现了"两地三中心"的可靠性保障。同时，中铁物流在进行上云迁移时，充分考察并吸收了互联网企业在云计算架构方面的优势，对原有系统进行了分布式改造，通过虚拟化、云化的方式提高了服务器的使用效率；另外，在数据存储方面进行冷、热数据分离，将热数据保存在性能较好、价格较高的数据库，将冷数据存放在性能略差、价格低廉的数据库，从而达到了大大节约成本的效果。

（二）运维收益

中铁物流原有系统部署在自有数据中心，硬件、软件、网络的运维工作都需要亲力亲为，企业业务的不断扩大给运维团队带来巨大的压力。将业务系统迁移到云上以后，从硬件、系统软件、网络环境到云上产品的运维工作都由云服务来提供，整体上提供了99.95%的SLA保障。同时菜鸟物流云提供了完善的企业级支持服务，包括售后支持钉钉群、企业至尊快速服务通道、专家代运维服务等内容，为客户提供了7天×24h的支持保障。

（三）生态收益

菜鸟物流云为中铁物流提供了公有云资源服务，使得中铁物流可以按需使用阿里集团在云计算、大数据、数据库、人工智能、安全防护等方面的多种技术红利，通过公有云租赁的方式，以较低的成本解决了技术难题。

四、建设体会与意义

在如今的云计算、大数据时代，越来越多的企业已经选择了云计算服务。假如每个企业都自建一套IT系统，需要投资机房、设备和软件，建设周期长，再加上运维的成本，会给企业造成很大负担和浪费。公有云正解决了这样的问题，它具有降低成本、提高系统效能、提高可用性与可靠性、专业运维、提升安全保障等方面的优势，为企业带来更好的行业竞争力。

公有云作为云计算的主要形态，在国内已经发展得如火如荼，但是在物流行业中的普及才刚刚开始，还需要今后在物流行业中广泛推广和应用。

资料来源：中国物流与采购网．菜鸟网络科技有限公司-中铁物流：TMS核心业务系统上云．(2018-07-26)［2019-03-27］．http：//www.chinawuliu.com.cn/information/201807/26/333230.shtml.

分析与思考：

1. 中铁物流集团的发展遇到了哪些问题？
2. 菜鸟物流提出了什么样的解决方案来解决这些问题？

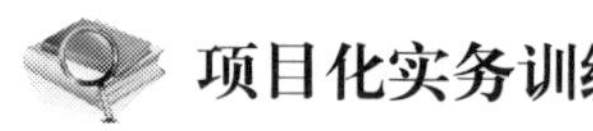

项目化实务训练

物流公共信息平台发展现状综述

一、项目目的

了解物联网、云计算、云物流和物流公共信息平台的定义、结构和功能，能结合实例描述物联网、云计算、云物流和物流公共信息平台的应用情况，并运用这些知识解决实际物流信息管理的问题。

二、项目要求

根据本章学习内容，查找纸质和电子资料，完成一个物流公共信息平台应用现状报告，要求有实例、观点正确、数据真实可靠、有来源或有出处。

三、考核标准（见表 8－3）

表 8－3 项目化实务训练考核标准

项目化实务训练	考核项目	内容	分值
物流公共信息平台发展现状综述	综述内容的可靠性和完整性	综述内容有来源或有出处；叙述过程完整、全面；内容真实、数据可靠，无窜改、无编造等	40
	综述分析	观点正确、数据真实，无生搬硬套、直接拷贝现象；符合物流公共信息平台建设与发展规律	50
	实例表述	文字说明有条理、思路清晰、结构合理等	10

课后测试

一、选择题（第 1～4 题为单选，第 5～8 题为多选）

1. 物联网是新一代信息技术的重要组成部分，也是信息化时代的重要发展阶段，其英文名称是“________（IoT）”，即物联网是物物相连的互联网。

A. Things to Internet　　B. Internet of Things

C. Things of Internet　　D. Internet to Things

2. 物联网系统划分为三个层次：感知层、________和应用层。

A. 管理层　　B. 智能层　　C. 网络层　　D. 智慧层

3. 2009 年，中国物流技术协会信息中心、华夏物联网、《物流技术与应用》编辑部率先在行业内提出“________”的概念。

A. 智慧物流　　B. 智慧中国　　C. 智慧城市　　D. 智慧交通

4. 物流公共信息平台是指基于计算机通信网络技术的，提供________、技术、设备等资源共享服务的信息平台。

A. 订货　　B. 验收　　C. 配货　　D. 物流信息

5. 物联网是通过________、________、________、激光扫描器等信息传感设备，按约定的协议，把任何物品与互联网相连接，进行信息交换和通信，以实现智能化识别、定位、跟踪、监控和管理的一种网络。

A. 射频识别　　B. 红外感应器

C. 全球定位系统　　　　　　　　D. 互联网

6. 物联网的典型应用有：________、________、________和________。

A. 智能交通　　B. 智能家居　　C. 智能电网　　D. 智能物流

7. 智慧物流体系可以分为________、________和________三个层次。

A. 企业智慧物流　　　　　　　　B. 行业智慧物流

C. 国家智慧物流　　　　　　　　D. 城市智慧物流

8. 云计算的服务模式可以分为以下三种：________、________和________。

A. 基础设施即服务（IaaS）　　　B. 平台即服务（PaaS）

C. 软件即服务（SaaS）　　　　　D. 全球定位服务（GPS）

二、判断题（对的打"√"，错的打"×"）

1. 1996年，比尔·盖茨《未来之路》一书中提及物联网概念。（　　）

2. 信息网络是智慧物流系统的基础。（　　）

3. 云计算（Cloud Computing）是基于互联网相关服务的增加、使用和交付模式，通常涉及通过互联网来提供动态易扩展且虚拟化的资源。（　　）

4. 云物流服务平台划分为三类：物流公共信息平台、物流管理平台和物流园区管理平台。（　　）

5. 2009年8月，山东、浙江、上海、江苏、黑龙江、安徽、福建、青海、四川、内蒙古、宁夏等11省（自治区、直辖市）道路运输负责人在杭州签订《省际物流公共信息平台共建协议》。（　　）

三、简答题

1. 物流公共信息平台有哪几类？

2. 物流公共信息平台的主要功能有哪些？

参考文献

[1] 初良勇．物流信息系统．北京：机械工业出版社，2012.

[2] 程国全．现代物流系统规划概论．北京：北京师范大学出版社，2017.

[3] 李波，王谦．物流信息系统．北京：清华大学出版社，2008.

[4] 朱耀勤，孙艳艳，郭昕．物流信息系统．北京：北京理工大学出版社，2017.

[5] 常晋义．管理信息系统——原理、方法与应用．3 版．北京：高等教育出版社，2016.

[6] 邓永胜，秦江华．物流信息技术．北京：电子工业出版社，2013.

[7] 王爽，鲁艳萍．物流信息技术．北京：中国水利水电出版社，2014.

[8] 王晓平．物流信息技术．北京：清华大学出版社，2017.

[9] 陈文．物流信息技术．2 版．北京：北京理工大学出版社，2017.

[10] 侯安才，张强华．物流信息技术实用教程．2 版．北京：人民邮电出版社，2017.

[11] 黄雪华，等．数据库原理及应用．北京：清华大学出版社，2018.

[12] 丰斓，赵弘志．物流信息管理．北京：机械工业出版社，2016.

[13] 尹涛．物流信息管理．大连：东北财经大学出版社，2015.

[14] 熊静，张旭，喻钢．物流信息管理．北京：国防工业出版社，2017.

[15] 黄惠良，钱钢．物流信息管理．北京：中国传媒大学出版社，2011.

[16] 王小丽．物流信息管理．北京：电子工业出版社，2017.

[17]《物流技术与应用》编辑部．中外物流运作案例集Ⅲ．北京：研究出版社，2015.

[18] 张洁．基于 ERP 系统的 Y 新能源企业采购成本管理应用研究．合肥：安徽大学，2017.

[19] 叶伟媛．仓储与配送管理．大连：东北财经大学出版社，2018.

[20] 刘宝学，刘翠娟．配送管理实务．北京：国家行政学院出版社，2016.

[21] 崔国成，闫秀峰．运输管理实务．武汉：武汉理工大学出版社，2015.

[22] 唐辉．物流公共信息平台标准体系解析．北京：电子工业出版社，2016.

[23] CLARKE K C. 地理信息系统导论．5 版．叶江霞，吴明山，译．北京：清华大学出版社，2013.

[24] 李天文．GPS 原理及应用．2 版．北京：科学出版社，2010.

[25] 程乾．城乡环境遥感技术及应用．长春：东北师范大学出版社，2016.

[26] 范文义，李明泽，毛学刚，等．“3S”理论与技术．哈尔滨：东北林业大学出版社，2016.

图书在版编目（CIP）数据

物流信息管理/余建海，王苏芳主编．—北京：中国人民大学出版社，2019.8
21世纪高职高专规划教材．物流管理系列
ISBN 978-7-300-27114-9

Ⅰ.①物… Ⅱ.①余…②王… Ⅲ.①物流-信息管理-高等职业教育-教材 Ⅳ.①F253.9

中国版本图书馆CIP数据核字（2019）第134277号

21世纪高职高专规划教材·物流管理系列
物流信息管理
主　编　余建海　王苏芳
副主编　孙旭圆　张彩利　万　航
Wuliu Xinxi Guanli

出版发行	中国人民大学出版社		
社　　址	北京中关村大街31号	**邮政编码**	100080
电　　话	010－62511242（总编室）		010－62511770（质管部）
	010－82501766（邮购部）		010－62514148（门市部）
	010－62515195（发行公司）		010－62515275（盗版举报）
网　　址	http://www.crup.com.cn		
经　　销	新华书店		
印　　刷	北京昌联印刷有限公司		
规　　格	185 mm×260 mm　16开本	**版　　次**	2019年8月第1版
印　　张	13.5	**印　　次**	2022年8月第3次印刷
字　　数	300 000	**定　　价**	29.00元